별의 길

별의 길

2013년 1월 15일 교회 인가
2013년 2월 8일 초판 1쇄 펴냄
2015년 11월 20일 초판 2쇄 펴냄

글쓴이 | 이석균
사진 | 이석균
펴낸이 | 염수정
펴낸곳 | 가톨릭출판사
편집 겸 인쇄인 | 홍성학
디자인 자문 | 류재수, 이창우, 황순선
편집장 | 이현주
편집 | 허유현, 김도희, 전혜선, 김소정, 정주화
디자인 | 이경숙, 이창우

본사 | 서울특별시 중구 중림로 27
지사 | 경기도 고양시 일산동구 노첨길 65
등록 | 1958. 1. 16. 제2-314호
전자우편 | edit@catholicbook.kr
전화 | 1544-1886(대) / (02)6365-1833(영업국)
지로번호 | 3000997

ISBN 978-89-321-1297-8 03230

값 17,000원

© 이석균, 2013

인터넷 가톨릭서점 http://www.catholicbook.kr
직영 매장: 명동대성당 (02)776-3601, 3602/ FAX (02)776-1019
　　　　　 가톨릭회관 (02)777-2521/ FAX (02)777-2520
　　　　　 서초동성당 (02)313-1886
　　　　　 서울성모병원 (02)2258-6439, (02)534-1886/ FAX (02)392-9252
　　　　　 절두산순교성지 (02)3141-1886/ FAX (02)3141-1886
　　　　　 분당성요한성당 (031)707-4106
　　　　　 미주지사 (323)734-3383/ FAX (323)734-3380

가톨릭의 모든 도서와 성물을 '인터넷 가톨릭서점'에서 만나 보실 수 있습니다.

이 도서의 국립중앙도서관 출판예정도서목록(CIP)은 서지정보유통지원시스템 홈페이지(http://seoji.nl.go.kr)와
국가자료공동목록시스템(http://www.nl.go.kr/kolisnet)에서 이용하실 수 있습니다(CIP제어번호: CIP2013000286).

이 책은 저작권법에 의해 보호를 받는 저작물이므로 무단 전재와 무단 복제를 금합니다.

산티아고 영적 순례기

별의 길

이석균 지음

가톨릭출판사

추천의 글

하느님을 향한 큰마음 '한심이'

제가 이석균 사도 요한 신부를 만난 건 오래전입니다.
1992년입니다.
저도 지난 학기 막 신학교에 들어온 신출내기 교수 신부였고,
이석균 신부는 그해 입학한 신학생이었습니다.
그리고 제가 그 반의 담임이었습니다.
그의 동기들은 그를 '한심이'라 불렀습니다.
엉뚱한 면이 있었기 때문일 것입니다.
'사오정'이랄까? '사차원'이랄까?
축구할 때 보면 참 빠릅니다. 그리고 매우 열심입니다.
그런데 그 공을 어떻게 할지 모릅니다.
골문도, 친구도 보이지 않는 것 같습니다.
그 넓은 운동장에 공과 그 자신만이 있는 모습입니다.
그래도 저는 그 별명이 좋다고 했습니다.

그 시절 '한'은 '크다', '위대하다'는 뜻으로
'짱', '왕'의 의미도 담겨 있었기 때문입니다.
그러니까 '한심'은 '큰마음', '위대한 뜻'으로도 풀이되기 때문입니다.
세월이 흘러 그가 사제가 되었습니다.
제자가 사제가 되는 목표를 이루는 일이 스승에게 얼마나 큰 기쁨입니까?
그리고 또 세월이 흘러 흘러 보좌 시절, 군종 사제로 살고,
제대한 후 불현듯 도보 성지 순례를 다녀왔습니다.
그뿐만 아니라 그 도보 여정에서 일어났던 일들과 생각들을 기록했습니다.
그것도 아주 소상하고, 감동적으로 기록하고 있습니다.
아니 그것을 어떻게 모두 기억할 수 있었을까?
그리고 그가 주변 사물을 바라보는 관찰력과
주변 사람들과 주고받은 압축된 대화들.
하나의 대서사시를 이루고 있습니다. 전혀 몰랐던 모습이었습니다.
여러분들이 그의 글을 보면 왜 그가 '한마음'인지 알 수 있을 것입니다.
하느님을 향한 그의 순례,
하느님을 향한 그의 '큰마음'이 계속되기를 기도합니다.
산티아고보다 더 먼 그 여정을 기쁘고 씩씩한 마음으로 꾸준히 걸어가길
응원하며 기도합니다.

2013년 1월 6일 예수 공현 대축일에

서울대교구 보좌 주교 조규만 바실리오

초대의 글

모든 일에 축복이 있길……

이 글은 2009년 여름,
7월부터 걸었던 산티아고 순례 글입니다.
루르드에서 피니스테레까지.
40여 일, 1,000km의 여정입니다.

2005년부터 2009년까지 군대에 있었고,
2007년 이라크에서 이 길에 대해 알게 되었습니다.
그때만 해도 산티아고에 간 한국인은 많지 않았습니다.

이런저런 이유로 군대와는 불화가 많았습니다.
반말하는 장군과 다투고 근무지를 떠나기도 했습니다.

길 끝에 서게 되면 다른 길을 모색하게 됩니다.
더 내려갈 바닥이 없으니 올라설 방법밖에 없는 것입니다.
열두 사도의 전승, 스페인 역사,
베르나르 올리비에, 파울로 코엘료, 그리고 도보 여행자의 기행문.
퀴퀴한 군 아파트 구석에 앉아 엉뚱한 길을 꿈꾸었습니다.

뭐 대단한 목표가 있어서가 아니었습니다.
무작정 걷고 싶어서 그냥 걸었습니다.
2년이 지났습니다.
땅 속 장독에 묻어 둔 음식 같은 글을 다시 꺼내 읽게 됩니다.
창피하고 부끄러워 꾸역꾸역 구겨 던져 버린 추억들.
내 모습은 변한 것이 없지만 이 정도면 괜찮겠다 싶었습니다.

이 글을 읽는 이에게 넘치는 영감이 있길 바랍니다.
세상에 수많은 만남이 있어도 모든 만남이 인연이 될 수는 없습니다.
특별한 인연을 발견한 행운처럼 모든 일에 축복이 있길 바랍니다.

2013년 1월 6일

지은이 이석균 사도 요한

추천의 글   4
초대의 글   6

여정의 길 루르드에서 생장피드포르까지   11

파리 스케치   12
마리아의 도시   19
이 사람을 보라   27
미카엘의 소   41
돈키호테   51

정화의 길 생장피드포르에서 부르고스까지   63

다시 떠나기   64
새로운 길   76
헤밍웨이와 야마시타   90
있을 때 잘하자   96

등대지기 105
생명의 지도 122
별의 길 135
눈먼 이의 왕관 146
길, 바람, 그리고…… 158
천국의 곳간 165
작은 거인 175
배고픈 소크라테스보다 183
선물 192
라비린토스 203
엘시드 213

조명의 길 부르고스에서 레온까지 219

태양의 산볼 220
마법의 성 236
튕기셨구나 252
희망의 색깔 261
사막에서 269
기사와 소녀 275
오십 년 동안의 고독 284
단 하나의 길 295

잎의 길 레온에서 산티아고 데 콤포스텔라까지   306

돌아올 수 없는 강   307
초콜릿 교회   310
알라딘의 램프   318
아이언맨   329
귀여운 거짓말   336
붉은 산   340
호두나무 아래서   352
갈릴래아로   356
순례자의 노래   360
숲이 뿜어내는 것들   368
장밋빛 인생   372
산티아고   386
비아 사크라   397

덤의 길 산티아고 데 콤포스텔라에서 피니스테레까지   403

천국의 개구리   404
그리고 그다음에는   412
모든 사라지는 작고 가난한 것들을 위하여   421
생명의 물   430

프랑스

생장피드포르
루르드

피니스테레
산티아고 데 콤포스텔라
레온
부르고스

스페인

위밍업

루르드에서 생장피드포르까지

파리 스케치

1.

비 내리는 7월 어느 날, 파리의 오후.
공항에 내리자 습한 도시의 기운이 닥쳐온다.
얇은 방풍 점퍼를 꺼내 입고 지하철을 기다린다.
알록달록 사각 철판에 그려진 달콤한 해변의 바닷가.
해독할 수 없는 낯선 암호와 같은 글씨들.
뻐근한 몸을 의자에 기대고 있는 사이, 사람들이 오간다.
무심한 방관이 서로를 지키는 예의가 되는 바쁜 발걸음.
어디서나 비슷한 도시의 풍경이다.
문득 외국인들 사이로 검은 머리의 아가씨가 보인다.
짧은 눈빛이 교환되는 사이 한국인 같은 느낌이 든다.
하지만 도시의 공식을 깰 만한 용기가 없다.
그녀는 문득 무언가를 깨달았다는 듯 노트에 숫자를 적는다.
마치 여행사 직원 같다.
'나는 외롭다거나 뭐 그런 이유로 파리에 온 것이 아니에요.

홀로 자신을 찾는 궁핍한 여행을 하는 것이 아니랍니다.
일이라는 특별한 목적 때문에 여기 있지요.'

열심히 펜을 굴리는 아가씨가 내리고 집시 청년이 탔다.
세상이 주는 시선을 한 몸에 감당할 것 같은 당당한 태도.
아코디언을 켜고 빠르게 쇼스타코비치의 왈츠를 연주한다.
갑자기 덜컹거리는 운명이 음악을 타고 춤을 춘다.
꾀죄죄한 창밖 담벼락 낙서가 휘휘 바람이 불 때마다 꿈틀거리고,
그만그만한 도시인의 뒤통수가 저마다 사연을 가진 이야기가 된다.

엄마를 찾아 아르헨티나로 떠난 제노바 소년 마르코.
마르코는 여행 중에 유랑 극단 가족과 동행한다.
단장이자 가장인 펩피노 아저씨는 아코디언을 잘 켰다.
그는 늘 즐겁고 의리가 있는 인물이다.
그러면서도 이야기의 전면에 나서지 않는다.
쉬익쉭 주름 통 속에서 바람이 접히고 나갈 때마다
평범한 언어는 특별한 노래가 되고,
삶의 고단한 그늘은 기쁨과 낙천이 된다.
펩피노 아저씨는 완성된 인간성의 단면을 드러내는 사람이었다.
마르코가 기나긴 여행 속에서 만난 시간과 사건과 사람들,
아직 그려지지 않은 하얀 스케치북을 든 마음,
무엇이 이 길 위에 기다리고 있을까.

2.

이른 아침 민박집에서 일어나 오스텔리츠 역으로 향했다.
몇 개의 간이침대를 들여놓은 이브리 거리의 도미토리움,
파리 여행을 온 젊은 친구들이 묵는 값싼 숙소다.
새벽까지 소곤대는 소리, 대학 엠티처럼 노는 분위기다.
시차 적응도 힘들어서 잠을 제대로 잘 수 없었다.
짐을 꾸리고 나오면서 마당을 둘러본다.
어제 저녁 귀를 괴롭히던 클래식 기타.
등을 돌려 한 번 째려본다.
매끈한 곡선의 몸통이 발길을 붙든다.
역시 미워할 수 없다.
자리에 잠시 앉아 기타를 안았다.
조율이 안 된 줄을 맞추고 혼자 조용히 노래를 불렀다.
흐린 하늘이 점점 낮게 다가왔고 바람은 더욱 차가워졌다.

역으로 향하는 길, 바에 들러 아침을 먹었다.
기름기 많은 작은 크루아상 한 개와 카페오레를 마셨다.
배 속에서 묻는다.
"방금 간식이죠?
설마 이걸 먹고 걷자는 건 아니죠?"
거리를 오가는 사람들 얼굴은 잔뜩 피곤하고 졸려 보인다.
여행자의 가슴을 설레게 만드는 아름다운 도시 파리.
하지만 발이 무겁다.

파리의 낭만은 어젯밤 시끄러운 도미토리움에서 죽었다.

아침 일찍 출근한 역무원은 지극히 사무적이다.
티켓 자판기 사용법을 물었지만 별로 관심이 없다.
이제부터는 물어보고 듣는 것에 익숙해져야 한다.
학생은 모르는 것을 질문할 자격이 있듯,
여행자도 길을 물을 때는 그만한 이해를 받을 수 있어야 한다.
얼굴이 까만 친구에게 지하철 타는 도움을 받았다.
자판기에 돈을 넣고 둥근 플라스틱 공을 돌려 표를 뽑는다.
입구에 티켓을 넣자 슬쩍 내 몸에 붙어서 통과한다.
'아, 파리 아직 죽지 않았구나.
이 친구 무임승차가 예술이네.'
이름은 미셸, 출신은 에티오피아다.
가난에 대해 어떻게 생각하느냐고 묻고 싶지만,
그런 식으로 유일한 길잡이를 잃을 수는 없다.
가족이 모두 함께 왔다고 한다.
시내에 있는 가게에서 일한다는 말 속에 자부심이 있다.
'그래, 나는 목표와 의미가 있는 길을 가고 있어.'
바쁘다는 말을 싫어하는 나 같은 백수로서는 낯선 긍정이지만,
자신의 삶에 대해 만족해하는 모습은 아무튼 보기 좋다.
친절하게 방향을 알려 주는 미셸과 작별한 후 역에 도착했다.

TGV 열차를 타고 루르드로 향했다.

옆에 앉은 안경 쓴 친구가 동양인에게 관심을 갖는다.
둘 다 영어가 유창하지 않아서 미안함 없이 대화할 수 있었다.
진급을 위한 회사 교육을 받기 위해 파리에 왔다고 한다.
무척 젊어 보이는데 아들 하나에 딸 둘을 둔 가장이다.
막내가 열한 살이라니 결혼을 일찍 한 모양이다.
이름은 크리스토퍼.
혹시 이름과 관련된 성인에 대해 아냐고 묻자 고개를 돌린다.

현대 유럽 사회의 풍토일까.
종교에 대한 관심 자체가 자유에 대한 반역으로 여겨진다.
신앙을 모두 돈으로 교환해서 더 이상 가치가 느껴지지 않는 교회.
어쩌면 그의 이름 역시, 한때 사람이 살았던 텅 빈 건물과 같다.

크리스토퍼는 가족 이야기를 많이 한다.
작고 섬세한 목소리에는 헌신적인 애정이 가득 담겨 있다.
아마도 오늘 밤 그는 따뜻한 식사를 할 것이다.
부드러운 빵과 신선한 포도주,
향긋한 요리를 내오는 아내와 하늘처럼 파란 눈을 가진 두 아이,
살아 있는 삶을 풍성히 채우는, 이보다 멋진 집이 또 있을까.
가득 찬 사랑은 언제나 넘치도록 밖으로 흐른다.
행복이 더 깊어지면 그는 손님을 초대할 것이다.
밥상에 앉은 나그네 중에는 가난한 사람이 있을지 모른다.
보답을 바라지 않는 순수한 사랑을 나누는 식탁,

그것이 곧 살아 있는 교회요, 참다운 이름이 아닐까.

잠시 화장실에 간 사이 크리스토퍼가 보이지 않는다.
따뜻하게 웃으며 차창 밖에서 손을 흔드는 미소.
그는 마침내 고향에 도착했고, 나는 이제 막 시작해야 한다.
열차가 레일 위를 미끄러지듯 움직인다.
온 우주의 무게를 어깨에 짊어지고 세상이라는 강물을 건너간 사람.
나는 크리스토퍼와 그의 가족의 행복을 마음속으로 축복했다.

마리아의 도시

역사를 나서자 낯익은 바가 보인다.
내리막길에 들어선다.
조그만 광장과 다리,
수없이 늘어선 기념품 가게들,
시원하게 흐르는 포 강,
오래된 성채를 돌아 3년 전에 묵었던 호텔을 찾았다.
거리는 대충 알겠는데 이름이 기억나지 않는다.

비행기와 기차, 떠들썩한 첫날의 숙소.
휴식이 필요하다.
만만치 않은 관광지 숙박료를 기꺼이 지불했다.
무거운 쇳덩이가 달린 열쇠고리를 받아 보니 306호.
삼공육.
오늘은 목요일.
우연 치고는 쓸쓸하다.

스탬프의 파란 잉크가 지워지지 않은 돼지고기 살점처럼.

동해에서 떠난 이후 양주에서 반년을 지냈다.
의욕이 떨어져서 전혀 일할 맛이 나지 않던 시절,
매주 목요일,
무너지는 의지를 일으키며 나선 곳은 삼공육 보충대였다.
일종의 인력 시장 같은 느낌이 드는 곳이다.
곱게 자란 젊은이들이 처음으로 낮은 자리를 체험한다.

창고에 쌓인 재고품처럼 어디론가 팔려 나가길 기다린다.
대충 깎은 머리로 구색을 갖춘 아이들,
이름표 대신 꼬질꼬질한 숫자가 적힌 군복.
"어디 살다 왔니?"
"부천이요."
"불안하지?"
"전방만 안 갔으면 좋겠는데요."
순식간에 스쳐 가는 생각.
'아니, 빠져 가지고. '요'가 뭐야.'
거울을 본다.
앗, 이거 참, 군대 물 무섭네.
긴 머리 덥수룩한 말년 대위.
빠지긴 누가 빠졌다고 그래.

3년 전 루르드에서 만난 군인도 앳된 나이였다.
젊고 아름다운 한국인이 어색한 미국 군복을 입고 있었다.
어떤 경로로 그녀가 루르드에 있었는지는 기억나지 않는다.
짙은 눈썹에 어울리지 않는 슬픈 눈빛을 하고 있었다.
몇 사람 몸통 너머 속삭이듯 들리는 영어,
모국어를 모르는 한국계 미국인.
구조를 기다리는 난파선 선원처럼 힘없이 어깨를 기대던 그녀,
내게는 절박하게 자신이 누군지 묻는 사람처럼 보였다.

돌로 만든 다리를 지날 때 경찰과 걸인이 실랑이를 벌인다.
경찰은 눈에 보이지 않게 그를 치우고 싶은 것 같다.
바닥에 앉은 걸인은 자기 입장을 항변한다.
어쩌면 그는 순례자일지 모른다.
자신의 가난함으로 세상에 대한 책임을 지는 사람일지 모른다.
아니, 어쩌면 그냥 단순한 거지일지 모른다.
관광객, 혹 스스로도 정체가 모호한 사람들의 동정을 바라는.
그는 자신을 정말 누구라고 생각하는 걸까.

배가 무척 고프다.
짭짤한 햄이 든 기다란 바게트 샌드위치를 단숨에 먹어 치웠다.
달콤한 캔 음료를 들이켜고 의자에 앉은 채 숨을 돌렸다.
사야 할 물건이 있다.
배가 부르니, 쇼핑을 해 보자.
쉬울 줄 알았는데 간단하지 않다.
가게가 많으니 오히려 물건 사기가 어렵다.
판단과 실천의 간격이 긴 나 같은 사람에게는 곤혹스러운 일이다.
마침내 마을 끝자락에 다다랐다.
가벼운 묵주 하나와 튼튼한 지팡이를 샀다.
노란 스카프를 두른 한 무리의 성지 순례단이 몰려간다.
완장을 차고 보행자를 막아서는 불필요한 봉사자,
성물과 성화, 빈 병과 티셔츠를 파는 즐비한 상점,
좁은 갓길 사이로 지나가는 덩치 큰 2층 관광버스,

화장을 짙게 한 늙은 간호사, 빵과 커피를 즐기며 웃고 있는 사람,
잠시 눈이 지치고 마음이 흩어진다.

산업화와 계몽주의가 활발히 진행되던 18세기.
전통의 붕괴가 급속히 일어났다.
제도적 교회가 기존 사회 질서에 완전히 녹아 있던 시대였다.
하지만 낡은 옷은 어른이 된 사람들을 더 이상 감당할 수 없었다.
가톨릭은 가부장적 봉건 제도의 일부라는 혐의를 받게 되었다.
19세기에는 무신론이 팽배했고 종교는 기능을 상실했다.
확고한 신념의 시대가 가고 불확실한 회의의 시대가 도래했다.
과학적 증거로 해명할 수 없는 종교적 신심은 자연스럽게 무너졌다.

그 무렵 열네 살 산골 소녀 베르나데트에게 이상한 일이 일어났다.
동생들과 땔감을 주우러 나갔다가 신비로운 체험을 한 것이다.
베르나데트는 푸른 옷을 입은 귀부인과 수차례 만난다.
그 후 이성으로 풀 수 없는 치유 사례들이 늘어 간다.
비밀을 참지 못하는 사람들로 소문은 삽시간에 퍼진다.
가뜩이나 어시러운 시대, 혼란을 조장하는 일이 될 수 있는 일이었다.
말수 적은 귀부인이 출현한다는 수상한 동굴 입구를 막아 버리기까지 한다.
마을 본당 주임 신부는 이 일을 끝까지 믿지 않는다.
베르나데트의 입을 통해 '임마쿨라다'*라는 말을 듣기 전까지.

---

* 원죄 없이 잉태하신 성모님을 나타내는 라틴어.

이성의 도움을 받지 않는 신앙은 맹신으로 흐를 위험이 크다.
의심 없는 주술적 광신은 영혼을 마비시키는 세뇌 행위와 같다.
목적 성취에 보이지 않는 신념처럼 효과적인 수단이 어디 있을까.
값싼 지배욕, 소유욕에 얽힌 전쟁조차 종교에서 명분을 찾지 않는가.

머리가 좀 무거워진 것 같다.
성당에 들어갔다.
성가 연습을 시키는 수녀,
조율되지 않은 악기 소리,
사진을 찍고 소곤대는 사람들,
지팡이를 밑에 놓고 제대 앞쪽에 앉았다.
눈을 감았다.
캄캄한 어둠이 뇌수를 잠식해 온다.
여러 갈래의 실타래가 엉키는 기분이다.

고해성사를 봤다.
짐을 내려놓았다.
영혼의 쓰레기통을 자처하는 외국인 사제,
그의 영적 조언이 귀에 잘 들어오지 않는다.
일어나서 성당을 나갔다.
동굴 쪽으로 걸어갔다.
강가에 둘러쳐진 울타리에 몸을 기댔다.

천천히 흐르는 강물을 바라본다.
녹빛 물살 속에 오물이 떠밀려 간다.
어디선가 장엄한 성가가 나온다.
강 건너편에서 행렬이 시작된다.
깃발이 앞장선다.
고대 로마나 중세 군대의 표식이다.
깃대는 힘없이 기울어져 있다.
휠체어에 앉아 목발을 쥔 사람들,
병자를 부축해서 걷는 간호사,
늙고 병들어서 다리를 저는 사람,

노인과 병자의 끝도 없이 느린 행진.
갑자기 옆에 서 있는 노부부가 눈물을 닦는다.

복잡한 머릿속 상념을 지운다.
나는 순례자다.
무언가를 검증받기 위해 온 것이 아니다.
누군가를 설득하기 위해 온 것도 아니다.
만나기 위해, 그리고 느끼기 위해 이 길 위에 서 있다.

이 사람을 보라

(.

아침을 먹고 성전이 있는 광장으로 갔다.
출발점이 있는 곳이다.
소문으로 듣던 노란 화살표는 어디 있을까.
숲 속에 숨겨진 보물 쪽지를 찾아다니는 기분이다.
카미노 표식을 찾아 광장 입구부터 헤매고 다녔다.
아무것도 발견할 수가 없다.
프린터에서 뽑아 온 종이를 펼친다.
약식으로 표기되어 있는 지도.
지명도 경로도 전혀 감이 잡히지 않는다.
암호를 풀어내야 다음 포스트에 도착할 수 있는 숙제 같다.
다행히도 광장 한편에 안내소가 있다.
도움을 받자.

굳은 표정을 한 눈이 커다란 여직원이 뒷짐을 진 듯 서 있다.

내가 물었다.

"산티아고에 가는 길을 찾습니다."

그녀는 손가락질하며 몇 마디 던진다.

"나가서 왼쪽, 도로 끝에서 오른쪽."

다소 뻣뻣해 보이는 안내원.

무표정한 얼굴은 친절과 거리가 멀다.

하지만 든든하게 보이기도 한다.

자신을 믿기 때문에 생긴 견고한 태도가 아닐까.

미온적인 표현보다는 낫다고 생각한다.

확실한 표정을 보자 정보에 대한 굳은 신뢰가 생긴다.

짙은 안개, 망망한 바다 위 등대나 배를 이끄는 선장 같다.

흐릿한 불빛, 모호한 지시로는 보여 주거나 이끌 수 없다.

스스로를 믿는 만큼만 다른 이에게도 확신을 줄 수 있다.

하지만 우리는 어떤 종류의 확고한 믿음을 가질 수 있는가.

이 길 위에서 풀어야 할 숙제다.

우리가 걷고 있는 이 길이 과연 명백히 옳다 말할 수 있는가.

한때는 불변하는 진리, 흔들림 없는 길이 있다고 믿었다.

하지만 이젠 의심스럽다.

깨끗하게 두른 옷 속에 감춰진 더러운 욕망.

입으로는 대의를, 맘으로는 자신의 이익을.

흔들리는 갈대처럼 의지를 꺾고 순수했던 첫 마음을 철회하고,

스스로를 믿지 못하기 때문에 숱한 법과 규정을 만들어 강요하고,

거대한 고층 빌딩 쇠막대 위에 걸린 시소를 타는 사람처럼,
현실 속에 휘청대는 인간만큼 불확실한 존재가 어디 있는가.

안내소 직원이 가리킨 방향으로 길을 떠났다.
광장 모퉁이를 돌아서는 자리에 조각상이 서 있었다.
야고보 사도처럼 조개를 매단 튜닉을 입고 있는 성인.
지팡이를 쥐고, 강아지와 함께 하늘을 바라보고 있다.
로코 성인.

누구일까.

짧은 도로와 야영장 하나를 지나 숲길로 들어섰다.
얼마쯤 걷자 발견하게 된 노란 화살표.
마을 이름을 알리는 나무 긴편 구석에 달려 있었다.
비닐 표지 속에 그려진 가리비.
마음이 벅차오른다.
잠시 제자리에 서서 머물렀다.
11시간 동안의 비행, 낭만의 파리와 기적의 루르드.
마침내 산티아고를 향한 긴 여정에 첫발을 디딘 것이다.

길은 포 강을 따라 이어졌다.
키 큰 나무가 만들어 준 그늘.
고즈넉하고 호젓한 숲길.
시원하게 흐르는 물소리.
모든 것이 순조롭게 느껴졌다.
발은 가벼웠다.
신발 끈은 단단히 조여졌고, 정신은 맑았다.
바람이 불어왔다.
길가에 늘어선 풀과 나무 사이에서 목소리가 들렸다.
"영혼의 길을 나선 순례자여, 환영합니다.
혼자 오셨군요.
우리는 함께 걷는 이들을 단단히 엮어 주고,

홀로 걷는 이에게는 특별한 은총을 허락합니다.
두려워 마십시오.
당신이 걷기 이전부터 길은 있었습니다.
용기를 내십시오.
오랜 세월 동안 수많은 영혼이 이 길을 걸었습니다.
보이지 않는 운명의 끈이 우리를 묶고 있습니다.
산과 별, 바람과 나무, 하늘과 사람.
길 위에서 만나는 모든 인연을 소중히 여기십시오.
우리는 상징 속에서 비밀을 털어놓겠습니다.
그러니 길 끝에 매달린 목소리를 들으십시오.
당신이 깨어 있다면 많은 의미를 찾게 될 것입니다.
당신에게 부여된 축복의 손을 놓지 마십시오.
마음을 열고 길과 하나가 되십시오.
걷고 또 걸어 당신 자신이 길이 되십시오."

2.

어째서 이 길은 끝이 없는 걸까.
참으로 긴 기다림이었다.
광막한 이녁의 땅.
제복으로 묶인 사람들 속에서 웅크렸던 시간.
모래바람 부는 컨테이너 박스에 갇혀 꾸던 꿈.
베르나르 올리비에와 파울로 코엘료.
토마스와 야고보, 열두 사도가 남긴 전승.

도보 여행자와 순례자들이 전하는 생생한 흔적.
2년 전, 이라크에서부터 나는 이미 카미노를 걷고 있었다.

궁금한 일이다.
스스로 진화하고 꿈들내며 숨을 쉬는 존재처럼
어떻게 길이 많은 사람의 가슴을 두근대게 할 수 있는지.
고통과 고독, 단절과 이별.
참아 내야 할 위험보다 큰 벅찬 열망.
무엇이 우리를 좁은 문으로 들어가게 하는지.

흐르는 강물을 이정표로 삼았다.
모든 것이 조용해졌다.
침묵의 환희에 취해 걷고 또 걸었다.
정오가 가까이 다가올 무렵에 야영장을 발견했다.
작은 간이식당에서 음식을 팔고 있었다.
구운 소시지 냄새와 먹음직스러운 샌드위치.
배고픈 순례자를 위해 누군가 차려 놓은 식탁 같다.
신발을 풀고 발을 말리는 사이에 닭들이 모여든다.
빵 조각을 던져 주고 함께 식사를 했다.

첫날 목표는 아쏭.
23km를 걸어야 한다.
길을 묻자 알아듣지 못하는 말을 끝도 없이 쏟아 내는 아주머니.

오래된 그리스 성화 속에서 리본을 뿜어내는 성인 같다.

태양이 떠오르자 땀이 흐른다.
챙이 넓은 모자를 꺼내고 선글라스를 썼다.
강 건너편으로 작은 다리를 넘어 찻길을 걸었다.
길이 끝날 무렵 정원을 둘러싼 키 작은 관목 울타리 건너
갑자기 고개를 불쑥 들이댄 검은 개가 사납게 짖는다.
'아이, 깜짝이야.'
심장이 오므라든다.
개는 울타리를 사이에 두고 으르렁대며 계속 따라온다.
광폭한 속도를 늦추지 않는 자동차들 옆으로 2시간.
오후를 빨리 마무리하고 싶어진다.

헤어졌던 강물을 다시 만난 작은 마을은 베딸람.
지나가는 아저씨 한 분에게 지도를 보여 줬다.
언덕을 올라가라고 말해 준다.
여전히 카미노 표식은 보이지 않는다.

오르막 입구에서는 십자가의 길이 시작되고 있다.
각 처마다 성경 그림을 새겨 넣은 부조가 있었다.
녹슨 종탑을 낀 성당 마당.
첫 번째 돌판 속에는 농부나 일꾼들이 담겨 있다.
올리브 동산을 고개 들어 바라보며 경탄하는 사람들.

마치 밭일을 하다가 신비로운 장면을 만난 것 같다.

사람들이 응시하는 동산 위에 십자가 두 개.

하나는 빛이 나고, 다른 하나는 기울어져 있다.

어쩌면 이 길에서 마주칠 두 가지 내면이 아닐까.

영혼 속에서 울려오는 두 개의 목소리.

어둠과 빛.

똑같은 크기의 십자가.

그늘진 껍질과 광채가 된 별.

다정한 노부부가 나보다 먼저 언덕을 올라간다.
그들의 정숙한 기도에 잠시 마음이 조용해진다.
유다가 그리스도에게 입 맞춘 후 팔아넘긴 두 번째 처.
바닥에는 성이 같은 두 사람이 누워 있는 묘가 있다.
아마도 이 길을 만들어 봉헌한 부부일 것이다.

자기 탓을 고백하는 사람이 바보가 되는 세상인데,
잘못보다는 선행을 뽐내야 톡톡 튀는 세상인데,
어째서 14개 길 중에 유다의 처에 묏자리를 썼을까.
비가 갠 맑은 햇살 속 흔들리는 먼지를 느끼는 사람,
'잎새에 이는 바람에도' 괴로워할 수밖에 없는 사람,
세상과 무관한 유아독존, 홀로 정의를 외칠 수 없는 사람.
생에 얽혀 있는 허물을 알아챈 의인들이 아니었을까.

제3처, 카야파의 심문을 받는 그리스도.
카야파는 이스라엘의 대사제였다.
그는 합리적인 판단을 내렸다.
"하느님 나라의 정의는 나도 잘 안다.
하지만 로마 지배를 받아들여야 하는 것이 현실이다.
카이사르는 임금이다.
우리는 하늘의 백성이기 이전에 로마 신민이다.
젊은 예언자여, 나를 욕하지 마라.
그대의 육체 속에 시간을 축적하게 되면 이해하게 될 것이다.

삶이란 복잡하고 미묘한 빛깔을 갖고 있음을,
세상은 단순한 정의와 이상만으로는 돌아가지 않는다는 것을.
그대가 추구하는 이상은 도가 지나치다.
이 세계를 충분히 위협하고 있다.
그대 혼자 세상을 짊어졌다는 교만은 버려라.
이미 수많은 예언자들이 했던 일이니까.
왜 신이 우리에게 준 세상을 누리지 않는가.
왜 편안하고 원만한 삶을 추구하지 않는가.
아까운 랍비여, 참으로 애석하도다.
위험한 그대는 이 무대 위에서 퇴장해야겠다.
나는 내게 맡겨진 이 백성을 지켜야 하니까.
한 예언자 때문에 온 민족이 희생당할 필요가 있는가."

오르막길을 걷는 동안 땀이 비 오듯 쏟아진다.
배낭을 열어 물통을 꺼냈다.
루르드에서 떠 온 성수를 다 마셨다.
목이 마르다.
갈증이 가시지 않는다.

수난을 묵상하는 길 복판에 접어든다.
군인들에게 채찍질당하고 가시관을 쓴 그리스도.
살이 찢기고 피가 낭자하다.
총독은 만신창이가 된 젊은 예언자를 가리킨다.

"이 사람을 보라.
이 자가 바로 소문의 사나이인가?
눈먼 자를 보게 하고,
죽은 자를 살려 낸다는 능력의 예언자인가?
보라, 이 사람을.
그저 무력한 인간이다.
무엇을 보러 이 자리에 모여 왔는가.
인간에게 질투하고 복수를 뿜어내는 하느님.
너희들이 추종하는 신의 기적은 어디 있는가?
신앙을 가진 인간들이 더 잔인하기 이를 데 없구나.
나는 알고 있다.
너희가 가진 종교는 내가 입은 관복과 같다는 것을,
필요하면 언제든지 갈아입을 수 있는 옷.
찾고 싶은 것은 신의 뜻이 아니라 네 소원이라는 것을.
이 사람을 보라.
이 자가 온 민족의 분노를 살 만큼 대단한 자인가?
나는 살릴 수도 죽일 수도 있는 권한을 갖고 있다.
하지만 이 자는 자기 자신조차 구할 수 없다.
이 사람이 과연 죽을 만큼의 죄를 지었는가?
나는 그에게서 아무런 잘못을 찾을 수 없다.
하지만 너희는 내 손을 통해 살인을 하고 싶어 한다.
이스라엘이여, 그러니 타협을 하자.
내게는 오늘 흘리는 이 피에 대한 책임이 없다.

하지만 황제가 준 권한으로 너희의 살인을 묵인하겠다.
너희는 가서 너희 조상들처럼 해야 할 일을 하라.
그리고 신의 이름으로 내가 하는 모든 일에 협력하라.
이 자를 희생시켜 우리의 소원을 이루자."

15년 전 예루살렘.
황금 돔으로 빛나는 이슬람 사원이 내다보이는 난간.
비아 돌로로사(Via Dolorosa, 십자가의 길)의 에체 호모 아치 위에서 영국인을 만났다.
백발이 성성한 노년의 그녀는 나를 주의 깊게 관찰했다.
글을 쓰는 작가라고 했다.
그녀는 예루살렘에 대한 나의 감상을 듣고 싶어 했다.
내게서 무슨 영감을 얻고 싶은 걸까.
아르메니아인, 그리스도인, 유다인, 무슬림.
종교라는 간판을 내걸고 피 터지게 욕망을 겨루는 땅.
살육과 폭압이 그치지 않는 저주받은 도시.
하지만 나는 숨을 멈추고 기색을 감췄다.
당신이 극동이라고 부르는 동방의 작은 나라.
내가 왜 여기 서 있냐고?
사실 나도 알고 싶은데.
당신은 왜 여기 앉아 글이나 쓰고 있냐고.
느끼고 싶다면 뛰어들어야 할 것이다.
책을 갉아먹어도 도달할 수 없는 만남.

나는 그녀가 기대하는 천국도 평화도 말할 수 없었다.

목적이 만남보다 소중하던 시기였다.
계획한 일정을 빠듯하게 소화하는 것이 중요했다.
보고 싶은 것, 찾고 싶은 것이 너무나 많았다.
등을 돌리고 키부츠로 돌아오는 동안 마음이 무거웠다.
어쩌면 나는 그녀와 더 많은 대화를 나누었어야 했다.
둥근 안경테 속에 감춰진 흔들리는 눈빛.
따뜻한 호의를 외면하지 말았어야 했다.
길에서 만난 인연을 더 소중히 여겼어야 했다.

3.

아스팔트 깔린 도로가 계속 이어졌다.
10km 정도 걷고 나니 아쏭까지 5km 남았다는 표지가 보인다.
약도에 적힌 거리가 전혀 확인이 안 된다.
이상하다.
오전에 걸은 걸음만으로 오늘 목표는 충분한데.
잘못된 길을 더 걷고 있다는 불안감에 휩싸인다.
태양이 뜨겁다.
다리가 굳고 머리가 마비된다.
어디에도 화살표 따위는 보이지 않는다.
짜증과 피로가 몰려온다.
마음에 불안이 차자 반갑지 않은 이미지가 떠오른다.

이미 잊었다고 생각했던 묵은 얼굴,
다 용서하고 이해했다고 믿었던 기억,
존재의 심연에 가라앉은 앙금이 흔들려 떠오른다.
아, 더 이상 빠져들지 말자.
달갑지는 않지만 이건 순조로운 과정이다.
길에 깊숙이 스며들기 전 거쳐야 할 정화의 시간이다.
생각을 밝게 바꾸고 길을 물을 사람을 찾자.
5분 후 포클레인 뒤에서 사람이 불쑥 나타난다.
2km, 얼마 남지 않았구나.

아쏭 입구에서부터 보이는 성당 첨탑이 반가웠다.
중학생 정도로 보이는 아이들 다섯 명이 알베르게를 찾아 준다.
냉장고가 딸린 작은 방과 혼자만의 공간.
조촐한 샤워장과 화장실.
이제 시작이다.
첫날 첫 마음.
힘을 내자.

미카엘의 소

1.

아침 바람은 아직 차가웠다.
이제 겨우 둘째 날인데 어깨와 다리가 쑤신다.
다리가 딱딱하게 굳었고 발바닥도 아프다.
어떻게든 걸으면서 몸을 풀어야 한다.

식사를 하기 위해 작은 바에 들렀다.
수염이 덥수룩한 아저씨가 씨익 웃으며 따라 주는 카페오레,
커다란 잔에 흘러넘친다.
쫄깃한 크루아상 한 개를 소가 여물 씹듯 잘근잘근 먹었다.
설탕을 넣지 않은 밋밋한 커피를 입안으로 밀어 넣었다.
맛은 그렇다 치고 배가 뜨끈해지니 힘이 솟는다.

마을을 벗어나는 좁은 갓길.
먼 시선 밖으로 구름이 휘감아 도는 산이 병풍처럼 펼쳐진다.

발밑에는 이름을 알 수 없는 노란색, 보라색의 야생초.
하늘은 푸른 보석처럼 밝게 빛난다.
더듬이처럼 목을 길게 뻗어 신선한 아침 기운을 들이켰다.
영혼을 솎아 내는 하얀 알맹이가 몸 안으로 가득 들어온다.
고통스럽게 내딛던 걸음이 천천히 얼음 마법에서 풀려난다.
고요한 침묵만이 가득한 길,
동쪽에서 솟은 태양이 만물에 생기를 불어넣는 시간,
위대한 창조주를 향한 벅찬 기도가 눈부신 하늘로 날아오른다.
흙을 뒤덮은 도로와 고층 빌딩으로 이루어진 도시의 숲,
기계와 인간이 같이 호흡해야 하는 매캐한 회색빛 아침,
파괴되었던 심장과 폐가 자연의 숨결 속에서 다시 꿈틀댄다.

땅과 집을 소유하지 않았던 인디언의 유토피아를 구하고 싶지는 않다.
문명의 발전과 진보를 거슬러 아날로그 속으로 돌아갈 자신은 없다.
하지만 나와 함께 살아가는 이 모든 피조물과 발맞추어 걷고 싶다.
자연에게도 권리가 있다.
생명을 돈으로 환산해 내는 개발 이데올로기.
조화가 깨진 자연의 모습은 균형을 잃은 인간 자신의 거울이다.
우리는 자신의 편의대로 얼마나 많은 환경을 변화시킬 수 있을까.
얼마나 많은 욕망과 야망을 성공과 이상으로 미화할 수 있을까.
작은 부리로 어깨를 기대어 오는 새와 젖은 눈망울로 말을 하는 동물.
묵묵한 나무와 춤추는 숲과 노래하는 풀의 목소리를 잃는다면,
그렇게 막막한 세상에 혼자 살아남은 삶은 상상하고 싶지 않다.

긴 도로가 계속된다.
약도를 뻔질나게 쳐다보지만 뾰족한 수가 없다.
이런 길을 대체 얼마나 더 걸어야 하는 것일까.
속도를 내며 등 뒤에서 돌진해 오는 자동차,
마치 공격을 받고 있다는 착각이 든다.
달리는 자동차와 걷는 영혼의 속도 차이,
흡사 부자와 가난한 자의 비공식적인 감정 통계 같다.
제 갈 길 향해 질주하는 삶을 향한 무의식적인 적개심.
하지만 삶은 공평하다.
달리는 사람은 목표에 빨리 도달할 것이고,
걷는 영혼은 삶의 본질을 뜨겁게 만질 수 있을 것이다.
선택해야 한다.
나는 걷는다.
그렇다면 느린 과정 속에서 익어 가는 것을 느껴야 한다.

2.

브루지에 도착했다.
광장에 있는 긴 의자에 앉아 신발 끈을 풀었다.
반나절을 정리했지만 걸어온 길이 산만하게 느껴진다.
확실한 길잡이가 없다는 생각이 의지력을 더욱 약하게 만든다.
만국기가 펄럭이는 광장.
든든한 책을 든 반듯한 동상 밑에서 눈을 감았다.
정오의 하늘에 치달은 태양이 고문을 준비하고 있었다.

브루지에서 미파게까지의 거리는 1.2km
지도의 도움을 받아 흙길에 들어섰다.
거리상으로는 가까운데 왜 이렇게 오래 걸리는 걸까.
한 떼의 소를 몰고 가는 농장 앞에 막다른 길이 나타났다.
'아, 잘못 왔구나.'
같은 길을 거슬러 되돌아오기를 몇 차례.
두 시간 정도 헤매다가 미파게에 도착했다.
좁은 도로가 관통하는 작은 마을 한복판.
미카엘 성당 앞 돌계단에 앉아 물을 마셨다.
긴 창으로 악령을 찍어 누르는 대천사.
외벽은 고목 껍질처럼 누덕누덕 벗겨지고 있었다.
성당에 들어가려 했지만 문이 닫혀 있었다.

안정감이 생기자 더 걷고 싶어졌다.
고대의 혼이 깃든 작은 성당을 떠나 길을 건넜다.
처음으로 영어로 된 카미노 표지판을 만났다.
노란색 부챗살 모양의 조가비가 귀퉁이에 박혀 있었다.
뛸 듯이 기뻤다.
미파게는 12세기에 번성했던 전형적인 순례 마을이다.
사람들은 대천사의 보호를 기원하며 미사를 바쳤다.
미파게는 미카엘 대천사를 뜻한다.
미카엘은 루치펠(사탄)과 맞선 천상 군대의 수호자다.
우리 내면에서 일어나는 선악의 투쟁.

하지만 다원화된 사회 속 모든 것이 옳다고 믿는 세상인데,
무엇을 선이라 부르고 무엇을 악이라 부를 수 있단 말인가.

아우구스티노 성인은 선과 악을 대당 개념으로 놓지 않았다.
악이란 다만 선의 결핍일 뿐.
카잔차키스˚는 조르바의 춤을 통해 자유를 풀어 놓았다.
본성을 배제한 선의 추구는 오히려 악에 가까우니까.
육체와 영혼 속에 세월을 쌓은 현인들은 말한다.
삶의 원숙미란 흑백 이분법의 논리를 벗어나는 거라고.

사진은 구도에 의해 큰 표현력을 얻는다.
어떤 각도에서 찍느냐에 따라 공감하는 방식이 달라진다.
학교에서는 정면을 촬영하는 법을 배운다.
하지만 세상에 나오면 측면도 뒤통수도 찍게 된다.
때로는 지저분한 밑바닥, 껍데기를 벗겨 낸 알몸도 찍어야 한다.

인생에는 상선벌악賞善罰惡과 같은 동화책 공식만 있는 것이 아니다.
삶은 드라마처럼 굵직한 연출에 의해 진행되지 않는다.
완전한 선인, 혹은 절대적인 악인이 어디 있는가.

무엇이 선하고 무엇이 악한가.

---

* 그리스의 시인 · 소설가 · 극작가. 역사상 위인을 주제로 한 비극을 많이 씀.

잘 모르겠다.
어쩌면 그런 가치는 선택을 위해 존재하는 것이 아닐지 모른다.
선과 악은 그 자체가 목적이 아니며 대비의 효과를 내는 도구다.
그렇다면 무엇을 위해,
무엇을 드러내기 위한 대비란 말인가?
아름다움과 추함, 진실과 거짓, 성스러움과 속됨.
무엇을 위해 영원히 승패가 나지 않는 투쟁을 허락해야 하는가.

3.

아스팔트와 결별하고 자갈길을 걸었다.
태양이 높이 치솟아 뜨겁긴 했지만 마음은 편안해졌다.
붉은색과 하얀색이 평행으로 그려진 페인팅을 만났다.
조금 변형된 카미노 길을 안내하는 표식이 아닐까.
목장 사이로 난 샛길을 따라 천천히 전진했다.
바람이 불지 않아 땀이 많이 흐르고 목이 말랐다.
셀 수 없이 많은 날벌레와 파리들이 배회하고 있었다.
질펀하게 널린 소똥 속에서 태어난 작품이었다.
잠시 앉아 쉬고 싶은 마음이 사라졌다.

소는 오래전부터 사람들에게 가장 큰 재산 중 하나였다.
버릴 것이 없기 때문이다.
우유와 고기는 먹고, 가죽과 뼈는 텐트와 의복의 재료로 썼다.
보잘것없어 보이는 똥까지도 연료로 사용한다.

힌두교에서는 소를 신성한 동물로 여긴다.
누군가의 희생을 통해 생명을 유지하는 역설적인 세계.
소는 인간에게 모든 것을 주는, 봉헌 상징 중 하나다.

4.

길고 긴 목장 길이 사라지자 숲이 나왔다.
계속되는 오르막길.
온몸이 땀으로 범벅이 된다.
고개를 하나 넘고 마른 흙길을 걸었다.
반바지를 입은 종아리가 따끔거린다.
지팡이를 잡은 오른손이 아파 온다.

작은 아카시아 나무 밑에 앉았다.
얼마를 더 가야 하는지 알 수가 없다.
하지만 지금 이 순간에 머물 수 있다는 것은 안다.
나는 내가 걸어온 길을 향해 휘파람을 불었다.
이상한 일이다.
행복한 상념도 그리운 사람도 떠오르지 않는다.
그림자처럼 늘어진 기억들이 자꾸 분탕질을 한다.
배낭을 열어 사과를 꺼냈다.
한 입 깨물어 먹은 빨간 과일.
시큼한 과즙이 입안에 고인다.

억지로 몸을 끌어 골룸바에 도착했다.
박해 때문에 지하 무덤에 숨어야 했던 시절.
골룸바는 비둘기라는 뜻을 가진 동정 순교자의 이름이다.

금이 간 담벼락과 빛바랜 지붕.
세월의 흔적을 그대로 안고 있는 오래된 마을.
어김없이 닫혀 있는 성당 문.
낡은 헛간처럼 생긴 외벽은 보수 공사 중이었다.
무거운 배낭과 냄새나는 양말을 벗었다.
성당 앞 긴 의자에 벌러덩 누워 버렸다.
'성녀님, 조금만 봐 주세요.'
바람이 불자 어디선가 쿰 냄새가 났다.
커다란 비닐 속 건초 뭉치가 어디선가 숙성되고 있었다.
비쩍 마른 닭들이 주변에서 꼭꼭거린다.
나는 두 팔을 뻗어 파란 하늘에 손가락을 풍덩 담갔다.

아루디로 향해 마지막 힘을 짜내는 걸음.
마을에서 길을 잃고 가다 친절한 분을 만났다.
엷은 하늘색 셔츠를 입은 백만 불 미소 아저씨.
빗나간 길을 씩씩하게 고집하는 나를 돌려세운다.

유일한 내리막 길에서 마지막 방해꾼을 만났다.
세 마리 견공이 길을 막고 비켜 주질 않는다.

'우리 집에 왜 왔니' 놀이를 하듯.

사납게 짖어 대는 개들과 밀고 당기며 싸움을 했다.

부대나 여기나 똑같네. 자기네 땅이라 이건가.

싸우는 삶은 이제 충분하다, 그만하자.

이건 뭐 이겨도 남는 게 없는데.

시끄러움을 참다못한 개 주인이 교통정리를 해 준다.

진작 나오지 그러셨어요.

아루디 마을 표지판을 보고 반 시간을 걷자 광장이 나왔다.

시원한 분숫물이 햇살에 반짝이며 흘러넘치고 있었다.

축포가 울리고 여기저기 젊은 웅성거림으로 가득하다.

지금 막 결혼식이 있었다.

바에 앉아 술을 마시던 사람들이 나를 향해 손을 흔든다.

하루를 마무리했다는 뿌듯함에 내 마음까지 덩실댄다.

순례자 숙소는 인기척이 없다.

오늘은 호텔을 허락하자.

등이 굽은 채 종종걸음으로 서빙을 하는 할머니가 묻는다.

"돼지 먹을래, 소 먹을래?"

나는 말했다.

"소 주세요. 오면서 많이 봤습니다."

저녁을 먹고 바로 뻗었다.

발목과 무릎이 아프다.

어쩌면 이곳에서 하루 정도 더 묵어야 할지 모르겠다.

돈키호테

1.

아루디를 떠나 한동안 아스팔트 길을 걸었다.
천천히 아주 천천히.
굳은 몸을 풀기 위해 보폭을 줄이고 느리게 걸었다.

좁은 국도를 따라 자전거 여행자들이 몰려온다.
짙은 눈썹 아래 까만 선글라스, 럭비공 모양의 헬멧.
날렵한 몸매가 드러나는 스파이더맨 옷을 입은 남자들.
무리 지어 헤엄치는 멸치 떼처럼 날쌔게 달려간다.
오르막이 버거웠는지 낙오된 사람이 하나 보인다.
선두 그룹을 따라잡으려고 안간힘을 쓴다.
이럴 땐 대부분 힘이 들어 고개를 수그리고 휙 지나가는데,
오렌지색 옷을 입은 사내가 엄지손가락을 들며 말을 건다.
"콤포스텔?"
다른 사람의 입을 통해 듣게 된 반가운 한마디.

갑자기 힘이 솟는다.
"응, 나 형님 만나러 가."

내 세례명은 요한 사도.
콤포스텔라는 야고보 사도의 길.
요한과 야고보는 제베대오의 두 아들.
그러니까 형님 맞다.

고기를 잡다 스승에게 낚여 제자가 된 두 사람.
성질이 불같이 급해서 보아네르게스라는 별명을 얻었다.
그리스어로 '천둥의 아들들'이라는 뜻이다.
베드로와 함께 가장 가까이서 그리스도를 체험한 형제다.
죽은 소녀를 일으킬 때도, 타보르 산 위에서의 영광스러운 변모 때도,
수난을 앞둔 전날 밤 올리브 동산에서 기도할 때도,
가장 은밀한 계시의 장소에 초대받은 특별한 제자였다.

제자들은 모두 스승의 유지를 받들어 전도 여행을 떠났다.
토마스와 바르톨로메오는 인도로, 마테오는 이집트로.
아직 그리스도교가 종교로 정착하기 전의 일이다.
전승에 의하면 야고보 사도는 스페인에 가서 복음을 전했다.
하지만 그다지 성공적인 성과는 거두지 못했다.
9명의 제자 중 두 사람을 남겨 둔 채 예루살렘으로 돌아왔다.
두 제자의 이름은 아타나시오와 테오도로다.

그 후 야고보 사도는 특별한 설교와 지도력으로 공동체를 이끌었다.
그는 예루살렘 공동체의 가장 핵심적인 지도자였다.

야고보 사도의 대중적인 인기를 반영하는 재미있는 전승이 있다.
주술사 헤르모게네스와 그의 제자 필레토스에 관한 이야기다.

헤르모게네스는 야고보를 꺾어 자신의 능력을 알리고 싶어 했다.
그래서 제자 필레토스를 야고보에게 보냈다.
하지만 필레토스는 오히려 야고보 사도에게 감화되었다.
"저는 이제 야고보의 제자입니다.
그분 가르침을 받겠습니다."
이에 격노한 헤르모게네스는 저주를 걸어 필레토스를 쇠사슬로 묶었다.
"야고보가 너를 어떻게 구해 주는지 지켜보자."
소식을 들은 야고보는 수건을 보냈다.
야고보의 물건을 받은 필레토스는 즉시 주술에서 풀렸다.
헤르모게네스는 다시 악령을 모아 야고보에게 보냈다.
악령들은 헤르모게네스와 계약을 맺은 관계였던 것이다.
"가서 야고보와 필레토스를 묶어 데려오너라."
하지만 악령들은 그들에게 가기도 전에 큰 화를 입었다.
오히려 온몸이 불에 타는 쇠사슬로 묶인 것이다.
야고보는 말한다.
"천사들이 너희를 풀어 주실 것이다.
가서 헤르모게네스를 데려오너라."

그러나 그의 몸에 해를 끼치지 마라."
필레토스가 주술사의 사슬을 풀자 야고보가 말했다.
"자, 이제 당신은 자유이니 떠나가시오."
그러나 헤르모게네스는 말했다.
"악령들의 분노가 두려워 떠날 수 없습니다.
당신의 몸에 지니신 물건을 징표로 주십시오."
야고보는 그에게 지팡이를 주었다.
그 후 헤르모게네스는 자신의 모든 물건을 바다로 던졌다.

주술사 헤르모게네스를 개종시킨 일이 널리 알려졌다.
그리고 많은 이들이 세례를 받길 원했다.
유다인들은 위협을 느꼈다.
대사제 에브야타르는 군중을 선동하여 야고보를 잡았다.
야고보는 밧줄로 목이 묶인 채 임금에게 끌려갔다.
당시 임금은 헤로데 아그리파스였다.
임금은 그를 참수하라고 명했다.

형장에 끌려가는 도중에 앉은뱅이가 외쳤다.
"야고보 사도님, 저를 불쌍히 여겨 주십시오."
야고보가 기도하자 병이 나았다.
깜짝 놀란 유다 율법학자 요시아스가 야고보의 편에 섰다.
요시아스도 야고보와 함께 끌려갔다.
야고보는 죽기 전에 요시아스에게 세례를 주었다.

그리고 함께 참수되어 순교했다.

때는 44년이었다.
성인의 제자들이 시신을 거두었다.
그들은 키가 없는 돌배를 타고 떠났다.
바람과 성령이 인도하는 대로 맡겨지길 원한 것이다.
도착한 곳은 산티아고에서 20km 떨어진 페드로 곶.
해초와 가리비가 많은 해안가였다.
관을 내릴 때 사람들의 몸에 조가비가 달라붙었다.
제자들은 편안한 곳에 야고보를 안장하길 원했다.
하지만 그 땅에도 주인이 있었다.
루파, 곧 '암이리'라고 불리는 여왕이 통치했다.
여왕은 이방인들에게 조건을 제시한다.
사나운 야생 소를 잡아다가 수레를 끌도록 지시한 것이다.
도구도 경험도 없는 몇 사람의 힘으로는 불가능한 일이었다.
하지만 들판의 소들은 놀랍게도 맨손의 제자들에게 복종했다.
여왕은 이 일을 기이하게 여겨 청을 받아들였다.
그 후 800년 동안 야고보 사도는 전설 속에서 존재했다.

스페인이 히스파니아라고 불렸던 로마 시대, 비시고트의 통치.
수차례 왕권이 바뀌는 사이 이슬람 시대가 도래했다.
4세기 이래 스페인은 로마 국교가 된 그리스도교 문화권이었다.
사람들은 산이 많은 북쪽 아스투리아스 지방까지 쫓겨나야 했다.

이슬람 침공이 시작된 711년부터 그라나다 점령 1492년까지
'레콘키스타'라 불리는 길고 긴 국토 회복 전쟁이 일어난다.
전쟁은 엘시드와 같은 백전백승의 영웅을 배출하기도 했다.
하지만 작은 승리에 만족하기에는 이슬람의 힘은 강력했다.
법과 삶이 결합된 진화된 종교가 전쟁을 뒷받침했던 것이다.
피부가 까만 무어인들은 마호메트의 팔을 앞장세우고 싸웠다.
그것은 신의 보호를 현시하며 병사들의 사기를 북돋는 무기였다.
그리스도인들도 힘을 결집하기 위한 구심점이 필요했다.
냉정한 역사 속에서 살아남기 위한 생존의 과정이었다.

그 무렵 사람들 사이에 놀라운 소문이 번진다.
잃었던 야고보 사도의 유해를 다시 찾았다는 것이다.

813년, 갈리시아의 은수자 펠라지오가 산책할 때의 일이었다.
어디선가 감미로운 음악 소리가 났다.
들판 위에서 기묘하게 반짝이는 별이 보였다.
펠라지오는 별을 따라 리브레돈 산 숲의 작은 동굴로 인도된다.
기이한 체험으로 발견한 무덤을 주교에게 알렸다.
발굴한 결과 작은 뼛조각과 양피지와 같은 유물이 출토된다.
시대를 추론하고 유적을 검증한 결과 야고보의 것이었다.
백성은 감격했고 자신들의 기도에 대한 응답이라고 여겼다.
알폰소 2세 임금은 야고보 사도의 몸 위에 교회를 세웠다.

이후 야고보 사도에 대한 기대는 눈덩이처럼 불어났다.
풍문이 계속 번져 무엇이 진위인지 알 수 없을 정도였다.
사도가 직접 칼을 들고 참전했다는 소문도 있었으니까.
성당의 화려한 제단화엔 '마타모로스'가 등장했다.
백마를 타고 무어인을 짓밟는 야고보 사도의 조각이다.

산티아고는 예루살렘과 로마와 함께
그리스도인의 3대 성지 순례지다.
전성기는 예루살렘 순례가 막혔던 12세기였다.
'순례길의 종착지'로서 유럽인이 찾는 중요한 성지였다.
순례자의 종류도 다양했다.
살인과 강도를 일삼은 자는 고통의 형벌로 걷기도 했고,
완덕의 길을 꿈꾸는 성인은 세상을 위한 기도로 걸었으며,
직접 걸을 수 없는 귀족은 자신을 대신할 사람을 보내 걷게 했다.
하지만 수 세기 동안 번성했던 길은 임금과 기사 시대의 몰락,
기계 문명의 발달과 종교 개혁,
무신론과 인문주의 시대의 개막 속에서 잊혀졌다.

별의 들판.
야고보 사도의 무덤.
산티아고 데 콤포스텔라 Santiago de Compostela.
마치 주문과 같은 프랑스인의 한마디 외침 속에 정신이 든다.

무엇을 위해 이 길을 걷는가?

브라질의 성공한 소설가의 소설 속 주인공은 검을 찾기 위해 걸었다.

독일의 게이 코미디언은 신을 만나기 위해 걷는다고 했다.

수녀, 가수, 기자, 화가, 작가, 백수…….

글로 남기지 않고는 못 배겼던 수많은 순례자의 기행문.

같은 길을 걷고서도 그들은 모두 다른 말을 했다.

그런데도 하나같이 감동을 담고 있다.

결론은 하나밖에 없다.

직접 걸어 보는 수밖에.

2.

아루디에서 부지까지 숲길을 걸었다.

능선에 다다르자 넓은 고사리밭이 펼쳐진다.

질펀한 소똥을 간간이 지나 조용한 언덕 위 마을에 도착했다.

제라늄이 가득한 테라스와 잘 가꾸어진 정원의 별장.

하지만 휴가철인지 사람이 보이지 않는다.

지도와 이정표에 의존해서 걸어야 할 것 같다.

오늘의 목표는 올로롱.

하지만 3시간 이상 다른 길을 맴돌았다.

계곡 물소리가 시원하게 들리는 숲길에서 막혔다.

오토바이 연습장에서 퍼붓는 먼지를 뒤집어썼다.

이미 걸었던 길을 다시 걷는 것처럼 처참한 기분은 없다.

마을에서 만난 금발의 두 청년.
다행히 영어를 할 줄 안다.
내가 보여 준 지도와 목표를 들은 그들의 결론은 고속도로.
아, 이건 아닌데.

마을을 내려와서 누렇게 색이 바랜 비닐 화살표를 발견했다.
오랫동안 관리를 하지 않은 것이 분명하다.
주변에 걷기에 알맞은 길이 있을 텐데 찾을 수 없다.
역시 확실한 결론은 고속도로.
5시간 동안 시속 70km 이상으로 달리는 2차선 국도.
갓길이 없다.
나보다 자동차가 더 놀라는 것 같다.
달려오던 기계들이 크게 반원을 그리며 둘러서 간다.
양방향에서 오는 차와 평행선이 되면 경적을 울린다.
1차선을 점유한 거대한 짐차는 어깨를 스치듯 지나간다.
물은 다 떨어졌고, 가게는 보이질 않는다.
갈증이 심해지고 혀가 바짝 탄다.

국도로 접어드는 갈림길이 나오자 고속도로를 벗어났다.
땅바닥에 앉아 잠시 쉬었다.
목이 마르고 입안에서 단내가 난다.
의욕이 매우 떨어져서 심각하게 고민을 했다.
조그만 경차 한 대가 지나가다 내 옆에서 멈춘다.

할머니 한 분이 물통을 내밀며 마시라고 한다.
눈물이 날 것 같다.

12시간을 걸었고 주일 미사 참례를 하지 못했다.
더 중요한 것과 덜 중요한 것이 전도된 느낌이다.
본질적인 목적과 부수적인 수단이 뒤바뀐 기분이다.

3.

올로롱에 들어와 처음 만난 성당은 노트르담.
저무는 해가 늘어뜨린 빛이 건물의 윤곽을 뚜렷이 만든다.
비둘기가 날고 보라색 노을 구름이 겨드랑이를 파고들고
하루 종일 가슴을 맴돌던 검은 먹구름이 비로소 걷힌다.

목이 말라 오래 머물 수 없었다.
광장 앞 레스토랑에 들렀다.
늦은 시간 마지막 손님들이 저녁 식사를 하고 있었다.
생수를 주문했지만 그의 태도는 단호했다.
시간이 지나서 팔 수 없다고 말했다.
안경 너머의 작은 눈이 째지고 깡마른 친구였다.
주위에 다른 가게가 없어 의자에 앉았다.
"하루 종일 걸어서 매우 갈증이 나.
물만 마시고 바로 갈게."
그의 불안한 눈빛이 흔들렸고, 그는 곧 짜증을 냈다.

"영어로 다시 말할게.
영업 끝났어, 시간 다 되서 물 못 팔아."

할 수 없이 일어나서 숙소를 찾아갔다.
알베르게는 역시나 문이 닫혀 있었다.
15분 정도 되는 길이 영원처럼 길게 느껴졌다.
시원한 강이 흐르는 다리 위를 지나 호텔에 도착.
꿀맛 같은 물을 사서 벌컥벌컥 마신 뒤 방을 잡았다.

그러고는 배가 고파서 광장으로 다시 나왔다.

식당은 모두 문을 닫았다.

다행히 피자 가게 하나가 영업을 하고 있었다.

얇은 햄이 박힌 이탈리아 피자 한 판을 시켰다.

옆 식탁에서 뚱뚱한 학생이 줄기차게 담배를 피워 댄다.

어, 자세히 보니 여자애네.

담배에 피자에 콜라에,

궁합이 아주 잘 맞네.

야구 모자를 쓴 곰돌이 학생,

톤이 높은 목소리로 굴러가듯 웃는다.

주인아줌마와 무척 친한가 보다.

피자와도 친해 보인다.

"루르드에서 걸어왔다고? 너 미쳤구나."

크레이지라…….

하긴.

돈키호테의 유언 정도면 과분하지.

맨 정신에 어디 살 수 있는 세상인가.

"미쳐서 살고,

정신이 들어 죽었노라."

프랑스

피니스테레
산티아고 데 콤포스텔라
레온
부르고스
생장피드포르
루르드

스페인

정화의 길

생장피드포르에서 부르고스까지

다시 떠나기

(.

아침을 먹고 인터넷에 접속했다.
정보를 준 고마운 카페에 소식을 올렸다.
루르드에서 시작한 순례길에 대한 보고였다.
부족한 이정표, 영어 소통의 부재.
외국인에게는 아직 어렵게 느껴지는 카미노.
지도와 자료, 더 많은 준비가 필요한 길이었다.

루르드에서 시작한 3일 동안의 여정.
몸과 마음의 생기를 많이 잃었다.
탈 것은 애초에 염두에도 두지 않았는데,
기차로 생장피드포르까지 가게 된 현실이 무겁게 느껴진다.

열차 예약을 마친 후 생 마리 성당을 찾아갔다.
이른 아침부터 빵 가게에 줄을 선 사람들.

타이어를 마모시키며 부지런히 돌길을 달리는 자동차.
경사진 좁은 골목을 올라가자 작은 광장이 나왔다.
비둘기가 부산히 날아드는 언덕 위 교회.
생각보다 작고 아담한 규모였다.
정문 입구 현판에 붙은 부조.
십자가에 못 박히는 그리스도.
아들 곁을 지키는 성모 마리아.
조심스럽게 발을 딛고 내부로 들어선다.
캄캄한 침묵.
깊은 고요.
굳은 다리를 무겁게 끌고 앞으로 나아갔다.
작은 빛이 들어오는 중앙 제대 앞에 털썩 앉았다.
지팡이를 바닥에 내려놓고 둔중한 배낭을 벗었다.
눈을 감았다.
적막한 기운이 영혼을 휩싼다.
습기 찬 지하실에서 수천 가닥 메아리치는 독백.
잠시 어지럽다.
깊이 숨을 마신다.
노란 빛살이 어두운 마음 끝자리에서 솟아난다.
약속된 신호에 응답하듯 피를 감아 타고 도는 온기.
차갑게 굳은 몸과 마음이 서서히 녹는다.
편안하다.
이곳은 작고 둥근 어머니의 태중 같다.

성취감을 맛보기 위해 시작한 길이 아니다.
나 자신만을 위해 걷는 길이 아니다.
내 힘만으로 걷는 길이 아니다.
스스로가 가진 약함에 실망할 필요가 없다.
가난한 마음을 가슴에 새기자.

2.

올로롱에서 두 칸짜리 열차를 타고 생장피드포르로 향했다.
생장피드포르까지는 포와 바욘에서 두 번 기차를 갈아타야 한다.
프랑스는 땅이 넓은 데 비해 대중교통은 빈약한 듯하다.

더운 날인데 에어컨이 없어서 창문을 열었다.
멀리서 불어오는 습한 여름 바람.
3일 동안 걸어왔던 길이 쏜살같이 흘러간다.
속삭이는 요정이 나올 듯한 아름드리 떡갈나무,
숲과 계곡을 풍성하게 차지한 포플러 나무,
푸르게 펼쳐진 농장과 암갈색 기와를 얹은 집들,
인간과 자연이 함께 만들어 낸 아름다운 풍경이다.

열차가 잠시 간이역에 멈춘다.
한 무리의 학생들이 떠들어 대며 기차를 탄다.
인솔한 여교사는 아이들이 앉을 때까지 기다린다.
아이들이 안정되자 비로소 장난을 치며 학생들 사이에 앉는다.
가르치고 이끄는 사람의 성숙한 태도를 보면 참으로 흐뭇하다.
젊지만 나이보다 훨씬 더 절륜해 보이는 영혼이다.

나폴레옹이 스페인을 접수하고 조약을 맺은 곳 바욘.
오래된 성당으로 보이는 쌍둥이 고딕 첨탑이 멀리 보인다.
시간이 있다면 둘러보겠지만 정해진 열차를 타야 한다.
기차를 기다리는 동안 비둘기 한 마리가 역사에 들어왔다.
빵 부스러기를 찾아 열심히 쏘다닌다.
겁도 없는 녀석이 내 가랑이 밑까지 와서 부리를 쪼고 있다.
옆에서 지켜보던 프랑스 청년 하나가 내 모습을 보고 웃는다.
그가 내 지팡이를 보더니 순례 여행을 축복해 준다.

생장피드포르에 내리자 배낭을 멘 사람들이 질주하듯 걸어간다.
틀림없는 순례자들인데 왜 이렇게 서두르는 걸까.
맨 뒤에 꽁무니로 붙어서 도시로 들어갔다.
언덕길을 조금 올라서자 드디어 보이는 등록 사무실.
백발이 성성한 노인들이 친절하게 순례자들을 돌보고 있다.
어눌한 발음으로 열심히 설명해 주는 할아버지.
가만 보니 왼손을 떠신다.
육체로 헤아릴 수 없는 길과 삶의 인도자.
후배는 선배의 말을 잘 경청했다.

사무실에 들어선 순간, 첫눈에 들어온 것은 가리비.
'아, 드디어 찾았다.'
기부함에 동전을 마음껏 털어 넣고,
가장 잘생긴 놈을 골라 배낭에 매달았다.
저울이 있어서 배낭을 달아 보니 9kg.
1kg 정도는 물이니 이 정도면 평균은 맞춘 셈이다.

오랜만에 한국인을 만났다.
절인 사과가 박힌
달콤한 바스크 케이크(바스크 전통 케이크인 가토 바스크)를 나눠 먹었다.
성호를 긋는 것을 보고 천주교 신자임을 알게 되었다.
세례명을 듣고 조금 놀랐다.
미카엘라와 임마쿨라다.

미카엘라 대천사와 루르드의 성모님.
마치 준비된 듯, 묘한 보호의 끈 같은 것을 느낀다.

하늘은 흐리고 바람이 차가운 오후.
침낭을 펴고 짐을 정돈한 뒤 외출을 했다.
좁게 늘어진 골목을 내려가는 길.
돌이 깔린 오래된 거리에 사람이 가득하다.
맥주를 마시는 사람, 고기를 자르는 사람.

다채로운 빛깔이 담긴 포대 자루로 가득한 향신료 가게.
어디선가 향긋한 과자 냄새가 난다.
적막한 길 위에서 고투했던 사흘.
비로소 궤도에 들어온 듯한 안정감을 느낀다.

마을의 작은 성당에서 미사 참례를 했다.
머리가 희고 주름이 많은 노사제가 주례를 한다.
중앙을 비워 둔 채 구석에 따로 마련된 제대.
초는 한 개만 켜고 다른 한쪽엔 소박한 꽃을 올렸다.
신자들은 모두 등이 굽은 노인들이다.
꺼져 가는 불티처럼 엷은 빛으로 반짝이는 스테인드글라스.
주문처럼 웅얼거리며 퍼져 나가는 프랑스어 기도문.
쉰 목소리로 천천히 경문을 읽는 신부.
가 버린 봄날처럼 시든 꽃잎처럼.
흐릿한 눈빛이 담긴 그의 검은 안경이 무거워 보인다.

한때는 젊음으로 풍성했으리라.
신선한 빵과 달콤한 잔을 봉헌했으리라.
아름다운 화음으로 꾸며진 노래가 퍼졌으리라.
오래된 그림 속에 담아 놓은 예쁜 추억처럼.

그렇게 물질과 정신의 추가 기울고,
예언자의 목소리가 구차한 짐이 되고,

교회가 세상을 닮아 가고.

하지만 비우고 나면 채우는 일밖에 없다.
캄캄한 돌무덤에서 부활을 꿈꾸는 육신처럼.
도약을 준비하는 바닥.
생명 가득한 혼의 세례를 기다리는 낡은 제대.
사제를 위해 시메온과 한나의 기도를 바쳤다.

알베르게에 돌아와 다음 날을 준비했다.
내 침대는 2층이었다.
노트북을 꺼내 하루를 정리하는데 건너편에서 말을 건다.
안경을 쓴 통통한 체구의 한 여성.
장난기 가득한 얼굴이다.
그녀는 침낭 위에서 뒹굴며 말을 걸었다.
"너 작가니?"
내가 말했다.
"아니, 그냥 일기 써."
호기심이 많은 친구였다.
그녀가 다시 말했다.
"내 얘기도 쓸 거야?"
내가 말했다.
"뭐라고?"
그녀가 소리 내서 웃었다.

"농담이야. 난 릴리라고 해."
그리고 서로 인사를 했다.
"아, 반가워. 난 리."
릴리는 내 이름에 즉각적인 반응을 보였다.
"리? 브루스 리?"
내가 말했다.
"뭐 비슷한 거지.
우리나라엔 리가 아주 많아.
난 그중 하나야."
릴리는 다시 물었다.
"어디서 왔니?"
"한국. 서울. 너는?"
"런던."
영국에서 온 아가씨구나.
나이가 궁금해서 내가 물었다.
"학생이야?"
그녀가 말했다.
"응."
첫날 만나는 사람은 앞으로도 만날 확률이 높다.
같은 방향으로 걷기 때문이다.
내가 물었다.
"혼자 왔어?"
릴리는 손가락으로 자기 친구를 가리켰다.

"아니, 저기 있는 애가 내 친구야."

나는 2층 침대 아래편을 내려다보았다.

그리고 깜짝 놀랐다.

부스럭대면서 배낭에서 무언가를 열심히 찾는 아가씨.

가벼운 긴팔에 팬티만 달랑 입고 있다.

'어라. 이거 뭐지?'

분홍색 팬티 아가씨가 인사를 한다.

"하이!"

눈길이 마주치니 민망해지네.

괜히 손으로 허공을 젓게 된다.

릴리가 묻는다.

"왜 그래?"

내가 대답했다.

"아…… 모기…… 휘이."

릴리는 침낭 속으로 쏙 들어가며 말한다.

"그래? 내 모기도 다 가져가."

뭣이라.

3.

사람들은 모두 부지런히 잠자리에 들었다.

내일은 피레네를 넘어야 하기 때문이다.

10시가 조금 넘자 불을 껐다.

하지만 잠이 잘 오지 않는다.

밖에 무슨 행사가 있는 모양이었다.
마이크에 대고 요란한 방송을 해 대는 남자,
그 초대에 호응하는 사람들의 환호성,
들썩거리는 음악과 열변을 토하는 진행자,
휴가철인지, 축제인지, 지방 공연인지,
아무튼 머리가 지끈거린다.

누군가 창문을 닫았다.
갑자기 차단된 기운.
보이지 않는 보호의 벽.
다시 꿈을 기르는 공간 속.

눈을 뜨고 캄캄한 천장을 바라보았다.
어둡고 무거운 공기.
흔들림 없이 고요한 침묵.
몸을 뒤척이는 소리.
삐걱대는 침대.
깊은 한숨.

그래.
다시 시작할 수 있을까?

새로운 길

1.

하나둘 일어나는 사람들.
시계를 보니 새벽 5시.
간단히 씻고, 아침을 먹었다.
새롭게 길을 시작한 기분이다.
미카엘라, 임마쿨라다 자매와 동행했다.
보폭이 큰 외국인 순례자들이 휙휙 지나갔다.
하지만 따라가고 싶지 않다.
내겐 빠듯한 일정도 정해진 목표도 없다.
빠름으로 승부를 거는 시대 속에서 느림으로 응수하는 것,
속도로 승부를 내는 시대를 거꾸로 사는 도전이다.

순례길 선배들의 공통적인 충고 중 하나는 '느림'이다.
모두들 자신을 거북이나 달팽이에 비교한다.
커다란 등껍질 같은 배낭 위에 찰싹 달라붙은 머리.

등짐 좌우로 팔만 휘적거리며 걷는 폼은 딱 거북이다.
하지만 거북이도 토끼랑 달리기를 허락했다는 사실.
남에게 뒤처지고 기분 좋을 사람이 어디 있는가.
마음처럼 따라 주지 않는 몸.
나보다 빨리 걷는 사람은 죄다 걷는 기계로 보인다.
제발, 가다가 발병 나구려.

길을 걸을 때는 자신에게 맞는 적당한 속도를 찾아야 한다.
특별한 공식은 없다.
걷다 보면 알게 되니까.

2.

피레네에 들어서는 입구.

처음으로 매우 느리게 허덕이는 '달팽이' 친구를 만났다.

그녀의 이름은 에스텔.

고개를 푹 숙이고 걷다가 자주 뒤돌아본다.

가는 길은 하나밖에 없는데 이 길이 맞느냐고 묻는다.

그만두고 싶어 죽겠다는 눈치다.

불안한 심정을 표현할 때마다 이마에 주름이 깊게 팬다.

뒤따라오던 스코틀랜드 사나이.

이름도 스콧이다.

노란 옷에 허름한 남색 가방.

부리부리한 눈과 밤송이 수염.

땅땅한 체격을 지닌 젊은 친구였다.

노란색 책을 꺼내서 에스텔의 갈증을 풀어 준다.

거리와 고도까지 도표로 잘 정리된 책이었다.

우리는 풀밭에 박힌 검은 돌판 위에서 휴식을 가졌다.

바짝 뒤따라오던 스콧과 에스텔도 다시 만났다.

"여기 우리 땅이야, 스콧.

한국 사람밖에 없어."

스콧이 정중하게 인사하며 말했다.

"아, 정말? 지나가도 되겠습니까?"

"응, 돈 내놔."

3.

생장피드포르에서 피레네를 넘는 길은 두 갈래가 있다.
우리가 걷는 길은 오리손 산장을 지나는 나폴레옹 경로였다.
프랑스군이 유럽을 정벌할 때 이용하던 보급로인 셈이다.

두 번째 입대했을 때 지급받은 책 중에 전술학 교재가 있었다.
500페이지가 조금 넘는 파란 표지의 제본으로 기억한다.
강의가 귀에 안 들어와서 혼자 활자를 들여다보았다.
나폴레옹 군대의 최대 무기는 빠른 걸음이었다.
준비가 덜 된 적 앞에 도착해서 승리를 거두는 일이 많았다.
속보의 비결은 병사들의 자발적 충성에서 비롯된 사기였다.

군에 있던 시절 머리 희끗한 군단장이 했던 말이 기억난다.
세상에서 제일 어려운 일은 사람의 마음을 얻는 거라고.
그는 재미있게도 독일 군대 체험 얘기를 했다.
병사의 성 문제나 동성애에 대한 고민까지 하는 외국 군대.
그에 비해 자유로운 의지 없이 입대해야 하는 의무 병역의 한계.
우리 군이 갖고 있는 후진성은 도움이 필요하다고 말했나.
진급을 위해서라면 부하의 희생도 기꺼이 발판으로 삼는 간부.
읍참마속泣斬馬謖*은 없고 참마속만 남은 조직.
억지 충성을 강요하는 다른 장군들보다 호소력이 있었다.

---

* 큰 목적을 위하여 자기가 아끼는 사람을 버림을 이르는 말.

명문가 여자와 결혼하여 출세의 끈을 잡았던 포병 장교.
파리 시내 한복판에서 포술로 적을 진압한 단순 무식 군인.
알프스를 넘어 오스트리아를 무너뜨린 희대의 전술가.
나폴레옹은 혁명 이후 대중의 인기를 한 몸에 받는 인물이었다.
갑갑한 과거는 무너뜨렸지만 확실한 미래가 없던 시기.
사람들은 자유를 실현하기 위해 한 사람에게 희망을 걸었다.
하지만 나폴레옹은 기대를 배신하고 황제에 즉위했다.
실망한 베토벤은 〈영웅 교향곡〉을 다른 사람에게 바쳤다.

나는 속도를 더 늦췄다.
누군가와 싸워 이기기 위해 경쟁하듯 걷고 싶지 않았다.
하루만 걷고 끝낼 길이 아니다.
단거리 선수로 살고 싶지 않다.
기다리다 보면 더 열심히 걷게 될 때가 올 것이다.
순수한 의지는 대부분의 덕성처럼 하늘이 주는 것이다.
산 위를 달리는 사슴처럼 가볍고 날렵한 발걸음을 꿈꾸며.
지금은 내게 스며드는 모든 존재와 천천히 동화되어야 한다.

4.

어느덧 스페인과 프랑스의 경계선에 도착했다.
스콧은 한 발짝씩 앞으로 갔다 뒤로 갔다 반복하며 말한다.
"여기는 프랑스, 여기는 스페인."

정상이라 부르기엔 밋밋한 능선이었다.
시원한 물이 쏟아지는 약수터가 있었다.
물통을 채우는 동안 오래된 전설의 이름을 발견하게 되었다.
그렇다, 이곳은 롤랑의 노래가 비롯된 명소였다.

롤랑은 샤를마뉴 임금의 기사단을 이끄는 팔라딘이다.
그는 듀렌달이라는 명검을 하사받은 충신이었다.
샤를마뉴의 군대는 강력한 적과 전쟁을 치르고 있었다.
서로가 서로에게 강력한 적수였다.
승리를 예측할 수 없는 전쟁이었다.
임금은 기나긴 전투에 지쳐 있었다.
이슬람에게 뇌물을 먹은 프랑스 신하 가넬롱은 휴전을 원했다.
하지만 롤랑은 임금의 사촌이자 열두 명의 기사단을 대표하는 팔라딘.
팔라딘은 돈이나 물질로 움직일 수 없는 명예로운 기사다.
가넬롱은 꾀를 내서 정치적 적수였던 롤랑을 사지로 내몬다.
후위대를 맡고 있는 롤랑을 뱀처럼 긴 협곡으로 유인한 것이다.
매복했던 이슬람 군대는 기사들을 유린한다.
롤랑과 기사들은 퇴로가 없는 함정에 빠졌다는 것을 깨닫는다.
죽음을 앞둔 기사들은 하늘을 향해 무릎을 꿇는다.
최후의 순간까지 정의롭게 싸우는 데 흔들리지 않도록.
기도를 마친 롤랑은 긴 뿔 나팔을 불고 용감히 싸우다 죽는다.

정의는 반드시 승리한다고 하지만 과연 그런지 의심스럽다.

생명을 꿈꾸는 의인은 죽음을 꾸미는 악인을 당할 수 없다.
나쁜 뜻을 품은 사람도 종종 웃는 얼굴로 다가온다.
하지만 그의 마음속엔 다른 계산이 가득하다.
알지 못하게 힘을 빌려 사람과 사람을 싸우게 만든다.
가넬롱은 성공했고 롤랑은 실패했다.
롤랑은 지혜롭게 현실과 타협해야 했을까?
어째서 사람들은 롤랑의 운명을 슬프게 노래할까?

5.

스콧은 빠른 걸음으로 일행을 앞질러 갔다.
고개를 넘어 내리막으로 접어든 숲길.
마치 준비된 식탁처럼 돌이 늘어선 쉼터에서 물을 마셨다.
무성한 참나무 가지가 그늘을 드리우고 있었다.
높은 산 위의 바람이 마음을 시원하게 만들어 주었다.

때마침 보르도에서 걷기 시작했다는 한국 청년이 도착했다.
그는 세례명이라며 자신을 안토니오라고 소개한다.
한국말을 듣지 못했다면 다른 동양계 사람인 줄 알았을 거다.
얼굴이 종마의 까만 피부처럼 윤기 있게 빛난다.
단련된 육체가 길에 잘 적응했음을 말해 주고 있었다.
배가 고프다고 해서 일행은 배낭을 풀었다.
소시지가 든 빵과 신선한 사과.
씩씩하게 입안에 털어 넣는 안토니오를 뿌듯이 지켜봤다.

미카엘라, 임마쿨라다 자매와 나는 서로를 다시 소개할 필요를 느꼈다.
키가 작은 미카엘라는 똘망똘망한 의사 선생님이다.
차트를 통해 대하는 환자들과의 사무적인 만남과 잦은 잔업.
변화가 필요한 영적 충동에 이끌려 이 길을 걷고 있다.
미카엘라 동생 임마쿨라다는 신통방통하게 영어를 잘한다.
훌륭한 발음과 입술을 초승달로 만드는 애교 미소.
언니와 함께 이 길을 걷고 있다.
사회 복지사를 꿈꾸는 어린이 영어 선생님이다.

에스텔이 문득 입을 열었다.
"나는 리옹에 살아.

직업은 디자이너야.

아이들 양말을 만드는.

꿈은 의상 디자이너가 되는 건데,

이 길을 걷기 전에 회사에서 해고당했어."

무척 우울하고 혼란스러운 표정을 짓는 에스텔.

그녀는 '해고'라는 말을 반복해서 한다.

자기 자신에 대한 자신감이 많이 무너진 듯 보인다.

내가 말했다.

"에스텔, 누구도 이 길에서 우릴 해고시킬 수 없어.

우리가 포기하고 내려서기 전까지 말이야.

한쪽 문이 닫히면 다른 쪽 문이 열려.

넌 해고된 게 아니야.

다른 부르심을 받고 있는 거야."

안토니오와 일행은 모두 위로를 보탰다.

"힘내, 에스텔. 너는 더 좋은 일을 찾을 거야."

내리막은 오르막보다 길게 느껴졌다.

피레네는 지리산처럼 커다란 품을 가지고 있었다.

무성한 숲길, 끝을 알 수 없는 하산을 계속했다.

시원한 소나기가 나뭇잎을 두드렸다.

얇은 바람막이 점퍼와 모자, 배낭 덮개를 꺼냈다.

조용한 산행이 이어졌다.

에스텔의 걸음에 맞춰 걸었다.

그녀는 과연 초특급 거북이다.
조금 지루해져서 울고 넘는 박달재 이야기를 했다.
"옛날 옛날에, 에스텔.
먼 길을 떠난 남자가 있었어.
국가시험을 보려고 도시로 떠난 거야.
시험에 합격하면 나라를 위해 일할 수 있었어.
나라를 위한 관리자가 되면 돈도 많이 생겼어.
근데 길 위에서 여자를 만났어.
피레네처럼 높은 고개, '박달재'였어.
만난 여자의 이름은 '금봉'이야.
둘은 사랑에 빠졌어.
금봉이는 남자에게 모든 걸 줬어.
남자는 시험을 보려고 다시 먼 길을 떠났어.
그리고 국가시험에 합격했어.
금봉이는 매일매일 남자를 기다렸어.
하지만 남자는 돌아오지 않았어."

에스텔은 진지하게 물었다.
"근데 그 남자 왜 안 돌아왔어?"
재밌자고 한 이야기인데, 역시 슬픈 이야기인가.
"왜냐하면…… 왜냐하면…… 그는 나쁜 남자였으니까."
고개를 갸우뚱하는 에스텔.
옆에 있는 미카엘라에게 자꾸 묻는다.

"근데 그 남자 왜 안 돌아왔냐고."
아, 이런.
이런 결과를 기대한 게 아닌데.
한국 정서, 이거 안 통하나.
'나쁜 남자'였다니까 그러네.

때마침 먼발치에서 황토색 지붕이 보였다.
새벽부터 시작한 산행이 끝나는 순간이었다.
해가 느릿하게 기우는 오후.
론세르바예스 도착.

버스에서 한 무리의 스페인 학생들이 내린다.
기타와 배낭을 메고 시끌벅적 즐거운 웃음이다.
에스텔은 아는 사람 집에 간다며 사라졌다.
그 이후로 아무도 그녀를 볼 수 없었다.
그녀는 왜 돌아오지 않았을까.

6.

수도원을 개조해 만든 거대한 알베르게.
기행문에 첨부된 사진마다 단골로 등장하는 숙소다.
103번, 2층 침대를 배정받았다.
샤워와 빨래를 마치고 나온 사이
첫날 만났던 체코 할아버지가 마지막으로 도착했다.

낡고 허름한 배낭에 다 떨어진 전투화, 때 묻은 청바지.
조심스럽게 어깨너머로 숙박비가 얼마냐고 물었다.
뭔가 도와 드리고 싶은데.
아침까지 고통스러운 얼굴로 새우잠을 주무시던 할아버지.
에스텔처럼 그날 이후로 볼 수 없었다.

배가 몹시 고파 식당부터 찾았다.
푸짐한 파스타와 튀긴 물고기인 페스카도를 먹었다.
스콧이 뒤늦게 식사에 합류했다.
"스콧, 에스텔이 그러던데 너 불교 신자라며?"
"응. 내 티셔츠도 불교야."
그는 샤워를 하고 옷을 갈아입었다.
배가 나와 불룩해진 스콧의 녹색 반팔 티셔츠를 들여다보았다.
나선형으로 그려진 영어 글씨가 점점 안으로 모이고 있었다.
자아의 핵심에 도달하는 것을 표현한 귀여운 그림이었다.
빠듯하게 식사를 하는 사이에 저녁 8시가 되었다.
순례자 미사가 있는 시간이다.
갑자기 서빙을 하던 젊은이들이 냉혹한 태도로 돌변했다.
문고리에 걸린 오픈 메시지를 내리고 접시를 짤그락거린다.
미사 참례하라고 좋게 말할 것이지 왜 이래 이거.
여기 불교 신자 있는 거 안 보여?
밥은 좀 먹자고.

7.

네 명의 노사제와 전례지기를 맡은 젊은 사제의 공동 집전으로
순례자를 위한 미사가 거행되고 있었다.
성당 입구까지 빼곡하게 들어선 사람들.
늦게 도착했기 때문에 바닥에 앉았다.
영성체를 하러 나가는 스콧을 봤다.
어허, 서양 불교는 성체도 영하나.
미사가 끝나자 사람들이 제대 곁으로 모였다.
라틴어 성가 〈살베 레지나〉를 따라 불렀다.
주례 사제는 순례자를 위해 긴 축복의 기도를 바쳤다.

미사를 마치고 미카엘라와 임마쿨라다, 스콧과 차를 마셨다.
에스텔까지 있었다면 좋았을 텐데.
내가 말했다.
"에스텔이 안 보여, 집에 간 거 아닐까?"
스콧이 말했다.
"몰랐어, 리?
택시 타고 손 흔들며 갔잖아.
자, 우리 모두 축배를 들자.
이럴 땐 한국말로 뭐라고 해?"
"건배!"
"우린 이렇게 말해. 슬랜져!"
스콧은 마치 다시 보지 못할 사람처럼 자기 이야기를 했다.

"2주 전에 여자 친구와 끝내고 카미노에 왔어.
나 말고 다른 두 남자를 만나고 있었던 거야.
마치 테니스공을 치고 받는 것처럼.
미안하다고 하지만 이해할 수가 없어.
근데, 리. 미카엘라·임마쿨라다 자매랑은 무슨 사이야?"
"아, 우린 길에서 만났는데."
"그래? 넌 꼭 아버지 같고 두 사람은 딸 같아."
"뭐라고? 나 아직 젊어."
그는 작게 주먹손을 만들어 볼에 비비며 말했다.
"아, 그리고 난 귀여운 어린애지. 치키치키······."

산에서 부는 바람이 차갑게 파고드는 저녁이었다.
오래된 축복의 계획 속에 놓여 있는 기쁨.
들뜬 기분을 감출 수 없는 하루였다.
겪어야 할 모든 일이 단 하루 동안 일어난 것처럼.

너무 취하지 말자.
마음이 날아가지 않도록 붙들어 두자.
바람결에 조용히 스쳐 가는 진실한 목소리를 잃지 않도록.
느림과 빠름, 만남과 이별, 그리고 냉정과 열정 사이에서.

헤밍웨이와 아마시타

1.

오늘의 목표는 수비리.
스콧은 빠른 걸음으로 사라졌다.
론세르바예스를 떠나 다다른 첫 번째 마을.

마을 입구엔 헤밍웨이를 기념하는 간판이 있다.
아마도 그가 집필한 흔적이 담긴 장소인가 보다.
헤밍웨이의 문장은 짧다.
기름과 거품을 뺀 음식.
양은 적지만 도수가 높은 술과 같다.
잘 정련된 간결한 문장은 힘이 있다.
끝이 뾰족한 송곳처럼 예리하게 마음을 꿰뚫는다.
《노인과 바다》,《무기여 잘 있거라》,《태양은 다시 떠오른다》
작가의 글은 대부분 비유로 반영된 자아의 투영이다.
전쟁터를 벗어나지 못했던 사진 기자 로버트 카파처럼.

제1차 세계 대전, 스페인 내전, 아프리카와 쿠바.
전쟁과 사냥, 모험과 도전.
지극히 위험한 현장이 글을 얻어 낸 영감의 장소였다.
무엇을 찾고 싶었던 것일까?
헤밍웨이가 만든 주인공은 늘 누군가와 싸우고 있다.
인간성이 위협받는 한계적 조건.
가장 깊은 인간 본성에 도달하면 무엇을 만날 수 있을까?
천사? 아니면 악마?
적어도 질서와 조화는 아닌 것 같다.
위대한 인간 의지의 승리를 그린 감동적인 소설과는 달리
그는 아버지, 아버지의 아버지처럼 엽총 자살로 생을 마감했다.

2.

소나무 숲 사이로 발길을 뗄 때마다 먼지가 부옇게 일었다.
지루하게 시간이 지난 뒤 숲이 태양을 가려 주는 오후.
어느 내리막길에서 일본인의 무덤을 만났다.
그의 이름은 신고 야마시타.
길을 걷다 만나는 순례자의 무덤은 비장한 감흥을 준다.
게다가 나처럼 바다 건너에서 날아온 동양인이 아닌가.
어쩌다가 일본인이 낯선 산티아고 순례길 위에서 죽었을까?

일본 규슈 가고시마에는 프란치스코 하비에르의 동상이 있다.
1549년 일본에 천주교가 전래된 것을 기념하는 동상이다.

16세기는 유럽에 종교 개혁이 있던 대항해 시기다.
모험과 도전, 변화와 열정이 넘치던 때였다.
바오로 사도가 효과적인 세계 통치를 위해 건설된
로마의 아피아 가도를 통해 그리스도교를 전했듯,
예수회 신부들은 무역으로 부를 축적하기 위해 마련된
스페인과 포르투갈의 드넓은 바닷길을 통해 복음을 전했다.
일본은 크고 작은 전투로 패권을 다투던 전국 시대였다.
오다 노부나가織田信長는 통일을 주도했던 초기 무장이었다.
그는 철포와 서적 등 서양 과학과 문화를 적극 받아들였다.
조선이 고려의 통치 이념이었던 불교를 누르고 유학을 택했듯
노부나가도 기존 불교를 억제하고 그리스도교를 보호했다.
나가사키를 중심으로 한 포교는 가히 폭발적이었다.
1549년에서 1630년 사이 100만 명이 세례를 받았다.
당시 일본의 인구는 1,700만 명이었다.
영주가 개종하면 백성들도 함께 입교했던 것이다.
하지만 영주(다이묘)들은 곧 천주교의 위험을 깨닫는다.
인간에게 주어진 천부적인 권리나 만민 평등사상.
자칫 잘못하면 기존의 질서를 위협할 수 있었던 것이다.
도요토미 히데요시는 노부나가의 뒤를 이은 야심찬 인물이다.
우리는 임진왜란을 일으킨 사람으로 기억하고 있다.
히데요시는 1587년 선교사 추방령을 내렸고,
통일을 완성한 도쿠가와 이에야스는 1612년 금교령을 내린다.

소설《침묵》속 페레이라 신부의 절규가 기억난다.
영주는 바닷가에서 배교를 강요한다.
바닷물이 밀려오고 턱밑까지 물이 찬다.
무고한 사람들은 신음하며 죽어 간다.
사제는 하늘을 향해 정의를 호소한다.
그러나 어떤 기적도 어떤 응답도 일어나지 않는다.

무덤에 누운 어느 일본인은 말이 없다.
그저 평범한 여행이었을지도 모른다.
돈을 투자해 즐겼던 일상적 스포츠 행위였을지도 모른다.
하지만 그의 죽음도 길의 무게도 결코 가볍게 느껴지지 않는다.

무엇 때문에 이 길을 걷고 있는가?
이 길 위의 흙은 내 살과 피를 만든 조국의 것보다 가치가 있는가?
귀로 들을 수 없다면 영혼으로 그 답을 들어야 한다.

3.

산 위의 간이 휴게소에서 첫날에 본 친구들을 만났다.
독일에서 온 디리히와 소피히.
대학에서 사회학을 전공하고 이제 막 졸업한 청년들이다.
패기에 찬 기상에 비해 그녀들의 발은 처참하다.
물집에 붙인 밴드 사이로 약물과 천과 진물이 범벅이 되어 있다.
약품 상자를 꺼내 도와주고 싶지만 엄두가 나지 않는다.

아무렇지 않게 상처를 닦아 내고 처리하는 손길이 놀랍다.
발바닥 통증은 아랑곳없이 이를 보이며 웃는 디리히.
그녀들의 시원시원한 웃음소리를 들으니 마음이 맑아진다.

우리는 수비리에 도착했다.
숙소 봉사자는 빨간 머리를 하고 있었다.
책에 쓰인 대로라면 네덜란드 여자일 것이다.
소문대로 기숙사 사감같이 매서운 눈초리를 가졌다.

팔짱을 끼고 와서 손가락으로 침실을 배정한 뒤 사라졌다.

눈이 부시도록 따가운 햇살에 빨래를 말렸다.
접시를 부서지도록 내려놓는 아저씨의 서빙을 받으며,
순례자 메뉴를 먹고 에스프레소를 마셨다.

하루를 지내는 동안 너무 많은 말을 한 것 같다.
좋지 않다.
마음이 텅 빈 느낌이다.

있을 때 잘하자

1.

팜플로나를 향하는 이른 아침.

안개 낀 작은 하천을 따라 걷는 길.

꾸준히 나아가는 노란색 화살표가 갈라진다.

이글레시아.

언덕 위로 향하는 이정표는 성당을 가리키고 있다.

가파른 오르막을 10분 정도 걸었다.

가쁜 숨을 고르며 성당 문 앞을 서성거렸다.

나이 많은 수녀님 한 분이 나오더니 자신을 소개한다.

그녀의 이름은 매리 순.

한때는 교육 사업에 종사했던 선생님.

한국에도 수도회가 있다고 한다.

여기까지 올라와서 기도하는 순례자가 거의 없다며 나를 반긴다.

스테파노 성인에게 바쳐진 아담한 성당.

좁고 먼지 낀 돌계단을 밟고 2층으로 올라갔다.

삐걱거리는 마룻바닥.

낡아서 곧 무너질 것 같은 성가대석에 앉았다.

가난한 침묵으로 차오르는 마음의 고요함.

미카엘라와 임마쿨라다 자매는 기도문을 적은 쪽지를 봉헌했다.

무슨 기도를 적었을까.

성당에서 나오자 수녀님이 좋은 정보를 제공한다.

첫째, 푸엔테 라 레이나에 도착하기 전 에우나테 성당을 둘러볼 것.

둘째, 팜플로나에 도착하면 이냐시오 성당을 찾아볼 것.

팜플로나는 익숙한 이름이다.

반가운 마음이 들어 수녀님에게 말을 건넸다.

"이냐시오 성인이 이곳의 전투에서 다쳤죠.

그 후 몇 권의 책을 읽었고 순례길을 떠나셨어요."

수녀님이 내 얼굴을 빤히 쳐다본다.

조금 무안하다. 그런 걸 어디서 주워들었냐는 표정이다.

"저는 이냐시오 성인을 매우 존경합니다.

한 달 정도 영신수련을 받았어요."

수녀님이 삐딱하게 말씀하신다.

"와, 대단한걸. 그럼 앞으로 뭐가 될 거지? 닥터 후*?"

---

* BBC에서 제작된 영국 드라마로, 세계에서 가장 오랫동안 방영되고 있는 SF드라마 시리즈임. 인간형 외계인 주인공 '닥터'가 과거, 현재, 미래를 오가며 외계의 무리로부터 세계를 구하는 내용.

그래, 내가 잘못했어.
오랜만에 만난 교육의 대상일 텐데.
수녀님의 기쁨을 빼앗다니.
그건 그렇고 '닥터 후'는 너무하잖아.
두 개의 심장을 가진 외계인이란 말인가.

언덕 위로 이어지는 카미노는 뜻밖의 지름길이었다.
수녀님은 마치 노력에 대한 보상을 주듯 안내해 주었다.

2.

폭염이 지속되는 한낮의 여름이었다.
거대한 도로가 내려다보이는 갓길.
솜씨 좋은 순례자가 자기 신발을 전선 위에 걸쳐 놓았다.
신발을 하늘로 날려 버리고, 신발 주인도 이쯤에서 마무리했나.
물을 마시려고 앉은 사이, 디리히와 소피히를 다시 만났다.
구김살 없는 디리히와 내성적인 소피히.
쾌활함과 상냥함의 조화.
둘은 더할 나위 없이 궁합이 잘 맞는 단짝이다.
그녀들은 애초부터 카미노 완주에는 큰 관심이 없다.
적당한 시기에 모로코로 뜰 계획을 갖고 있다.
내가 왜 모로코냐고 묻자 디리히는 쉽게 대답한다.
"비행기 값이 싸거든, 하하!"
낙천적인 생각과 맑은 미소.

제대 후 고향으로 돌아간 대전 친구가 생각난다.
한밤중에 전화해서 안부를 묻곤 했다.
"어이, 이 교수 뭐해?"
"그렇게 부르지 말랬잖아, 왜 그래."
"너, 또 심각한 생각을 하고 있지?"
"어떻게 알았냐?"
"기쁘게 살아야지, 왜 그러는겨.
냉장고에 맥주 있어, 없어?"
"맥주?"

"시원하게 마실 것 말이여."

"몇 개 있는데."

"있어?
그럼 일단 냉장고로 가.
열어.
꺼내.
따.
그리고 쭈욱. 마셔."

삶이란 주어진 선물.
그저 펼쳐진 길을 걷는 것만으로도 아름다운 것.
굳이 복잡한 생각과 무게 있는 사색으로 채우지 않아도,
부드럽고 고상한 교양과 지식의 옷을 챙겨 입지 않아도,
언제나 인간 자신이 모든 길과 희망에 앞서는 것이니까.
조금 더 웃고, 조금 더 여유를 가지자.

3.

물가에 자리 잡은 아레의 알베르게.
눈썹이 하얀 할아버지가 숙소로 안내한다.
침대를 배정받기 위해 작은 성당을 지나쳤다.
불을 켜자 까맣게 보이던 의자와 제단이 모습을 드러낸다.
삼위일체를 상징한 정면의 그림이 인상적이다.
작은 마당에 소담스러운 정원이 꾸며진 깔끔한 알베르게였다.

배가 매우 고팠지만 씻고 나자 나른해져서 누워 버렸다.

시간이 많이 남았기에 마을을 둘러보기로 했다.
오후 5시.
태양이 기울기 시작하자 거리가 비로소 생기를 되찾는다.
계곡의 하얀 잎들이 선선한 바람에 반짝거리고.
빛에 반사된 온갖 나무와 풀들이 온몸을 흔들어 댄다.
유령처럼 조용하던 마을이 비로소 천천히 일어나 숨을 쉰다.

바스크 국기가 게양된 건물 몇 개를 지나 정육점을 발견했다.
'카르네세리아'라고 불리는 이곳 정육점은 고기만 팔지 않는다.
다양한 재료를 섞은 치즈와 햄, 곁들여 먹을 수 있는 야채.
돼지고기 넓적다리를 발효시켜 만든 하몬은 이곳의 특산품이다.
향기롭고 달콤한 나바라 와인도 이 지방의 명산물이다.
스페인 사람들은 저녁을 늦게 먹는다.
빨라야 저녁 8시, 보통 9시부터 만찬을 즐긴다.
매일 걸으며 체력을 소비하는 순례자에게는 힘든 조건이다.
신선한 하몬을 잘라 달라 부탁하고 붉은 와인 한 병을 샀다.
슈퍼마켓에 들러 간단한 장도 봤다.
바게트 빵과 알이 굵은 체리, 오렌지를 비닐봉지에 담았다.

알베르게에 돌아왔을 때 두 자매는 깨어 있었다.
뭘 좀 먹자고 해도 시큰둥하다.

혼자 먹으려고 사 온 음식이 아닌데,
무슨 일이 있었던 걸까.

4.

미카엘라가 낮에 있었던 일을 털어놓는다.
스페인 남자 호세가 발 마사지를 부탁했다는 것이다.
임마쿨라다가 청에 못 이겨 어깨를 주물러 준 뒤였다.
이제 겨우 이름 정도만 아는 친구들이었다.
문화적인 차이에서 오는 무례함일까.
아니면 그냥 부드러운 여성의 손길이 필요했던 걸까.
화가 나는 것도 이해가 된다.
알베르게에 돌아와 옆 침대를 쓰는 호세에게 말을 걸었다.
"호세, 너 발 괜찮나?"
호세는 대답 대신 무안한 웃음을 짓고 고개를 돌린다.

까만 종마의 피부, 안토니오를 다시 만났다.
나는 그를 기억하기 쉽게 '안토니오 반닮았어'로 불렀다.
몸이 아파서 수비리에서 이틀 동안 머물렀다고 한다.
같은 알베르게에서는 연속으로 잘 수 없는 것이 원칙이다.
매일같이 다음 날 순례자를 받아야 하기 때문이다.
피 끓는 젊음, '반닮았어'는 화가 많이 나 있었다.
수비리의 빨강 머리 봉사자 아줌마와 싸운 것이다.
며칠 더 머물겠다는 부탁이 냉정하게 거절당한 모양이다.

몸은 아프고 의지할 곳은 없고.
그러나 그에게도 반쯤은 책임이 있다.
'반닮았어'는 너무나 건강해 보인다.
나는 그를 위로하고 싶었다.
"안토니오, 어떤 기행문에서 읽었는데,
거기 빨강 머리가 원래 둘이었대.
지금은 하나인 거 같은데 얼마나 다행이야.
책에는 마치 엄격한 수녀원의 원장 수녀 같다고 묘사되어 있어."
우리의 열혈남아 '반닮았어'는 다시 격하게 분노한다.
"수녀님이라고요? 그렇다면 더 어이없네!"
"아니, 빨강 머리가 수녀님이라는 게 아니라 책에서……."
아, 이거 수습 안 되네.
'반닮았어'는 가방에서 뭔가를 꺼내더니 내 옆에 와서 앉는다.
"그건 그렇고. 여기 등에 파스 좀 붙여 주세요.
목이 결려서 죽겠네."
나는 공손히 응답했다.
발 마사지를 시키지 않은 게 어딘가.
"어, 응……. 여기 이렇게 세로로 붙여 줄까? 아니면 가로로?"

수비리에서 아레까지.
오늘의 교훈.
있을 때 잘하자.

등대지기

1.

아침 식사를 하는 동안 두 자매가 먼저 출발했다.
입맛이 없어 전날 산 음식은 냉장고에 넣었다.
필요한 순례자가 먹겠지.
식탁에 앉아 오렌지를 깠다.
손가락에 묻은 끈끈한 과즙.
한 개씩 떼어 내서 입안에 넣었다.
어, 쓰다.
맞은편에서 빵을 먹던 테오도로가 말을 건다.
"이봐, 리. 너 오렌지 좋아해? 그거만 먹네!"

캐나다 변호사 테오도로.
말이 많은 젊은 모범생.
이탈리아 10대 남매에게 카미노 강의를 한다.
팜플로나까지 어쩌고, 하루에 10km 어쩌고.

당연한 얘기를 엄청난 비밀처럼 쏟아 낸다.

혼자 이야기하기를 10분째.

테오도로의 작전 지도는 첫째 날 받은 알베르게 도표다.

객관적인 정보에 과장된 살이 붙는다.

"스카우트 시절에 내가 말이지……."

남매는 침을 꿀꺽 삼키고 야전 사령관의 말을 경청한다.

동양 학생 하나가 뚱한 표정을 짓자 바로 질문이 들어온다.

"리, 아직 안 일어났어?"

"갈 거야."

"내가 적어 준 주소 있지? 꼭 이메일 해라."

아무래도 난 훌륭한 스승과는 인연이 없나 보다.

주머니에서 테오도로의 작전 지도와 똑같은 종이를 꺼냈다.

"루시아, 이거 받아.

알베르게 찾는 데 도움이 될 거야."

두 남매의 하얀 얼굴에 화색이 돈다.

"정말? 이런 걸 우리가 받아도 돼?"

"그냥 종이야. 난 책 있어."

"고마워, 리."

갑자기 생명의 은인이 된 기분이다.

캐나다 야전 사령관 덕분이다.

그런데 그의 얼굴은 썩 기뻐 보이질 않는다.

작은 성당은 문이 닫혀 있다.

눈썹이 하얀 할아버지는 아직 꿈나라.
성당에 더 앉아 보고 싶은데.
인상 좋은 할아버지에게 인사라도 드리고 싶은데.
단 한 번밖에 볼 수 없던 어둠 속의 그림.
단 한 번밖에 만날 수 없던 분이었다니.
언제 헤어질지 모르는 모든 만남이 소중해진다.
오늘도 안녕 adios.

2.

며칠 동안 함께 걸었던 길동무.
에스텔, 스콧, 미카엘라, 임마쿨라다.
만난 시간은 짧지만 아주 오래된 친구처럼 느껴진다.
동료와의 기억이 뚜렷해질수록 내 모습도 짙게 드러난다.
자기 자신의 모습과 소중함을 혼자서는 알아차릴 수 없다.
서로의 내면을 허락한 존재, 그 넓이만큼 보게 될 뿐이다.
마치 녹음기와 흡사하다.
내가 듣는 내 목소리는 사람들이 듣는 그것과 다르다.
녹음기를 통해 듣게 되는 내 목소리는 너무도 낯설다.
하지만 그게 바로 나 자신이다.

파동과 입자를 통해 전달되는 외형적 자아는 감각으로 잡는다.
하지만 눈으로 볼 수 없는 내면은 어떻게 포착하는가.
훌륭한 스승은 나를 잘 안다.

깊은 우정을 주는 친구는 있는 그대로의 자신을 보여 주는 친구다.

자신이 누군지 알려면 반드시 도움을 받아야 한다.

감동적인 영화, 좋은 책, 아름다운 자연,

그리고 모든 것을 가장 순수한 반향으로 되돌려주는 기도.

1%가 되는 성공을 인생 최고의 목표로 삼는 것,

그것은 99%의 자기 자신을 잃는 것과도 같다.

무거운 외바퀴 수레를 밀고 오는 노인이 보인다.

너저분한 옷과 진흙이 덕지덕지 붙은 장화.

잔뜩 구겨진 채 무표정한 얼굴로 다가온다.

오른손을 들어 그에게 인사했다.

"안녕Hola!"

어두웠던 그의 얼굴이 짧은 순간 마치 천사처럼 빛난다.

그리고 곧 나의 인사가 메아리처럼 돌아온다.

"안녕, 좋은 아침Hola, Buenos dias!"

안녕, 좋은 아침.

안녕, 파란 하늘아.

안녕, 친구야.

안녕, 나의 모두야.

3.

시원한 바람 속에서 새소리가 들렸다.
가벼운 걸음으로 1시간을 더 걸었다.
미카엘라와 임마쿨라다를 다시 만났다.
공원 의자에 앉아 빵과 과일을 나눠 먹고 헤어졌다.

튼튼한 성벽으로 둘러싸인 팜플로나 성문을 통과했다.
형광 조끼를 입은 노동자들이 길을 수리하고 있었다.
시내로 들어설수록 사람들은 많아졌다.
말끔한 셔츠를 입고 날렵한 구두를 신은 도시인.
우툴두툴한 돌바닥을 소리 내서 달리는 자동차.
일단은 가장 높은 첨탑을 가진 성당으로 가 봐야겠다.

멀리 보이는 키 큰 성당은 산 사투르니노 성당.
사투르니노는 팜플로나의 페르민 주교에게 세례를 베푼 성인이다.
3세기 프랑스 툴루즈에서 활동했다.
주피터 신을 믿는 사람들의 시기를 받아 순교했다.
황소에게 끌려다니다가 목이 잘려 죽었다.

미카엘라와 임마쿨라다 자매를 또다시 만났다.
분위기가 이상하다.
같이 다니는 것은 좋지만 따라온 게 아닌데.
길이 하나밖에 없으니, 쉬면 만나는 게 당연하지 않나.

결론만 좋으면 됐지.
어쨌든 가장 가고 싶은 곳은 이냐시오 성당.
서로 의기투합해서 걸어갔다.

이냐시오 성인은 16세기, 마르틴 루터와 동시대 인물이다.
교회와 국가의 공생에서 오는 부패, 내부의 개혁과 저항.
혼돈의 시기 속에서 루터는 비판과 분리를 택했고,
성인은 교회를 끌어안고 쇄신하는 길을 택했다.
이냐시오는 바스크 지방의 가난한 귀족의 아들로 태어났다.
임금을 위해 헌신하는 기사로 양성되었고,
군인이 되어 명예를 얻기를 원했다.
성인의 삶이 크게 변환된 곳이 바로 팜플로나다.
프랑스 군대와 전투를 치르다 큰 부상을 입은 것이다.
몇 차례의 심각한 수술을 받는 동안 병상 위에서 책을 읽었다.
처음에는 기사의 무용담을 읽었으나 싫증을 느껴
나중에는 《그리스도의 생애》, 《성인들의 꽃》을 읽었다.
그는 내면으로부터 변화의 충동을 느끼고 예루살렘을 향해 떠났다.
그도 순례길을 걸었던 것이다.
이냐시오는 순례 도중 카탈루냐의 몬세라트 성모 성지에 머물렀다.
성지 근처 만레사에 동굴이 있었다.
속죄와 참회를 위해 몇 달 동안 고행과 기도 생활을 했다.
처음에는 자신에 대한 절망감으로 자살에 대한 충동도 느꼈다.
하지만 자신의 그늘보다 큰 신비로운 빛의 조명을 인식한다.

그 후 만레사 근처 카르도네르 강변에서 결정적인 회심을 한다.

육체를 반복해서 훈련시키면 고도의 능력을 발휘한다.
영혼도 육체처럼 단련하면 예리한 통찰력을 갖게 된다.
이냐시오는 자신의 수행을 바탕으로 《영신수련》이란 책을 남긴다.
수련에는 반드시 길잡이, 혹은 지도자가 동반된다.
인간의 존재 이유와 삶의 방향을 뿌리에서부터 다루고 있는 책.
그리스도교 역사를 바꾼 책이라 해도 과장은 아닐 것이다.

이냐시오 성당에 도착했다.
중앙에는 성체가 현시되어 있었다.
몇 줄 되지 않는 의자.
조용히 성체 조배를 하는 사람들.
치열한 전쟁터를 그린 벽화로 사방이 둘러싸인 작은 공간.
무거운 배낭에 기댄 채 잠시 머물렀다.
고요한 기운 속, 뜨겁게 쏟아지는 빛살을 받았다.
펄럭이는 두 개의 깃발.
내면에서 끊임없이 소용돌이를 일으키는 선한 영과 악한 영.
변하지 않는 참된 길을 식별할 수 있도록 성인께 기도했다.

4.

성당을 찾느라 뒤통수만 보고 지나쳤던 이사벨 여왕의 동상.
두루마리를 펼쳐 들고 있는 그녀의 얼굴을 보러 잠시 가 보았다.

어디서 많이 본 듯한 이미지인데.
생각해 보니 바스크 분리 운동 포스터 속에 등장하는 얼굴이다.

이탈리아가 가리발디의 통일 전까지 난립된 지역으로 존재했듯,
스페인 역시 색깔이 뚜렷한 지방들로 분리되어 있었다.
하지만 이사벨은 결혼을 통해 통일 왕국의 기틀을 마련했다.
그녀는 카스티야의 여왕, 남편 페르난도는 아라곤의 임금이었다.
두 사람은 '가톨릭 공동 임금'으로 불린다.
그녀가 재위하던 1492년에는 역사적인 사건이 많이 벌어졌다.
이슬람의 보루 그라나다를 정벌하여 레콘키스타를 완성했고,
왕국의 지원을 받은 콜럼버스가 신대륙을 발견했으며,
자국에 있는 모든 유다인을 추방시켰다.
하지만 전통적인 지방 자치권은 조금도 약화되지 않았다.
오히려 마드리드 중심의 중앙 집권은 지방권 보장에 기초했다.
특히 바스크와 카탈루냐는 부유하고 안정적인 지역이다.
수 세기 동안 전통적으로 강력한 자치권을 보장받았다.
하지만 프랑코 독재 시기에는 모든 자유와 권리를 통제했다.
군부 정권이 끝난 이후 숨죽이고 있던 의지가 터졌다.
ETA는 바스크 독립 운동을 벌이는 대표적인 단체다.
매일같이 뉴스에서는 테러와 분리에 대한 논쟁이 보도된다.

통일인가 자율인가.
〈스타워즈〉에 등장하는 제국군과 동맹군의 싸움 같다.

존재를 확장하려는 자와 독립성을 지키려는 자의 힘겨루기.
터키와 쿠르드, 이스라엘과 팔레스타인, 중국과 티베트.
실정을 아는 만큼만 분노를 느끼거나 편을 들게 된다.
하지만 주변인으로서 그들의 절박한 현실을 느끼는 데는 한계가 있다.
공존은 이상일 뿐인 걸까?

다시 이사벨 여왕의 뒷모습을 보며 중앙 광장으로 빠져나왔다.
헤밍웨이가 10년 동안 자주 이용했다는 바가 보인다.
그는 매년 산 페르민 축제의 소몰이 행사에 참여했다.
아직 이른 아침.
의자들은 탁자 위에 거꾸로 누운 채 깨어나지 않고 있다.
청소하는 차가 분주히 오갔고, 이곳저곳 정돈하는 분위기다.

며칠 전까지 축제가 있었다.
숙박비가 천정부지로 오르고 예약하지 않으면 묵을 수 없다.
밤을 새고 고주망태가 되어 놀다가 노상에서 자는 것이 묵인된다.
축제의 백미는 물론 황소 경주다.
해마다 수천 명의 사람들이 황소와 경주를 벌인다.
하얀 티셔츠에 빨간 스카프를 두른 남자들.
아마도 흰색은 유혈의 효과를 배가하기 위한 것이리라.
좁고 긴 골목에 미친 소를 풀어놓고 죽어라 도망 다닌다.
그들 중 일부는 매년 황소와 뜨거운 면담을 한다.

TV에서 안경 낀 의사 선생님이 인터뷰를 하고 있다.
뿔에 받혀 장렬하게 쓰러진 남자가 어디를 찔렸는가,
엑스레이 사진을 품위 있게 가리키고 있다.
제물로 바쳐진 영광의 남자는 애석하게도 만날 수 없다.
카메라는 수술실 문 앞만 얼쩡거릴 뿐이다.
올해는 남자 한 명이 사망했고, 아홉 명이 피를 봤다.
페르민 주교가 그를 천국으로 인도했는지는 알 수 없다.

축제는 비일상적 해소 행위다.
술과 춤, 유혹과 관능, 모험과 폭력.
일상에서 용인되지 않는 무질서가 분출되는 장이다.
물론 가끔은 무의식에서 영원히 돌아오지 못할 수도 있지만.
하루 종일 말끔한 얼굴로 책상 앞에 앉은 도시인.
밤이 되면 어김없이 술과 사랑을 찾아 배회하다 눈을 뜬다.
가면을 쓰고 나가서 가면을 벗고 잠이 든다.
그런 의미로 보면 예술과 축제는 통하는 면이 있다.
그들은 깊이 숨겨진 본성과 내면을 뱉어 내고 싶어 한다.
그리고 놀랍게도 카타르시스를 통해 일상적 삶에 균형을 찾는다.
건강한 분출이라는 것이 있을까?
감당할 수 있는 욕망의 수위를 넘어서는 예술과 축제.
어쩌면 방종과 자기 함정, 자승자박이 될 수도 있으리라.

5.

고전적인 향수가 배어 있는 팜플로나를 빠져나오는 거리.
나바라의 달콤한 빵집이 미각을 유혹한다.
혼자였으면 용감하게 들어가지 못했을 텐데,
두 자매의 반응을 구실 삼아 잠깐 쉬었다 가기로 한다.
미카엘라와 임마쿨라다는 대 만족이다.
에스프레소, 작은 케이크와 과자를 시켜서 먹었다.

도시를 벗어나는 데 긴 시간이 걸렸다.
잠시 길을 잃었지만 도움을 주는 분을 만나 방향을 잡았다.
나바라 대학에 들러 스탬프를 받고 페드론 언덕으로 향했다.
아주 멀리 산등성이에 바람개비가 돌아가는 것이 보였다.
거센 바람을 이용해 전력을 일으키는 풍력 발전기들이다.

언덕을 넘기 전 예상하지 못한 마을이 나타났다.
마을에는 아주 오래된 미카엘 성당이 있었다.
갑자기 미카엘라가 성당을 보기 위해 전의를 불사른다.
그녀의 수호성인과 관련하여 도움을 얻을지도 모른다.
성당 문은 굳게 닫혀 있었다.
하지만 때마침 나타난 주임 신부.
마치 서로 약속 시간을 정하고 만난 것 같은 타이밍이다.
임마쿨라다가 반갑게 외친다.

"파드레Padre!"

신부님은 친절하게 문을 열어 주고 기도하도록 허락해 주었다.

내가 물었다.

"파드레……. 왜 그렇게 좋아해요?"

임마쿨라다가 말한다.

"편하잖아요, 파드레는."

임마쿨라다는 주일 학교 교사였다.

신부에 대한 좋은 기억을 갖고 있다.

하지만 명백한 편견이다.

오늘 처음 본 사람이고, 우연히 배려를 해 줬을 뿐.

논리학으로 치면 이름이나 신분에서 오는 권위의 오류다.

우리는 잠시 기도를 한 후 마을을 떠났다.

임마쿨라다가 스카프를 잃어버린 걸 뒤늦게 알았다.

파드레에게 정신이 팔려서 그런 것 같다.

미카엘라는 파드레에 대한 안 좋은 추억을 회상했다.

의자를 들고 벌섰던 학생 피정.

담을 타야 했던 일탈의 어둔 밤.

파드레는 이미 10년간 냉담의 중심 사유가 되어 있었다.

그러나 미카엘라는 이야기를 하는 동안 웃는다.

시간이 지나면 무상해지는 것들이 있다.

그녀는 천천히 이 길의 초대에 마음을 열고 있는 것 같다.

정상에 도착했다.
기행문마다 랜드마크로 설명된 순례자의 행렬.
바람을 거슬러 걷는 말과 나귀와 사람.
서쪽으로 향하는 순례자 무리를 묘사하고 있었다.
걷고 있는 우리들의 정체성을 드러낸 표상이기도 하다.
인상 깊은 조형물 틈에 껴서 사진을 찍었다.

바람개비 언덕을 내려오는 길.
다리를 질질 끌며 걷는 프랑스 여자를 만났다.
수비리에서 옆 침대를 썼던 실비다.
마른 장작처럼 빈약한 체구,
말을 붙이면 울 것 같은 표정,
툭 치면 금방이라도 넘어질 것 같은 몰골이다.
"실비, 너 괜찮니?"
모기 소리처럼 가는 음성으로 실비가 대답한다.
"안녕, 응."
그녀의 굽은 등이 애처로워 보인다.
내가 말했다.
"무척 지쳐 보여."
실비는 제자리에 서서 말했다.
"괜찮아. 난 약했지만 지금은 아냐.
내 문제는 이미 프랑스에서 해결하고 왔거든."
글쎄, 뭐가 문제냐고 물은 건 아닌데.

그렇지만 제발 울지는 말아 줘.

실비는 다시 길을 재촉했다.

발을 절뚝거리며 느림보 행진을 계속한다.

밤을 새도 다음 마을에 도착할 것 같지 않다.

그녀의 지팡이 또한 가관이다.

허리에 차지도 않는 키 작은 나뭇가지.

중간이 가늘고 휘어서 전혀 기능을 할 수 없었다.

지켜보던 의리의 미카엘라가 나선다.

"선생님, 이 지팡이 실비에게 줘도 되죠?"

선물로 준 건데 그럴 수야 없지.

나는 실비의 지팡이를 뺏고, 내 지팡이를 손에 쥐어 주었다.

"실비, 그건 루르드에서부터 나와 함께해 온 지팡이야. 제법 튼튼해.

너 가져. 그리고 네 문제는 나에게 줘도 돼."

실비는 잠시 머뭇거린다.

정말로 울어 버릴 것 같다.

"고마워,

하지만 그 지팡이는 나에게 의미가 있는 거야.

난 그 지팡이가 필요해."

아, 할 수 없네.

무슨 사연이 있나 봐.

가느다란 나뭇가지를 되돌려 주고 내 지팡이를 받았다.

찜찜한 기분으로 그녀를 뒤로한 채 계속 걸었다.

마을은 그리 멀지 않았다.
하지만 숙소는 이미 만원이었다.
호텔을 권했지만 더 걸을 수 있었다.
1시간을 더 걸어 다음 마을로 향했다.
알베르게가 없었다.
지도에서 벗어난 두 갈래 길이 나왔다.
하나는 푸엔테 라 레이나, 다른 하나는 에우나테.

6.

에우나테를 가려면 한 시간 이상을 둘러서 걸어야 한다.
어떻게 할까?
우리는 상의를 했다.
다리가 아프다.
충분히 걸었다.
하지만 조언했던 모든 사람은 더 가라고 손가락으로 가리켰다.
이번에도 의지가 육체를 이겼다.

넓은 들판에 파란 옥수수밭이 펼쳐졌다.
정오의 태양이 쏟아지는 시골 들판.
하얗게 마른 흙길이 뱀처럼 굽이치고 있었다.
문득 멀리서 먼지 폭풍이 일어나는 것이 보였다.
망치 상어 모양처럼 생긴 끌개를 가진 트랙터였다.
바람을 안은 채 걷던 우리들.

꼼짝없이 하얀 먼지를 뒤집어썼다.

트랙터가 커다란 체인을 굴리며 유유히 사라진 흙길.
왜일까.
나는 그 자리에 서서 한참을 웃었다.
그래, 먼지면 어때.
비가 좀 오면 어때.
바람은 여전히 시원한걸.
이 길 위를 이렇게 걷고 있는걸.

마을에서 떨어진 외딴 곳.
에우나테 성당은 작고 소박했다.
보잘것없이 투박한 돌 건물.
예루살렘 성전을 본떠 만들었다는 팔각형의 교회.
성당이라기보다는 모스크와 흡사했다.
내부는 색채가 없는 석굴처럼 어두웠다.

이미 많은 사람들이 길가에 자동차를 세워 두고 이곳을 찾아왔다.
궁금하다.
어째서 많은 사람들이 이곳을 꼭 가 보라고 했을까.
왜 한결같이 입을 모아 위로의 장소라고 말했을까.

섬세한 조각, 치장된 귀금속과 보석.

위압적인 아름다움을 펼치는 유럽 교회.
그에 비하면 에우나테 성당은 투박하기 이를 데 없다.

그늘 속에 앉아 주위를 둘러봤다.
평범한 엄마와 아들 같은 인상의 성모자상.
그것은 아주 오래된 채로 닳아 버린 토굴 속 부처상을 닮았다.
그렇다.
어쩌면 가난하고 수수한 이 얼굴.
인간의 눈높이로 내려와 앉은 하늘.
비우고 허물어져 더 이상 내가 없다.
사랑하기 때문에
더 가까이 다가가야 하기 때문에
더러운 먼지가 될 수밖에 없었던 빛.
이것이 한없이 육화된 마구간의 실재일지 모른다.

정신은 많은 것을 중얼거렸지만 몸이 피곤했다.
이제 그만 오늘의 순례를 마무리하고 싶었다.
에우나테 성당 맞은편 숙소를 두드렸다.
아무런 응답이 없었다.
방명록은 밖에 펼쳐져 있었다.
스탬프를 찍고 날짜를 적었다.

생명의 지도

1.

꿈을 꿨다.
문 없이 오갈 수 있는 방,
장식이 없는 작은 공간,
하얀 벽과 탁자,
세 개의 의자.
어머니는 맞은편에 앉았다.
편안한 얼굴이었다.

아버지의 아버지가 남긴 유산.
형제들의 반목.
작은아버지는 전화에 대고 흥분하고는 했다.
그때 나는 창밖을 바라보았다.
느릿한 바람이 가는 솔잎을 건드리고 있었다.
담벼락에 붙은 그늘 밑에는 쓰레기가 굴러다녔다.

어디선가 비릿한 냄새가 났다.
한때는 닮고 싶은 얼굴이었다.
훤칠한 키,
반듯한 경찰 제복.
어머니는 작은아버지를 자랑스러워했다.
의장대 출신의 멋쟁이라고 말해 줬다.

그때 나는 잔뜩 찌그러진 얼굴로 앉아 있었다.
하지만 어머니는 웃으면서 말했다.
괜찮아.
그는 너를 미워하지 않아.

이상한 일이다.
깊은 잠을 자기 어려워서일까?
거의 매일같이 꿈을 꾼다.

2.

오바노스.
푸엔테 라 레이나로 향하는 언덕 위 마을.
신선한 아침 햇살이 비치는 거리를 걸었다.
공기는 상쾌했다.
작은 새들이 성당 종탑 위를 날아가고 있었다.
마을을 벗어날 무렵에 표지를 보았다.

하얀 바탕 위에 까만 그림.

한 남자가 여자를 칼로 찌르는 장면이다.

피를 나눈 이 남매는 순례에 얽힌 전승을 갖고 있다.

2년에 한 번씩 여름마다 연극 공연을 한다고 한다.

옛날 프랑스의 아키텐 왕국에 기예르모 공작이 살았다.

그의 집안은 대대로 왕국과 가문에 충성해 왔다.

기예르모에게는 아끼는 여동생이 있었다.

그녀의 이름은 펠리치아였다.

공작은 부모님이 돌아가신 후 줄곧 여동생을 돌보았다.

펠리치아는 오빠에게 순종하며 아름다운 처녀로 자랐다.

그러던 어느 날 펠리치아는 순례길을 떠나게 되었다.

기예르모는 반대했지만 펠리치아는 고집을 부렸다.

하는 수 없이 여행을 허락했다.

넉넉한 여비를 챙겨 주고, 하인들을 시켜 동생을 지키도록 했다.

펠리치아는 카미노를 직접 걸었다.

중세에 카미노는 지금처럼 안전한 길이 아니었다.

도둑과 질병, 예측할 수 없는 위험이 가득한 길이었다.

펠리치아는 고행의 길 위에서 변화를 체험했다.

그리고 산티아고에서 돌아오며 한 가지 결심을 하게 된다.

가난한 사람을 위해 일생을 봉헌하기로 마음먹은 것이다.

오빠에게는 이 일을 알릴 수 없었다.

소명이 매우 강렬했지만, 오빠는 반대할 것이 뻔했기 때문이다.

그녀는 수녀가 되어 하늘을 향해 서원한 후 오바노스에 정착했다.
병원을 지어 병든 사람과 헐벗은 사람을 보살폈다.
작은 마을에 정착한 펠리치아의 소문은 방방곡곡에 퍼졌다.
그때 아키텐 임금은 공작을 통해 펠리치아를 찾고 있었다.
그녀와 혼인하기를 원했던 것이다.
기예르모 공작은 펠리치아의 소식을 듣고 분개했다.
현실을 무시한 여동생의 신심은 광기에 가깝다고 생각했다.
왕국과 가문을 위한 삶에서 도피한 무책임한 처신이었다.
공작은 정신 나간 동생을 데려오려고 직접 오바노스로 갔다.
하지만 펠리치아는 완고했다.
그녀는 끝까지 자신의 길을 가겠다고 고집을 부렸다.
왕비가 되어야 할 신분을 버리고 수녀가 되다니.
펠리치아는 오빠의 마음을 조금도 헤아리지 않았다.
공작의 설득을 가치 없게 여겼고, 뜻을 굽히지 않았다.
기예르모는 강한 수치심과 분노를 느꼈다.
격렬한 말다툼 끝에 기예르모는 칼을 빼 들었다.
격노하며 그녀를 베었다.
혼란스러웠던 공기가 갑자기 삼삼해졌다.
피비린내가 진동하는 방 안에 침묵만이 감돌았다.
기예르모는 돌이킬 수 없는 일을 저질렀음을 그제야 깨달았다.
깊은 슬픔과 좌절, 그리고 죄책감에 시달렸다.
그리고 보속의 길을 떠났다.
동생이 걸었던 순례길을 자신도 걸은 것이다.

기예르모는 길 위에서 사랑하는 여동생의 흔적을 찾았다.
동생이 본 것을 보고 동생이 느낀 것을 느꼈다.
그리고 눈물을 흘렸다.
산티아고에서 돌아오는 길, 공작은 자신의 신분을 버렸다.
오바노스에 성당을 짓고 펠리치아가 했던 일을 계속했다.
죽을 때까지 가난하고 아픈 사람을 돌보며 살았다.

3.

한쪽 옆구리에 목발을 끼고 걷는 청년을 만났다.
그의 이름은 칼.
조금 천천히 가도 될 텐데.
불편한 다리를 끄는 걸음이 조급해 보인다.
배낭 위에는 여분의 목발이 달려 있다.
다리를 저는 그를 지나치기가 미안해서 말을 걸었다.
"안녕."
"하이."
"다리를 다쳤구나."
"응. 며칠 동안 치료를 받았어.
친구들은 이미 부르고스에 도착했고."
부르고스면 꽤 먼 길인데.
불편한 다리를 급하게 끌고 있는 이유를 알 것 같다.
"친구들과 함께 시작했구나. 어디서 왔니?"
"아일랜드."

"학생이야?"

"응."

"무슨 공부를 하고 있는데?"

"생명 과학."

문득 재밌는 생각이 들었다.

"오, 생명 과학.

DNA?"

"응."

"칼, 너는 그럼 생명의 기원을 알 수 있겠네."

그가 나를 빤히 쳐다보며 환하게 웃는다.

과학에는 '등가 교환의 법칙'이 있다고 한다.

움직이는 물체는 그만한 힘이 작용해서 움직여지는 것이고,

변환되는 물질은 꼭 그만큼의 질량 에너지로만 변환된다.

종교에도 '상선벌악'의 원리가 있다.

콩 심은 데 콩 나고, 팥 심은 데 팥 나는 인과율이다.

선한 일에는 선한 결과가, 악한 일에는 악한 대가가 따른다.

어쩌면 진솔한 삶보다 훌륭한 논증은 없을 것이다.

세계적인 사기극으로 끝난 메이드 인 한국, 생명 창조 신화.

실증의 과학 원칙을 속이면서까지 도달하려 했던 환상은 무엇일까.

다듬어지지 않은 돌길 위로 먼지가 인다.

목발을 놓고 쉬는 칼을 지나쳐 오르막 꼭대기까지 올라갔다.
밀을 추수하고 건초 더미를 쏟아 내는 트랙터가 바쁘게 움직였다.
언덕 위에서 발견한 돌탑.
미카엘라가 메모와 함께 탐스러운 복숭아 하나를 얹어 놓았다.

4.

아직 이른 아침의 고요함이 풀잎 끝에 매달려 있었다.
시원한 바람을 맞으며 푸엔테 라 레이나에 도착했다.

푸엔테 라 레이나는 순례자 시설이 잘 갖춰진 융성한 도시다.
12세기 템플기사단에 의해 숙소와 식당이 운영되었다.
배가 고파서 마을에 들어서자마자 슈퍼마켓을 찾았다.
달콤한 케이크와 신선한 과일, 커다란 생수를 샀다.

우체국을 찾아 거리를 돌아다녔다.
마을엔 장이 서 있었고 사람들로 분주했다.
작은 트럭으로 운영하는 이동식 카르네세리아.
생동감 넘치는 사람들이 삶을 주고받고 있었다.

밝은 노란색으로 채색된 우체국을 발견했다.
두 자매의 얼굴이 환해진다.
아직 개장하기에 이른 시각이어서 바를 찾았다.
가게는 어두웠지만 아늑했다.

코에 피어싱을 한 아가씨가 한가롭게 담배를 피우고 있었다.
슬롯머신의 빨간 불이 조용히 깜박거렸다.
우리는 둥근 탁자에 둘러앉아 에스프레소를 마셨다.
입술에 부드러운 크레마(에스프레소 위의 갈색 빛을 띠는 크림)가 닿는 촉감이 좋았다.
향기로운 커피가 몸 안에 가득 번졌다.
얼마만큼 온 것일까.
얼마나 더 가야 하는 것일까.
손에 잡히지 않는 모호한 미래 한복판에 앉아 있는 기분이었다.

우체국이 문을 여는 시각에 맞춰 가게를 나섰다.
가족과 애인, 친구들.
두 자매는 씨앗을 뿌리고 추수를 기다리는 농부처럼 흐뭇한 얼굴이다.
하나에 0.85유로밖에 하지 않는 우표.
엽서는 잠시 잊었던 공간과 시간 사이로 사랑의 다리를 놓는다.

푸엔테 라 레이나는 '여왕의 다리'라는 뜻이다.
마을을 에두른 아르가 강물 위에 걸린 아름다운 다리.
로마네스크 양식으로 건설된 여섯 개의 아치가 남아 있다.

돌로 만든 낡은 다리는 사람과 세상을 잇는 고리를 닮았다.
사회적 계급, 종교, 인종, 나이, 교육, 그리고 빈부 차이.
각기 다른 생각, 서로 다른 삶의 자리를 연결하고 소통하게 한다.

하늘을 대신해 인간을 축복하고,
관계를 잇고 하늘을 향해 기도하는 늙은 사제처럼,
다리는 묵묵히 제자리를 지키면서 스스로가 길이 된다.

5.

우리는 다리를 건너 순례를 계속했다.
아름다운 나바라의 포도밭을 지나 시라우키에 도착했다.
시라우키는 '독사의 둥지'라는 뜻이다.
도둑이나 외세의 침입에 대비해 형성된 산 위의 마을이다.
멀리 뾰족하게 솟은 마을이 나그네를 반겼다.
마을 입구 바에 들러 시원한 맥주와 보카디요를 먹었다.

가파른 돌길을 올라가자 작은 광장이 나왔다.
그늘진 건물 벽 한쪽에 공중전화가 있었다.
미카엘라가 말했다.
"저희는 통화를 좀 오래 할 거예요."

좁은 굴다리처럼 생긴 골목길을 순례자들이 오갔다.
까만 도둑고양이가 먼발치에서 어슬렁거리며 걸었다.
나는 신발 끈을 느슨하게 풀고 양말을 벗었다.
시원한 벽에 등을 기대고 눈을 감았다.
다정다감하게 통화하는 목소리가 자장가처럼 들렸다.
그리운 가족, 어머니, 안부.
수화기를 내려놓은 미카엘라가 말했다.
"선생님도 전화하세요."
"전 괜찮아요."
임마쿨라다가 말했다.
"애들한테 전화하셔야죠."
"혼자 사는데요."
"가족 있을 거 아니에요."
"동생 부부와 아버지가 계세요."
미카엘라가 말했다.
"저희가 대신 해 드릴까요?"
"아, 그러실 필요까진…….
실은 휴대 전화도 두고 왔고.

외우는 전화번호가 하나도 없어요."
정말이다.
난 숫자를 잘 기억하지 못한다.
두 자매가 수상한 눈길로 나를 쏘아봤다.
나는 뻔뻔한 너구리처럼 조용히 자리를 벗어났다.

한낮의 따가운 햇살을 맞으며 시라우키를 떠났다.
잡풀이 무성한 로마식 다리를 지나갔다.
오래전에는 염분이 섞인 강물이 흘렀다고 한다.
사람도 동물도 마시면 죽는 물.
겉으로는 알 수 없기에, 모르면 치명적인 피해를 주는 자연.
날카로운 칼을 벼리며 순례자의 불운을 기다리는 나바라인.
숨죽인 인간 내면에 웅크린 독기와 비슷하지 않을까.

바쁘게 달리는 자전거 여행자들을 지나치며 천천히 걸어갔다.
땀을 흘리며 걷는 동안 우리는 가족에 대해 대화했다.
남해를 여행하고 계신, 두 자매의 멋진 아버지 이야기.
정년 퇴임을 하신 후 집에 계시는 어머니의 최근 경황.
따뜻한 효심은 인간이 지닌 가장 아름다운 덕성임이 분명하다.
있는 그대로의 자신을 대면하는 방식 중 하나이기 때문이다.

인간은 타고나는 존재일까, 아니면 만들어지는 존재일까.
유전과 환경, 운명과 의지, 선험과 경험.

무의식과 본능의 세계를 탐문하여 심리적 실체를 얻어 내든,
고도의 집약된 교육을 통해 사회적 존재로 양성되든
인간이란 한 가지 공식으로 답을 얻을 수 없는 복잡한 신비체다.

외가와 친가.
나의 핏속에는 가족에 얽힌 복잡한 사연이 지도로 새겨져 있다.
세대를 거듭하며 수정하고 덧붙여서 물려주는 마음속 지도.
지도 위에는 갈 수 있는 길과 가지 말아야 할 길,
높은 산과 시원한 강물의 위치,
만나야 할 풍경과 경계해야 할 환경,
갈림길에서 참된 길을 식별하는 기준,
그리고 인생을 걸고 추구해야 할 마지막 목표가 그려져 있다.
때때로 나는 큰 칼로 밀림의 수풀을 과감히 쳐내는 모험가였다.
들어가 본 적 없는 거친 사막을 횡단하고 깊은 숲을 탐색했다.
하지만 비가 오는 구름 밑을 벗어날 수 없는 인디언처럼,
물려받은 원판과 지도 자체를 단 한순간도 바꿀 수는 없었다.
뿌리를 걷어차고 살아남을 수 있는 나무가 어디 있겠는가.
벌레 먹고 껍질이 벗겨졌어도 나무는 자신의 뿌리로 양분을 섭취한다.
강인함과 나약함, 생성과 소멸, 탄생과 죽음.
역설적인 비밀을 품고 생이 수행하는 불멸의 직무.
수많은 기억과 혼이 서린 이 길을 나는 홀로 걷는 것이 아니다.

뜨거운 태양과 긴 발걸음이 몸을 달군다.

어깨가 아프고 목이 마르다.

하지만 지금 여기가 기다려 왔던 처음이자 마지막 순간이다.

끝없이 굼실거리며 흘러가는 강물처럼.

한없이 굽이치며 이어지는 길처럼.

내게 맡겨진 이 순간을 영원한 현재처럼 걸어가야 한다.

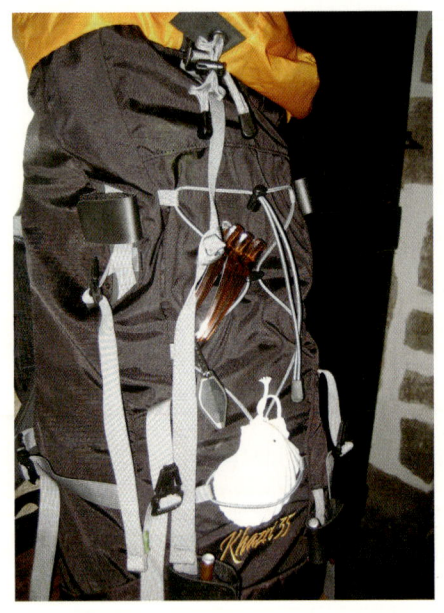

별의 길

1.

동이 트는 새벽길.
로르카를 떠났다.
어제 저녁 식사 때부터 두 자매의 질문 공세가 심해졌다.
청문회에 앉아 있는 기분이다.
임마쿨라다의 눈이 보노보노처럼 변했다.
"선생님, 솔직히 말해 봐요.
남자 좋아하시죠?"
푸하.
물을 마시고 있었더라면 사레들릴 뻔했다.
"제가 아니라, 남자들이 절 좋아하긴 하죠.
요르단에서 버스 탔을 때 만난 게이들도 그랬고,
지리산 하산 길에 접근해 온 느끼한 아저씨도 그랬고,
학생 때 가장 행렬에서 여장을 했더니 다들 못 알아보더……."
아, 가만있어 봐.

뭐하자는 거지.

"거 봐, 남자 좋아하시네."

이럴 수가, 정말 억울하다.

여자 좋아한다는 것을 증명이라도 해야 한단 말인가.

내가 머뭇거리면서 말했다.

"저…… 실은 이런 말은 안 하려고 했는데.

아주머니들에게 인기가 좀 있어요."

무시하듯 흘려듣는 두 자매.

머리 위로 까마귀가 날아가는 기분.

"선생님, 자꾸 신비주의로 가시는데,

나이도 말 안 하시고.

혹시 예전에 수도 생활 했다거나 그런 거 아니에요?

아니면, 지금이라도 잘 생각하세요.

좋은 수도회 많아요."

아, 공기 왜 이렇게 탁하지.

내가 말했다.

"저기, 조금 있으면 이라체인데요.

거기 수도꼭지에서는 와인이 무한정 나온대요."

임마쿨라다가 단호하게 말했다.

"말 돌리지 마시고요."

재판은 계속되었다.

나는 첫사랑과 결혼관에 대해 집요한 질문을 받았다.

결론은 좋지 않은 평점에, 교정이 필요한 진단이었다.

'결혼에 대해 부정적인 생각을 갖고 있음.'
탕탕.

2.

추수가 끝난 밀밭에서 달콤한 냄새가 올라왔다.
하늘 높이 잔뜩 쌓아 둔 건초 더미.
물가에 핀 갈대 위로 참새 떼가 날아오르고 있었다.
작은 바람개비가 돌아가는 마을 입구 간판은 비야투에르타.

성당 앞 베레문도 주교 석상 앞에서 잠시 앉아 물을 마셨다.

다시 걷기 시작한 지 1시간이 못 되어 에스테야 도착.

마을 입구 아스팔트 바닥에 낙서가 그려져 있다.

"여행자들아, 여기는 스페인이 아니다. 바스크 땅이다."

마모된 부조로 기나긴 세월을 대변하는 낡은 성당을 지나쳤다.

돌이 깔린 안정적인 길을 따라 작은 광장에 도착했다.

똑같이 생긴 슈퍼마켓 비닐봉지를 든 순례자들.

신발 끈을 묶고 출발을 준비하는 사람 중에 낯익은 얼굴이 있었다.

나도 모르게 외치듯이 불렀다.

"스콧!"

스콧은 몸을 돌려 반겼다.

"리!"

스콧은 오랜만에 만나 반가운 나머지 빠르게 말을 해 버린다.

그의 영국식 발음이 전혀 들리지 않지만 집에 간다는 뜻 같았다.

여자 문제는 훌훌 털어 냈나.

아무튼 가벼운 얼굴을 하고 있어 다행이다.

스콧은 우리로 치면 국어 선생님이다.

다음 방학이 되면 이 길을 이어서 걷게 될 것이다.

스콧이 말했다.

"방금 한국 남자를 봤어."

떠오르는 얼굴이 하나 있었다.

"안토니오?"

"몰라, 무척 빠른 속도로 걸어서 휙 가 버렸어."
스쳐 가는 한 줌 바람 같은 인연들.
서로의 마음에 어떤 의미가 있는 만남이었을까.
머리로 인식하는 지성 안에 남긴 흔적은 아니어도,
보이지 않는 무언가를 주고받았음이 틀림없다.

에스테야.
'별'이라는 뜻을 가진 마을이다.
오래전부터 산티아고 순례길은 별의 길로 불렸다.
밤하늘에 늘어선 은하수의 흐름과 방향이 같아서다.
사람들은 저마다 자신만의 별을 가지고 있다고 한다.
스콧은 집에 간다.
길 위에 빛나던 밤송이처럼 생긴 땅땅한 별 하나가 진다.

주일 미사 참례할 곳을 찾았다.
에스테야를 벗어날 무렵 작은 성당을 발견했다.
오상의 비오 신부님 흉상이 까만 돌로 조각된 입구.
성체성사가 한창 진행 중이어서 그냥 지나쳐야 했다.

3.

이라체는 나바라에 세워진 최초의 베네딕도 수도원 중 하나다.
그리고 순례자들에게 인기가 좋은 명소다.
수도꼭지만 틀면 맛있는 포도주를 마실 수 있기 때문이다.

약수터에 스페인어로 메시지가 적혀 있다.

나중에 알고 보니 이런 뜻이었다.

"순례자여! 튼튼하고 건강하게 산티아고에 도착하려면,
행복을 위해 건배하고 이 좋은 와인을 마셔라!"

포도밭 사이에 서 있는 아름다운 수도원.

낯선 나그네를 위한 배려에 감사드리며 기꺼이 한 잔 들이켰다.

꼭지는 나란히 두 개가 있다.

하나에서는 포도주가 다른 하나에서는 물이 나온다.

미사 중 봉헌 때 성작 안에 섞는 포도주와 물을 연상시킨다.

몸과 마음, 육체와 영혼, 정신과 물질, 그리고 하늘과 땅의 만남.

사제는 그리스도의 신성神性과 인성人性의 결합을 기도한다.

약수터를 지나 언덕 위로 오르자 와인 박물관이 보였다.

전통 있는 포도주임을 증명하는 각종 상장이 진열되어 있었다.

두 자매가 엽서를 사는 동안 젊은 부인이 말을 걸었다.

아름다운 부인은 남편과 함께 말끔한 정장을 차려입고 있었다.

초등학생 또래로 보이는 어린 두 딸이 매우 인상적이었다.

눈부시게 하얀 바탕에 빨간 땡땡이 장미가 가득 박힌 원피스.

가족 모두가 식탁 위에 풍성히 차려진 과일 바구니 같았다.

그녀는 11시에 성대한 미사가 봉헌된다고 알려 주었다.

박물관 밖에서 종소리가 들렸다.

장사하시는 분이 서둘러 가게 문 닫을 준비를 했다.

곧 미사가 시작되기 때문이었다.

두 자매는 더 걷기를 원했기에 헤어졌다.

성당에 들어가 반 시간 정도 묵상을 했다.
내부는 단색의 돌벽으로 이루어진 소박한 분위기였다.
시간이 되자 넓은 성당 뒷자리까지 자리가 가득 찼다.
고해소 앞 대기 좌석까지 사람들이 서 있었다.
사람들은 가장 깨끗한 옷차림을 하고 성당에 왔다.
그림 속에만 있을 것 같은 인형 같은 아이들.
손에는 저마다 아름다운 색색의 꽃이 들려 있었다.
갑자기 몸이 작아지는 느낌이 들었다.
부끄러웠다.
나는 더럽고 땀으로 얼룩져 있었다.
무거운 짐과 끝이 닳아 무뎌진 막대 곁에 앉았다.
봉헌이 시작되자 귀여운 아이들이 제단으로 달려갔다.
저마다 준비한 꽃다발을 바쳤다.
사제는 순수한 제물을 받아 제대 위에 놓았다.
영성체를 마치고 돌아와 앉았다.
갑자기 속에서 울컥하고 치민다.

제가 왔습니다.
저는 더럽고, 냄새나고, 가야 할 길도 멉니다.
도와주십시오.

4.

키 작은 나무가 이룬 숲길을 지나 비야마요르 데 몬하르딘까지 걸었다.

오랜만에 조용한 시간을 즐겼다.

알베르게 앞에 앉아 있는 뜻밖의 친구를 만났다.

"실비!"

멀리서 나를 알아보고 함박웃음을 짓는다.

세상에.

허약하게 다리를 절던 실비가 나보다 먼저 여기 와 있네.

"실비, 어때? 다리는 괜찮니?"

그녀가 말했다.

"응, 난 아주 좋아. 고마워.

오늘은 여기까지. 여기서 잘 거야."

실비의 얼굴을 보고 떠오르는 건 역시 허약한 지팡이.

내가 물었다.

"지팡이는 어디 갔어?"

실비가 기다렸다는 듯 대답했다.

"아, 그거. 내게는 아주 의미 있는 중요한 지팡이인데,

며칠 전에 길가에 버렸어."

그녀는 서럽게 눈을 비비는 시늉을 했다.

"버리면서 막 울었어.

고마워, 나 이제 괜찮아.

리, 너도 여기서 잘 거니?"

다행이다. 스스로 해결했구나.

내가 말했다.

"아니, 난 좀 더 걸을 수 있어."

아, 이 길은 묘한 치유력을 갖고 있다.

매일같이 땀을 흘리며 노폐물을 배출해서일까.

생각해 보니 나 역시 더 건강해진 기분이다.

5.

약간의 내리막길과 탐스러운 포도밭.

시원한 바람이 부는 자작나무 숲을 지나자 벌판이 보였다.

늘어진 길이 지평선까지 닿아 있었다.

그늘이 없고 그림자는 짧았다.

뜨겁게 달궈진 벌판을 3시간 정도 걸었다.

이따금씩 불어오는 사우나 바람.

철분을 담고 있는 붉은 흙의 시큼한 냄새.

포도, 포도, 포도.

밀, 밀, 밀.

끝도 없이 펼쳐진 포도밭과 추수가 끝난 밀밭.

뒤를 돌아볼 수 없다.

한 걸음이라도 앞으로 가는 것이 고되기 때문이다.

큰 통에 든 물 1.5*l*를 다 마셨다.

마지막 작은 다리 위의 '3km' 숫자가 마치 구원처럼 보였다.

드디어 로스 아르코스.

빨간 코카콜라 간판이 나를 제일 먼저 환영해 준다.

자본주의의 첨병이라 불리는 펩시, 쉘, 코카콜라.

역설적이게도 카미노를 후원하는 다국적 기업이다.

장사가 되는 길이란 이야기다.

사람이 없는 빈 가게.

다양한 자판기만 가득하다.

마치 내가 약하고 목마른 때를 정확히 알고 준비한 트랩 같다.

아, 그러나 참을 수 없어.

약 1시간 동안 물을 마시지 못했다.

유혹을 뿌리치지 못하고 시원한 이온 음료를 뽑아 마셨다.

숙소를 잡고 광장으로 나왔다.

바에 들러 제일 먼저 커다란 잔에 맥주를 시켰다.

배가 빵빵해지자 천장이 빙빙 돌았다.

저녁이 늦게 시작되기 때문에 한동안 멍하니 앉아 있었다.

작은 마당 파라솔 밑에서 두런두런 이야기하는 사람들.

담배 연기와 음악 소리.

수첩을 꺼내 하루를 정리했다.

카메라를 뒤져 사진을 보다가 속으로 웃었다.

양말을 벗고 찍은 내 다리가 가관이었다.

여자들이 레깅스를 신은 것처럼 종아리는 시꺼멓고 발만 하얗다.

돼지고기 넓적다리 하몬처럼.

개들이 군침 흘리며 따라올 지경이다.

식당은 같은 가게 지하에 있었다.
허겁지겁 순례자 메뉴를 먹다가 자매를 다시 만났다.
너무나 반갑다.
오는 길에 만난 실비 이야기를 해 줬다.

눈먼 이의 왕관

1.

아침 일찍 일어나 길을 나섰다.

로스 아르코스에서 산솔까지 6km.

구름 한 점 없이 맑고 깨끗한 날이다.

싱그러운 아침이건만 순례자들의 표정은 차갑게 굳어 있다.

어제의 폭염 때문이다.

걷기에 유리한 아침 시간을 놓치지 않으려고 뛰듯이 걷는다.

사람들이 계속 앞질러 간다.

뒤처지는 기분이 들어 내심 불안해진다.

아, 모르겠다.

그냥 마음을 내려놓자.

멀리 오르막길 위에서 잠시 쉬어 가는 사람들이 보인다.

산솔이다.

길모퉁이를 돌아 바에 들어갔다.

무얼 먹을까 망설이자 누군가 메뉴를 추천해 준다.
곱슬거리는 금발, 작은 안경테, 갓 면도한 수염.
며칠 전부터 이어폰을 끼고 혼자 고독하게 걷던 친구다.
치즈가 든 보카디요를 먹고 커다란 물통 하나를 챙겼다.

배를 채웠더니 느긋한 마음이 들어 좀 더 쉬기로 했다.
카페 콘 레체, 우유가 든 커피를 들고 밖으로 나갔다.
오크 통 탁자 앞에 앉은 젊은 커플 옆에 앉았다.
남자애가 내게 관심을 보인다.
스위스에서 온 프랑코라는 친구였다.
국적, 사는 도시, 나이, 직업.
비슷한 유형의 질문이 쏟아진다.
나는 말했다.
"4년 정도 군대에 있었어.
지금은 마음을 정리하는 중이야."
프랑코가 물었다.
"총으로 싸워 봤어?"
내가 웃으며 말했다.
"아니. 그냥 훈련 때만 쏴 봤어."
이 친구, 질문이 참 많다.
여자 친구는 있냐, 결혼은 안 했냐.
생각해 보니 내가 답해야 하는 경우가 많은 것 같다.
특히 나보다 어린 친구들은 호기심이 많다.

살아온 날이 살아갈 날보다 긴 사람들이 과거에 뿌리를 박고,
살아갈 날이 살아온 날보다 긴 젊은이들이 미래를 넘겨보듯
프랑코의 시선은 보이지 않는 저 너머 길을 향해 뻗어 있다.
지혜를 얻을 수 있는 새로운 경험에 대해 듣고 싶어 한다.
"리, 너는 이 길 걷는 게 좋니?"
글쎄, 단순하지만 중요한 질문이다.
길이 우리에게 줄 수 있는 의미를 묻고 있다.
내가 아닌 다른 사람을 통해
생각을 정리할 필요를 느낀다.

토레스 델 리오 마을 앞, 며칠 전에 만났던 고등학생을 다시 만났다.
독일에서 혼자 여행을 온 용감한 소년이다.
좋은 경험이 되고 있냐고 묻자 소년이 입을 삐쭉 내밀었다.
"앞으로 그렇겠지."
소년은 지금 어머니뻘 되는 독일 부인과 함께 걷고 있다.
둘 다 길을 잃어 혼란스러워하고 있었다.
화살표가 보였기 때문에 길을 가르쳐 주었다.
마을을 관통하는 길을 걸었다.
한때는 사람들을 연결하고 구심점 역할을 했던 중세 교회.
이제는 버젓이 장사하는 집이 돼 버린 박물관 성당을 나서
다시 길을 떠났다.

2.

태양이 뜨겁다.

모자 안에서 땀이 흐른다.

아침을 먹은 바에서 시계를 잃어버린 것을 깨달았다.

시간을 확인할 수 없다.

걷고 또 걷기.

끝을 알 수 없는 허공 위에서 자전거 페달을 밟는 기분이다.

도로를 따라 흐르는 갓길을 걷다가 프랑코를 다시 만났다.

"와, 리! 우리 인연이다.

넌 리, 난 칼.

우리는 상하이 눈."

음, 상하이 눈이라.

언젠가 성룡과 미국인이 나왔던 액션 영화인 것 같은데.

프랑코는 아이스하키 선수로 스위스에서 왔다.

그가 내게 물었다.

"이 길 어떻게 알게 되었어?"

내가 말했다.

"2년 전쯤에 책에서 봤어.

프랑코, 아까 네가 했던 질문인데.

넌 이 길 걷는 게 좋니?"

"응. 음…….

지금 유럽은 돈, 자본주의 같은 것에 질려 있어.
새로운 변화를 원해.
그래서 요즘엔 사람들이 불교, 요가 이런 걸 찾지.
난 원래 경제학을 전공했는데
만날 돈 돈 돈. 이젠 싫어."
길 폭이 좁았기 때문에 우리는 바짝 붙어야 했다.
처음에는 덜렁거려 보였는데 보기보다 생각이 깊은 친구였다.
내가 말했다.
"그렇군.
돈이 아니라면 영적인 걸 찾는 길일까?
여기 오기 전에 앞을 못 보는 사람을 만났어.
어렸을 때 계단에서 넘어져서 눈이 멀었대.
그 사람 말이 기억에 남아.
누구나 미래에 대해 알고 싶어 한대.
누군가 우리 앞길에 대해 말해 주길 바라지.
그러나 그 길은 눈으로는 보이지 않아.
결국 우린 모두 새로운 걸 보기 위한 장님인 셈이지."

도로 곁에 있는 좁은 길을 따라 계속 걸었다.
구름 한 점 없는 투명한 햇살이 비추고 있었다.
프랑코가 물었다.
"어디서부터 걸었어?"
나는 지팡이에 새겨진 글씨를 가리키며 말했다.

"루르드."
"거기가 어딘데?"
"프랑스. 마리아의 도시. 기적이 일어나는 곳."
"리, 너는 기적을 믿니?"
"물론이지. 지구에는 60억 인구가 살지만,
너랑 내가 지금 친구가 되서 함께 걷고 있잖아.
이건 기적이야."
프랑코가 웃었다.
"와우, 리! 자, 하이파이브!"
어라, 이거 뭐하자는 거지.
나도 모르게 프랑코와 손뼉을 부딪히고는 웃었다.
"리, 나는 너의 그 웃음이 맘에 들어."
"고마워, 웃음은 최고의 언어야."
"와, 멋진 말인걸. 그런데 너, 노래 좋아하니?"
"응, 한국인은 노래를 아주 좋아해."
"불러 봐, 어서."
헉. 어쩌자는 거니, 너.
나는 걸어가면서 〈천리 길〉을 불렀다.

동산에 아침 햇살 구름 뚫고 솟아와
새하얀 접시꽃잎 위에 눈부시게 빛나고
발아래는 구름바다 천 길을 뻗었나
산 아래 마을들아 밤새 잘들 잤느냐

......

가자 천리 길 굽이굽이 쳐 가자
흙먼지 모두 마시면서 내 땅에 내가 간다

프랑코가 매우 기뻐하며 말했다.
"좋은걸, 노래 아주 좋아."
"응, 노래는 세계의 언어야.
말은 안 통해도 마음으로 느끼니까."
"기억할게. 리가 말했다고.
웃음은 최고의 언어고, 노래는 세계의 언어다.
이거 내 방문 앞에 써 붙여 놓을 거야."
"프랑코, 너도 스위스 노래 불러 봐."
"아, 나는 노래 잘 못해. 요롤레이~후."
머시라.

3.

비아나에 도착했다.
사람들이 시원한 분수대에서 물통을 채우고 있었다.

분수대 건너편에 거대한 벽화가 그려져 있었다.
불타는 도시, 불타는 길, 불타는 배낭.
그림 전체가 뜨거운 열기로 활활 끓어오르고 있었다.
우리의 피가 더워지고 심장이 뛰고 있음을 느낄 만큼.

생을 살라 버리는 이 모든 영감의 불꽃은 어디서 오는 것일까.

점심시간을 맞은 거리는 활기에 넘쳤다.
시원한 돌 건물이 그늘을 만들어 준 거리.
사람들은 카페테리아에서 차와 맥주를 즐겼다.
작은 울타리와 뜰을 가진 성당.
들어서자마자 야고보 성인을 향한 기도문이 보인다.

내부는 어둡고 차분했다.

제대 중앙을 향해 걸어갔다.

승천, 그리고 왕관을 받는 마리아가 새겨져 있었다.

모퉁이를 돌아서자 아름다운 파티마 성모상이 있었다.

발길이 멈춰 섰다.

나는 잠시 머물렀다.

어둠 속 성모님의 눈이 반짝여서 마치 살아 계신 것 같았다.

깊은 곳에서 솟구치는 뜨거운 감정을 애써 짓눌렀다.

고요한 기운 속에 출렁이던 물결이 천천히 잠잠해진다.

4.

로그로뇨를 향해 가는 길.

두 시간 반 정도 뙤약볕을 걸었다.

긴 도로 가장자리에 만들어진 키 작은 소나무 길.

스웨덴 여자애 마야를 만났다.

뒷모습이 마치 행군하는 바이킹 전사 같다.

지팡이나 스틱도 없이 씩씩하게 걷는다.

한국 여자들은 따가운 햇살을 가리기가 바쁜데.

그녀는 태양에서의 노출을 즐기고 있는 것 같다.

로그로뇨 마을 입구엔 유명한 할머니가 있다.

순례자에게 당당하게 용돈을 챙기고

자기 이름을 새긴 스탬프를 찍어 주는 귀여운 할머니.

기부금을 내고 스탬프를 받으려 줄 선 순례자들이 보인다.
그중엔 내가 아는 얼굴도 있다.
첫날 론세르바예스에서 거만하게 고갯짓하던 프랑스인.
두 자매와 마야를 데리고 지나치자 찡그리며 손짓한다.
'너희 왜 그냥 가?'
미안하지만 여긴 의무가 아니란다.
통행세 내고 들어가는 마을이 세상에 어디 있니.
할머니에게 나 대신 안부 좀 전해 주렴.

거대한 알베르게 맨 위층을 숙소로 배정받았다.

옛날 시골 기와집 내부와 비슷한 천장이다.
목재 골격이 박힌 흙벽 다락에 여장을 풀었다.

5.

말끔하게 차려입은 디리히와 소피히를 다시 만났다.
살이 빠져서 건강해 보이는 얼굴에 더 환해진 웃음이다.
그녀들은 버스를 타고 순례를 계속하고 있다.
비행기 시간이 되면 모로코로 날아갈 것이다.
마지막 만남이란 예감이 든다.
길이 길어질수록 떠나보내는 사람이 늘어나고 있다.
오래 산다는 것은 더 많은 헤어짐에 익숙해지는 것.
얼마나 더 많은 이별을 보태야 이 길을 떠나게 될까.
홀로 중앙 광장을 걷다가 아름다운 성당에 들렀다.
문 옆에 붙은 커다란 유화가 눈에 들어왔다.
한 사내가 죽은 임금의 면사포를 벗겨내고 있었다.
주위에 있는 사람들 표정이 압권이었다.
슬퍼해야 할 모든 이가 코를 틀어막고 찡그리고 있었다.
죽음이 갖는 보편성.
이별은 사람을 가리지 않는다.
영원한 이별인 죽음.
가난한 자도 부자도 결국 죽는다.
썩어 냄새나는 육체와 함께 공든 모든 것을 버리고 가야 한다.

6.

허기진 하루였다.

매일같이 떠오르는 태양은 이제 그만 떠나고 싶은 욕망.

메마른 기침이 돌아오는 굴다리.

물비린내 진동하는 둑길.

까만 숨이 턱에 찰 때까지 뛰어다녀도

바람 빠진 풍선처럼 끝없이 새어 나가는 것은 속 깊은 허무.

바다와 강이 만난 하늘.

노란 손을 흔드는 어린이집 병아리.

깃털처럼 가볍게 날아가는 물오리.

그런데도 서럽게 아름다운 하늘.

그리고 사람, 그리고 길.

사랑하기엔 너무나 짧고

영원을 기다리기엔 너무나 긴 시간이었다.

길, 바람, 그리고……

1.

천장이 이마에 닿을 것 같은 로그로뇨의 알베르게를 떠났다.
아직 대기가 덥혀지지 않은 시원한 아침 길을 즐겼다.
도시를 빠져나오는 데 긴 시간이 걸렸다.
팜플로나가 고전성을 품은 신화적 이미지의 도시라면,
로그로뇨는 바쁜 일상을 준비하는 현대적 풍경을 가진 곳이다.
하얀 와이셔츠를 입고 출근하는 사람들,
아직 꺼지지 않은 거리의 가로등 불빛,
신호를 무시하고 횡단하는 사람과 분주하게 움직이는 자동차.
길가를 침범하는 스프링클러 물살을 피해 아침을 걸었다.

며칠 전부터 무뚝뚝하게 걷던 청년.
내가 어렵게 길을 물었던 할아버지와 친근하게 대화한다.
스페인 사람인가 보다.
옆을 스쳐 걷다가 아는 척했다.

"안녕, 어제 바에서 나에게 치즈 보카디요를 추천해 줬지?"
그가 대답했다.
"아, 그래 기억나. 반가워."
우리는 악수를 나눴다.
잘생긴 곱슬머리 청년의 이름은 죠르디였다.
나이는 29세, 바르셀로나에서 영어 선생님을 하고 있다.
여자 친구 걱정이 많은 상태였다.
같이 오길 바랐지만 여자 친구는 걷길 원하지 않았다.
그녀가 화가 났다고 하는데 이유는 말해 주지 않는다.
매우 차분한 성격이고 아버지에 대한 존경심도 엿보인다.
자신이 사는 삶의 자리에서 충분히 만족하고 있었다.

로그로뇨를 벗어나는 숲길.
간판대에 앉은 긴 수염의 할아버지를 만났다.
죠르디가 말했다.
"저 사람 아주 유명한 사람이야.
우리 가서 사인받자."
가까이 가서 보니 낯익은 얼굴이다.
로르카의 호세 알베르게에서 본 대문짝만 한 사진의 주인공이다.
당나귀와 개를 데리고 카미노를 종주한 노인.
모자와 튜닉에 매단 가리비와 긴 수염.
스페인 공영 방송을 통해 일약 스타가 된 카미노의 영웅이다.
노인은 사람들에게 공짜로 지팡이를 나눠 주고 있었다.

그가 앉은 가판대에는 과일과 과자도 있었다.

나는 노란 화살표가 그려진 앙증맞은 조약돌 두 개를 챙겼다.

고마운 분이다.

길이 준 열정과 생명력을 오랫동안 보존하셨으면 좋겠다.

우리는 호수가 보이는 난간에 기대어 사진을 찍었다.

죠르디는 궐련을 만들어 피웠다.

그리고 평범한 이야기를 주고받았다.

한국인이 느끼는 스페인의 물가.

스페인 사람들이 즐겨 먹는 음식.

우리는 천천히 길을 음미하며 걸었다.

죠르디는 휴대 전화를 가지고 있었다.

나바레테에 도착하기 전 다리 위에서 벨이 울렸다.

여자 친구였다.

다정다감한 목소리가 다채롭게 변하며 애정을 표현했다.

흡사 잘 조율된 악기 소리 같았다.

긴 통화를 하는 그의 곁을 함께 걸었다.

전화를 끊은 죠르디의 얼굴이 환해졌다.

"여자 친구 화가 풀렸어.

나, 이 길은 나중에 걷고 공휴일 전까지 돌아가야 해."

"축하해. 너 무척 행복해 보인다."

다리를 건너자 멀리 앞서 걷던 두 자매가 보였다.
노란 화살표가 그려진 작은 조약돌을 선물했다.
죠르디와 작별하고 그늘 밑에 앉아 쉬었다.
그리고 이 길에서만 할 수 있는 순례자의 의식을 치렀다.
나는 등나무 콩깍지 두 개를 엮어 십자가를 만들었다.
두 자매가 준 고무줄로 동여매고 울타리에 걸었다.

2.

나바레테에서 만난 첫 번째 바는 순례자로 가득했다.
화장실, 전화, 커피.
바에서의 일종의 아침 공식이 되어 가는 것 같다.
자매가 전화를 걸 동안 오렌지 주스를 한 잔 마셨다.
출전하는 전사처럼 자리를 박차고 일어서는 사람들을 구경했다.

더운 열기로 이마에서 땀이 연신 흘러내렸다.
끝없는 포도밭과 바싹 마른 길을 걸었다.
앉아서 쉴 만한 곳이 없어 선 채로 물을 마셨다.
오후 1시, 벤토사의 바에 도착했다.
갈증이 무척 심해서 맥주를 시켰다.
나른하게 앉아 있으려니 몸이 천천히 굳었다.
아, 안 되겠다, 너무 덥다.
목표했던 나헤라를 포기하고 벤토사에서 쉬기로 했다.

벤토사의 사설 알베르게는 깔끔하고 만족스러웠다.
평소처럼 샤워와 빨래를 하고 침대에 누워 쉬었다.
바에서 인사만 나누었던 한국인 대학생 커플을 만났다.
동그란 안경테와 반짝거리는 눈.
숙소에 모여서 이야기를 나눴다.
"서로 닮아 보여서 남매인 줄 알았어요. 여자 분이 누나 같은데."
여학생 눈썹이 슬쩍 치켜 올라갔다.
"왜죠?"
아, 아니구나.
하지만 상당히 민감한 반응인걸.

여학생 배낭이 매우 작아서 궁금했는데
오바노스에서 배낭을 통째로 잃어버렸다고 한다.
책에서만 봐 왔던 허탈족, 무소유 여행자다.
중요한 물건은 복대에 넣었다니 다행이지만 황당한 일이다.
"저는 교회에 다니는데요.
십일조를 안 내서 '하나님'께서 가져가신 거 아닌가 생각해요.
어머니는 그 물건이 필요한 사람에게 갔을 거라고 위로했어요.
배낭은 잃어버렸지만 그보다 중요한 걸 받는 체험을 해요.
어떤 사람은 반바지를 그 자리에서 주셨고,
뭐가 필요한지 돕고 싶다는 분을 많이 만났어요."
글쎄. 누가 이 순수한 학생에게 이런 생각을 가르쳤을까.
교회도 물질이 있어야 운영되는 것은 사실이지만.

돈과 교환하는 축복과 저주는 어느 나라 정의인지 모르겠다.
"배낭은 십일조나 '하나님'이 아니라 도둑놈이 가져간 거네요.
어머니 말씀이 맞습니다.
마음 많이 상했을 텐데 훌륭한 체험으로 소화하셨네요.
잃어버리고 난 후 채워진다는 말에 감동받았습니다."

3.

일행이 파스타를 만드는 동안 야외 층계에 앉아 쉬었다.
파라솔 밑에 앉아 있는 노부부 두 쌍을 만났다.
한 쌍은 아르메니아에서 왔는데, 남자는 네덜란드인이었다.
할머니 배낭에는 예쁜 조롱박이 걸려 있었다.
손자에게서 온 전화를 받고 귀여운 목소리로 대화하고 있었다.
할아버지는 친근하게 자식을 대하듯 내 어깨를 두드리셨다.
남아공에서 온 노부부는 담배도 같이 피우고,
끊임없이 유쾌한 농담을 주고받고 있었다.
선한 눈매를 가진 할아버지가 캐러멜 하나를 주셨다.

이 길에는 노인들이 많이 보인다.
젊은이들보다 느리지만 배낭 크기는 같다.
아름다운 수로 부인에게 절벽의 꽃을 꺾어 바친 노인처럼.
육체는 시들어도 정신은 늙지 않는다.

더운 바람이 불고 소나기가 쏟아졌다.

설거지를 하고 산책을 했다.

눈부신 수국으로 장식된 집 사이로 제비들이 요란하게 날아다녔다.

젊은 대학생 커플과 노부부.

나란히 이 길을 걷는 사람들을 보니 속담이 떠오른다.

"혼자는 가끔, 둘은 절대 안 되고, 셋이서 항상

Raro Unus, Nunquam Duo, Semper Tres."

하나란 만물의 근본이자 변치 않는 실체.

영원하고 유일한 신의 숫자이며 전체성을 대변한다.

서로를 도와 함께 나아가도 신을 대면하는 자아는 결국 혼자다.

둘은 대당과 대비, 대결 혹은 결합, 남녀의 사랑이다.

뜨겁고 감정적이며, 선택한 순간 배제가 결정되는 평행선이다.

부부는 자녀를 낳고 셋이 되어 온전한 가정을 이룬다.

셋은 균형 잡힌 숫자이며 조화로운 성취를 뜻한다.

결국 사랑이란 두 사람이 서로를 바라보는 것이 아니다.

같은 곳을 바라보며 함께 걷는 것이다.

두 개의 바퀴를 가진 자전거처럼 나아가지 않으면 쓰러진다.

습도가 높은 날이었다.

얼굴도 모르는 오래된 선배의 유고집 타이틀처럼.

방명록에 글을 남겼다.

길, 바람, 그리고…….

천국의 곳간

1.

이른 아침 나헤라로 향하는 걸음을 재촉했다.
엷은 햇살에 포개진 나바라의 흙이 와인색으로 빛났다.
파랗게 설익은 포도가 천천히 익어 가는 탐스러운 과수원.
이따금씩 먼지를 일으키며 밭고랑을 오가는 농기계.
쓰레기가 널린 쉼터에서 쉬는 동안 벽에 쓰인 글을 봤다.
어느 순례자가 독일어로 남긴 생생한 시다.

먼지, 진흙, 태양, 그리고 비
산티아고로 가는 길
수많은 순례자
그리고 수많은 세월

순례자여, 누가 당신을 불러내었는가?
어떤 숨겨진 힘이 너를 끌어내었는가?

Peregrino, ¿Quién te llama?
¿Qué fuerza oculta te atrae?
Ni las gentes del Camino
ni las costumbres rurales.

No es la historia y la cultura,
ni el gallo de La Calzada
ni el palacio de Gaudí,
ni el Castillo Ponferrada.

들판의 별도
훌륭한 대성당도 아니다.

나바라의 강인함도 아니다.
라 리오하 와인도
갈리시아의 해산물도
카스티야의 평원도 아니다.

순례자여, 누가 당신을 불러내었는가?
어떤 숨겨진 힘이 너를 끌어내었는가?
함께 길을 걷는 사람도
고장의 풍습도 아니다.

역사와 문화도 아니다.
산토 도밍고의 닭장도
가우디의 궁도
폰페라다 성도 아니다.

나는 그 모든 것을 지나치며
그 모든 것을 보고 즐겼다.
하지만 나를 부른 것은 어떤 음성이었다.
나는 아주 깊이 느끼고 있다.

나를 움직인 그 힘

나를 끌어낸 그 힘

나는 설명할 수가 없다.

오직 저 위에 계신 분만이 알리라!

2.

나헤라에 도착했다.

허름한 벽에 산초 3세 임금의 이름이 보인다.

작은 가게 간판 밑에는 '룩소르'라는 글씨가 적혀 있다.

'룩소르'는 이집트 왕가의 계곡 이름이다.

고전적인 주제를 만나게 될 예감이 든다.

작은 바에 앉아 카드를 썼다.

향긋한 에스프레소, 그리고 오렌지 주스를 마셨다.

노란색 우체통에 엽서를 넣고 방사형의 도로를 건넜다.

작은 강물이 흐르는 다리가 나왔다.

12세기 오르테가의 후안 성인이 건설한 다리다.

시라우키처럼 마을 이름에 이슬람 문화의 흔적을 간직하고 있다.

나헤라는 아라비아어로 '바위 사이의 장소'란 뜻이다.

다리 건너편 붉은 단층이 노출된 절벽을 볼 수 있었다.

알베르게를 지나쳐 걷자 사람들이 발길을 돌려 세운다.

자동차를 세우고 차창을 열어 길을 거슬러 가라고 알려 준다.

할머니 한 분은 내 어깨를 짚고 성당 방향을 가리키신다.
노란 화살표는 길가에만 있는 것이 아니었다.
순례자를 보살피는 마을의 모든 눈길이 곧 이정표였다.

배낭을 날로 먹는 도둑놈도 있다지만,
거의 모든 마을 사람들이 순례자에게 관대하다.
경제적인 눈으로 보면 순례자는 손님이고 소비자다.
분명히 마을 번영에 보탬이 되는 여행자요 관광자다.
하지만 노인들의 친절까지 경제 논리 속에 포함할 수 있을까?
단순히 선한 인간성에서 비롯된 행위이며,
그리고 나름대로 알아채지 못하는 내적 이유도 있을 것이다.
어쩌면 순례자에게 삶의 자극을 받기 때문일지 모른다.
힘들게 땀 흘리며 수고하는 사람을 돕고 싶은 충동.
길을 걷는 사람도, 걷는 사람을 지켜보는 사람도 남이 아니다.
서로의 삶에 영향을 끼치며, 영감을 주고받고 있는 것이다.

3.

할머니가 가르쳐 준 길을 따라갔다.
나헤라를 벗어나는 길가에 산타 마리아 데 라 레알 수도원이 있었다.
아니, 수도원이라기보다는 작은 요새와 같은 인상이었다.
성처럼 생긴 높고 견고한 벽을 따라 걸었다.
건물에 들어서자 매표소가 보인다.
입장료는 3유로.

무엇 때문에 성당 구경에 돈을 내야 한단 말인가.
잠시 망설였다.
어쩌면 다시 보기 힘든 경험일 수도 있다.
규모가 있는 박물관이라는 생각을 하고 들어가기로 했다.

외부와 차단된 유리문을 열고 차가운 돌바닥을 밟았다.
수도원 입구에 커다란 왕가의 문장이 새겨져 있었다.
동굴 같은 통로를 지나자 환한 빛살이 쏟아진다.
아라비아 궁전에서 본 것 같은 정교한 상감 세공 기둥들.
시원한 분수대.
고요한 정원.
수도원 입구 오른편에는 기사들의 무덤이 있었다.
'늑대'라는 뜻을 품고 있는 당대 최고의 기사 로페스.
살아서 충성을 바쳤던 용사들이 죽어서도 임금을 지키고 있다.
성당 안쪽 깊숙한 곳에는 임금과 왕비의 무덤.
바깥쪽에는 죽은 왕자와 공주의 관이 있다.
그렇다.
이곳은 임금을 위해 기도하는 곳.
왕족의 영적 위로와 내세의 염원을 빌었던 수도원인 것이다.

나바라 왕국의 산초 임금은 국토 수복 운동의 선봉이었다.
이슬람과 전쟁을 선포하고 그리스도교를 구심점으로 삼았다.
왕권과 신권의 이 기묘한 결합.

어쩌면 중세 시대의 교회와 사회를 이해하는 작은 실마리다.
교회는 임금의 권좌를 거룩한 신의 이름을 빌려 축복하고,
임금은 교회와 성직자에게 집과 땅, 세속적 권리를 주었다.

또다시 작은 딜레마와 혼돈에 빠진다.
유력한 정치인이 행사하는 권력.
그 권위의 존중 여하에 따라 좌우되는 종교인의 실존.
하지만 교회는 세상 안에 존재하는 공동체.
육체적 인간 조건을 무시한 이상적 신념이 있을 수 있는가.
완전한 정치와 종교의 분리는 가능할까.
세속화와 토착화의 경계는 대체 어디쯤일까.
혼란스러운 가슴에 조용한 목소리가 들려온다.
'내 왕국은 이 세상 것이 아니다.'

기도는 곳간을 채우는 일이며 활동은 곡식을 쓰는 행위다.
곳간이 바닥난 교회에 누가 찾아가겠나.
임금은 백성을 대표하는 상징이다.
왕권 존중을 통한 공존이 필요한 과정이었음은 분명하다.
시대의 잣대로 과거를 평가 절하해서는 안 된다.
하지만 역사가 가르쳐 준 교훈은 새겨들을 필요가 있다.
오늘날 이 왕족 수도원에서는 더 이상 미사 집전이 이루어지지 않는다.

4.

아소프라 도착.

정식 알베르게는 자리가 다 찼다.

군대식 막사와 비슷하게 급조된 숙소로 배정을 받았다.

시멘트와 페인트 냄새가 채 가시지 않은 방.

조잡한 환풍기를 통해 파리가 끊임없이 날아들었다.

샤워실은 남녀 공용.

샤워실 문은 서부 영화에 들어서는 술집 것과 똑같다.

하지만 만족한다.

나는 순례자니까.

빨래를 널고 하루를 정리하고

나른하게 앉아 있다가 알베르게 접수대로 갔다.

낡은 클래식 기타를 봤기 때문이다.

노트북을 켜고 악보를 뒤적였다.

〈유리로 만든 배〉, 〈겨울 아이〉, 〈너에게 난 나에게 넌〉.

기타 줄을 맞추고 노래를 불렀다.

한 곡 끝날 때마다 다른 방 사람들이 박수를 보내온다.

모자라도 돌릴 걸 그랬나.

감사합니다.

5.

마을 축제 때문에 숙소를 옮겼다.

성당 옆에 있는 구식 알베르게였다.
요한 바오로 2세 교황 사진이 담긴 1990년대 잡지.
탁자 위에 놓인 전기 주전자와 녹슨 벽난로.
방 전체가 정감 있는 분위기다.
문을 열어 놓자 바람이 시원하게 불어온다.
다른 할 일이 없어 일찍 침대에 누웠다.

이층에 누운 임마쿨라다가 심심했는지 질문을 한다.
청문회만 다시 열지 않았으면 좋겠다.
우리는 꿈에 대해 이야기했다.
임마쿨라다는 사회복지사가 꿈이라고 했다.
단순한 급여를 넘어서 봉사에 대한 열망이 보인다.
인성은 걸으면서 증명이 되었고.
내가 관장이라면 백 퍼센트 채용이다.
나는 말했다.
"제 꿈은 낙도 선생님이에요.
섬진강 김용택 시인처럼 말이에요.
작은 섬에서 부모님 없는 아이들을 돌보면 좋겠어요."
물론 나는 다른 꿈도 많이 가지고 있다.
박지성 선수처럼 축구 잘하는 것,
안데스 산맥 약초 치료사로 사는 것,
의학 공부를 해서 아프리카 사람들을 치료해 주는 것.
하지만 대화의 경력으로 보건대,

교정을 받거나 반대에 부딪힐 것이 뻔하다.

가장 현실적인 꿈만 말했다.

임마쿨라다가 말했다.

"참 좋은 생각을 하시네요.

그렇지만 현실을 생각하셔야죠.

수도회에 가거나 결혼하고도 그런 일은 할 수가 있어요."

아악, 그만.

내일도 태양 아래 종일 걸어야 하는 게 우리의 현실이다.

작은 거인

(.

마을 파티가 새벽까지 이어졌다.
음악 소리와 흥청거리는 노랫소리에 잠을 설쳤다.
순례자 한 명은 새벽 4시에 일어나 가 버렸다.

산토 도밍고 데 칼사다로 향하는 길.
약간의 비와 시원한 바람이 세차게 불어왔다.
몇 개의 언덕을 넘자 들판 위로 해가 비스듬히 솟았다.
멀리 구름 아래 무지개가 오늘의 걸음을 축복했다.
미키엘리의 걸음이 힘들어 보인다.
작은 마을에 들러 커피 한 잔과 크루아상을 먹었다.
간단히 배를 채우자 발걸음은 한층 가벼워졌다.

가는 길에 도미니코 성인(1019~1109년경) 이야기를 했다.
그는 본래 가난한 양치기였다.

수사가 되길 원했지만 수도회에서 받아 주지 않았다.

글을 읽을 수도 쓸 수도 없었기 때문이다.

그는 숲 속에 오두막을 짓고 노동을 시작했다.

거친 나무와 돌밭을 다듬어 길을 만들었다.

기도하는 집과 병자를 위한 집,

깊은 강을 건널 수 있는 다리를 놓았다.

죽을 때까지 순례자를 위한 일에 투신했다.

글은 몰랐지만 삶 자체가 기도였다.

수도회에 입회하지는 않았지만 누구나 다 그를 수도자로 알고 존경했다.

도미니코 성인의 겸손한 삶에 사람들은 감화되었다.

성인이 죽은 후 제자 요한 성인이 그의 유업을 이었다.

오후가 되었지만 더 이상 덥지 않았다.

바람과 구름이 주는 축복.

산토 도밍고 데 칼사다에 도착했다.

알베르게에 들러 스탬프를 찍고 지도 한 장을 얻었다.

도미니코 성인이 잠든 칼사다 성당 문 앞.

스페인 친구 라몬을 만났다.

그를 처음 만난 것은 에스테야였다.

그는 키가 작았지만 매우 온유한 눈매와 음성을 가졌다.

런던에서 패션 디자이너로 5년간 살았다.

지금은 고향 바르셀로나로 돌아가기 전 휴가 중.

남성복을 만드는 회사에서 일하게 될 것이다.
아소프라에서 다시 만났을 때 깊은 대화를 나눴다.
어설픈 표현에도 불구하고 내 이야기를 경청해 주었다.
자신과 다른 동양인의 생각에 관심이 많다.

라몬과 함께 칼사다 대성당에 들어갔다.
하얀 닭 두 마리가 감옥에 갇혀 보초를 서고 있었다.
내가 말했다.
"불쌍하다 저 닭들.
교대는 하는 걸까?"
라몬이 말했다.
"아마 저렇게 가둬 뒀다가 잡아먹을지도 몰라."

순례길을 걷다 보면 닭으로 된 상징을 많이 만난다.
지붕 위 풍향계나 자동차 장식품, 혹은 다양한 기념물.
카미노의 대표적인 전설을 담고 있는 이미지다.

아주 오래전 녹일에서 순례를 떠난 세 가족이 있었다.
그들은 긴 여행 중에 이 마을 여관에서 하루 묵게 되었다.
그런데 그 집의 아들이 매우 잘생겼던 모양이다.
여관집 딸은 청년에게 한눈에 반한다.
그리고 적극적으로 구애를 했지만 거절당한다.
여자는 한을 품고 청년을 음해한다.

청년의 가방에 금잔을 몰래 숨겨 두었던 것이다.

길을 가다 붙잡힌 청년은 누명을 쓰고 교수형을 당한다.

슬픔에 빠진 부모는 산티아고까지 순례를 계속한다.

그러나 돌아오는 길에 놀라운 일이 벌어진다.

밧줄에 목이 매달린 아들이 아직 살아 있었던 것이다.

"아버지, 어머니! 저 좀 내려 주세요."

부모는 당장 마을 이장에게 달려가 사실을 알린다.

어서 아들을 내려 달라고.

그러나 이장은 믿지 않는다.

맛있게 식사를 하고 있었기에 귀찮게 여겨졌을 뿐이다.

"사형대에 매달았던 당신 아들이 아직 살아있다고?
그렇다면 내 식탁의 구운 닭도 살아서 펄펄 날아다니겠군."

바로 그 순간 거짓말 같은 일이 벌어졌다.

죽었던 닭이 눈을 뜨고, 여린 살과 깃털이 돋고,

벌떡 일어나 날개를 치며 식탁을 뛰쳐나간 것이다.

산티아고 순례길에는 이와 비슷한 전설이 많이 전해진다.

병을 얻어 쓰러진 프랑스의 기사 이야기,

악마에게 속아 거세했던 청년 이야기,

순례자의 짐을 탐했던 여관집 주인 이야기.

이 모든 이야기의 주제는 간단하다.

성인께서 당신을 만나기 위해 걷는 자를 보호해 준다는 것이다.

무덤으로 보이는 지하에는 작고 투박한 석상이 서 있다.
망치를 든 성인과 발치에 무릎 꿇은 인물.
아마도 제자인 요한 성인이 아닌가 생각된다.
요한 성인에 관한 전설은 오르테가에서 만나게 되리라.

광장에서 쉬는 동안 두 자매에게 선물을 받았다.
바람이 불면 날아갈 것같이 작고 깜찍한 '스카풀라'다.
수도자들이 속옷을 대신하여 입었다는 축복의 가호.
내겐 너무나 과분한 선물이다.

우리는 마을을 벗어나 다리를 건넜다.
강물이 말라서 바닥이 다 드러난 다리.
그러나 도미니코 성인의 손길로 시작한 다리다.

상처 입은 자를 돌보기 위해 병원을 지은 사람.
잘 곳 없는 나그네를 위해 집을 지은 사람.
갈라진 사람을 모으기 위해 다리를 놓은 사람.
그러나 정작 자신은 가장 허름하고 누추한 거처에 머물고,
평생을 겸손한 노동자요 수도자로 하늘을 위해 산 사람.
작지만 위대한 거인의 마을을 떠나 그라뇽으로 향했다.

2.

바람이 많이 분다.

귀를 때리는 바람 때문에 소리가 잘 들리지 않는다.
한 걸음씩 내딛는 발자취가 허공으로 사라진다.
바람도 소리도 사라진다.
순례자도 사라진다.
사라지는 것들은 모두 허무해 보인다.
하지만 사라지기 때문에
단 한순간만 존재하기 때문에
가장 값진 의미가 있다.

그라뇽의 산 후안 성당 알베르게에 묵었다.
때 묻은 좁은 돌계단을 밟고 2층으로 올라갔다.
성당에 붙어 있는 낡은 사제관을 개조한 숙소 같다.
마룻바닥에 깔린 매트리스 하나를 차지했다.
찬물로 시원하게 샤워하고 약간의 기부금을 냈다.
침낭을 펴서 소박한 잠자리를 마련하고 하루를 정리했다.

아침거리를 장만한 뒤 7시 미사에 참례했다.
셔츠 차림으로 어슬렁거리던 아저씨가 제대 위를 오갔다.
알고 보니 주임 신부였다.
기도문으로 강론을 대신하더니 공지 사항이 장황하다.
미사에 참례한 순례자를 보고 마음이 동한 것 같다.
모두 앞으로 나오라 손짓한다.
나는 못 들은 척 자리를 지키고 있었다.

옆에 계신 할머니가 나를 쓱 밀어 내신다.
아, 할머니야말로 파드레의 강력한 아군이란 걸 잊었다.

미사를 마치고 돌아오니 식사 준비가 한창이다.
투숙한 모든 순례자가 일을 돕는다.
나는 빵을 자르고 물을 날랐다.
스페인, 이태리, 독일, 프랑스, 한국.
모두 서른 명이 삐뚤삐뚤 이은 한 식탁에 앉았다.
식사 준비가 완료되자 숙소 봉사자가 종을 친다.
그가 진지한 태도로 연설을 한다.
"오늘 음식은 어제 순례자의 기부금으로 마련한 것입니다.
다음 순례자는 우리가 낸 기부금으로 식사를 할 것입니다."
아, 다 좋은데 스파게티가 퉁퉁 불고 있다.
식사 기도는 짧게 해 주세요.

숙소 봉사자는 저녁 9시가 되자 기도 모임을 열었다.
그는 내게 기타 연주를 부탁했고 나는 기꺼이 허락했다.
기도 장소는 성당과 분리된 성가대석이었다.
사람들은 의전 사제단이 앉는 기품 있는 나무 의자에 앉았다.
모두가 초를 들고 자리를 잡았다.
나는 기타를 치고, 떠오르는 성가 한 곡을 불렀다.
노래가 끝나자 숙소 봉사자가 말했다.
"우리는 단지 걷고자 이 길 위에 있는 것이 아닙니다.

이제 잠시 멈추어 서야 합니다.

우리가 어디로 가고 있는지 생각해 보아야 합니다."

모두가 커다란 초를 돌리며 각자의 언어로 기도했다.

기도를 원하지 않는 사람은 잠시 머물고 초를 전달했다.

그리고 모두 일어나 서로를 안아 주고 축복했다.

"부엔 카미노!"

따뜻한 식탁.

따뜻한 촛불.

따뜻한 축복.

부엔 카미노.

배고픈 소크라테스보다

1.

아침은 숙소 봉사자의 가족과 봉사자가 준비했다.
순례자들은 융숭한 대접 속에 음식을 마음껏 즐겼다.
커피와 빵, 잼과 과일.
경쟁하듯 서둘러 떠나야 했던 알베르게와는 사뭇 달랐다.
모두들 느긋하게 아침을 누리고 여유 있게 짐을 꾸렸다.

그라뇽의 숙소 봉사자는 가족과 함께 정착한 사람이다.
순례자를 위해 자신의 삶을 봉헌한 셈이다.
그의 부인과 두 자녀도 일을 돕는다.
만찬과 기도, 성실히 준비한 아침.
어쩌면 이 사람이야말로 살아 있는 미사를 바치는 사제가 아닐까.

2.

쌀쌀한 아침이지만 걷기 시작하자 몸도 균형을 잡는다.

두 자매와 한국인 대학생 커플.

5명이 함께 그라뇽에서 출발했다.

마을을 벗어날 때 여학생이 궁금한 것이 많다고 말했다.

두 자매가 나를 향해 물어보라고 손가락질한다.

나는 어제 순례길에 얽힌 이야기를 해 줬다.

카미노의 상징이 된 칼사다의 닭 이야기.

한 사람의 일생으로 온 세상을 변화시킨 수도자 이야기.

재정 양은 순수 미술을 전공하는 학생이다.

감수성이 풍부하고 적극적이며 총명한 학생이다.

바오로 사도와 비교한 야고보 사도의 생애를 궁금해했다.

나는 떠오르는 대로 이야기를 시작했다.

그리스 태생이자 로마 시민권을 갖고 있는 유다인.

갑자기 재정 양이 눈물을 흘린다.

어린 시절 외국에서 살았다는 남친 생각이 나서 그런가.

감정 이입이 너무 빨라 당황스럽다.

아직 폭풍 같은 사랑의 과정을 겪어야 할 시간인가 보다.

배가 고파서 모든 게 먹는 것으로 보인다.

저 하늘의 뭉게구름은 솜사탕.

저 들판의 건초 더미는 갓 구워 낸 식빵.

내가 말했다.

"우리가 소나 말이라면 얼마나 좋을까요.

왠지 먹음직스럽지 않습니까, 저 건초?"
앞서 걷다가 뒤를 돌아보았다.
양손을 입에 대고 건초 더미 먹다 들킨 소 흉내를 냈다.
두 자매가 매우 좋아한다.
역시 좀 망가져야 하는 건가.

마을이 1시간 단위로 새로 등장했다.
덕분에 길이 짧게 느껴졌다.
작은 도로를 지나 식수대가 놓인 광장.
드디어 나바라를 벗어나 카스티야 레온으로 접어들었다.

앞서 가는 스페인 청년들 중에 걸스카우트 소녀가 보인다.
어제 그라뇽에서 봤던 친구들이다.
영어가 통하지 않아서 손가락 인사를 했다.
엄지와 약지를 접고 세 손가락을 펴자 활짝 웃는다.
허, 이에 열차 길을 깔았네.

전 세계 어디서나 쓰는 스카우트 공동 표어는 'Be Prepared'
'준비되어 있다, 차려 있다'라는 뜻이다.
스카우트 정신이란 신과 자연, 윗사람과 아랫사람, 동료.
공존하는 모든 것들에 대한 사랑에 늘 깨어 있는 것이다.

어쩌면 카미노도 인생도 마찬가지다.

모든 이가 감동을 받는 것은 아니다.
감동할 준비가 되어 있는 사람만이 감동을 받고,
사랑할 준비가 되어 있는 사람만이 사랑을 받는다.

3.

벨로라도를 향한 길목에서 엘레인을 만났다.
그녀 역시 그라뇽에서 함께 있었다.
큰 키로 성큼성큼 줄곧 혼자 걷는 그녀.
13세, 15세 두 아들의 어머니다.
독일에서 온 그녀는 컴퓨터 프로그래머다.
2년 전에 이혼을 했다.
인터넷이나 휴대 전화, 일체의 외부 접촉을 정지시켰다.
발을 다쳐서 샌들을 신은 채 걷고 있었다.
"엘레인, 이 길 걷는 게 좋니?"
"응, 난 이 아름다운 풍경이 너무 좋아.
걸으면서 맑아지고 있어.
난 대도시를 떠나고 싶어.
도시에 있는 알베르게에서는 쉬지 않아."
생각해 보니, 대형 공립 알베르게는 분위기가 다르다.
깔끔하지만 작게 운영하는 사립보다 정형화되어 있다.
선배 순례자의 이야기를 들어 보면 확실히 그렇다.
토산토스, 니콜라오, 라바날.
사설 알베르게도 수도원에서 운영하거나

비영리로 운영하는 곳이 따뜻하다.
규모가 작아 친밀하고 다양한 이벤트가 있기 때문이다.
엘레인이 말했다.
"이 길에서는 더 이상 논쟁하거나 계획할 필요가 없어.
근데 잘못된 게 있어. 우리가 가진 가이드북 말이야.
어디서부터 어디까지 몇 킬로미터를 걸어야 할지 정해져 있고
사람들은 싸우는 것처럼 목적지를 향해 걷거든. 난 싫어."
내가 말했다.
"응, 맞아. 하지만 책이 많은 정보를 주잖아.
먼저 걸었던 사람 이야기는 아무튼 유익해."
그녀는 채식주의자였다.
동물을 도살하는 장면을 TV에서 봤다고 한다.

언젠가 남아공에서 온 채식주의자 여성을 만난 적이 있다.
풀만 먹는 사람이 고기를 싸다가 고양이에게 던져 주곤 했다.
그녀가 날아가는 모기를 잡자 내가 불평을 했다.
"이봐, 그만둬, 모기도 생명이라고."

참 이상한 모순이다.
미소한 벌레도, 그리고 미세한 풀도 살아 있는 생명이다.
아무리 깨끗하게 살고자 몸부림쳐도
생명은 생명을 섭취해야 생명을 유지한다.
아, 배고파.

우리는 채식주의자 제인 구달에 대해,
그리고 야채로 만든 음식에 관해 이야기했다.
오염된 식탁, 변형된 음식, 그리고 채식.
엘레인은 식물 박사였다.
이 길에 있는 약초나 풀, 열매를 잘 알고 있었다.
내게 먹을 수 있는 것과 없는 것을 구분해 가르쳐 줬다.
처음 듣는 식물이라 뭔지 모르지만 맛있어 보였다.
엘레인은 이야기를 길게 쏟아 낸다.
오랫동안 사람에 굶주린 채 지낸 것처럼 보인다.
문득 그녀에게 필요한 건 친구라는 생각이 든다.
그냥 오래도록 앉아서 거울처럼 그녀 자신을 돌려 줄 친구.
지진이 오기 전 미리 느끼고 대피하는 동물처럼.
사람도 자신을 보호하는 미세한 감각이 있는 것 같다.
그녀는 영혼을 회복하기 위해 가장 좋은 선택을 했다.

4.

폭이 좁은 길을 굽어 돌아서자 눈부신 풍경이 펼쳐졌다.
바람이 불 때마다 출렁이는 노란 바다.
끝도 없이 웃고 있는 해바라기 밭이다.
태양과 함께 고개를 들고, 태양과 함께 잠드는 꽃.
우정과 사랑에도 이런 의리가 있을까.
사진을 좋아하는 털북숭이 친구 놈이 생각난다.
딱 이 장면만 텔레포트시키면 좋다고 따라올 텐데.

샛노란 환호를 뒤로하고 우리는 앞으로 나아갔다.
힘차게 부는 바람에 깊은 숨을 내몰아 쉬었다.
흐르는 땀은 공기 속으로 승화되듯 사라졌다.
낮고 부드러운 평원.
지평선까지 이어지는 광활한 밀밭.
더 이상 눈앞을 가리는 빌딩도,
딱히 두려워해야 할 법칙도 없다.
그냥 이렇게 조용히 걸으면 된다.

정오가 가까워질 무렵 벨로라도에 도착했다.
넓은 중앙 광장 바에 앉아 식사를 했다.
오늘의 점심 메뉴는 감자 오믈렛 요리인 토르티야 드 파타타.

옥수수, 감자, 토마토, 담배, 카카오.
엘레인 말대로 신대륙에서 가져온 인디오 작물이다.
그중에서도 가장 사랑스러운 건 파타타, 감자다.
유럽만 기근에서 구한 음식이 아니다.
순례 내내 굶주린 나를 구한 고마운 은인이다.
스스로를 '강원도 감자 바위'라 칭하셨던 묵호 신부님.
30일 피정을 지도해 주셨던 사부님 생각이 난다.
목마른 동해에서 샘터 같은 위로를 주신 고마운 분.
그분을 위해서도 기도하자.

5.

아늑한 고대 도시 벨로라도를 떠났다.

토산토스 바에 앉아 레몬 맥주, 클라라 콘 리몬을 마셨다.

이 마을에서 머물 것인가.

아니다, 알코올의 힘으로 더 걸을 수 있다.

힘든 고개가 있다는 오카 산 바로 전 마을까지 걸었다.

오늘은 여기까지.

두 자매와 함께 사설 알베르게에 묵었다.

지도에 없는 시설이었지만 깔끔하고 조용했다.

나중에 도착한 재정 커플과 합세하여 식사를 했다.

토끼와 닭이 함께 뛰어든 볶음밥, 파에야를 먹었다.

피처럼 붉은 포도주, 비노 틴토는 신선했다.

식사가 끝날 무렵 여주인이 주문에 없는 술을 들고 왔다.

순례자를 위한 보너스 디저트다.

이탈리아의 술 그라파의 일종인 전통주 오루호.

술에 냉담하던 임마쿨라다의 눈이 순간 빛났다.

빠른 손짓과 함께 한입에 털어 넘기는 솜씨.

예사롭지 않다.

무색의 독주를 보니 고향에 두고 온 곰이 생각난다.

담배, 커피, 둘째가라면 서러워할 애주가, 내 친구 곰.

"건강에 안 좋은 걸 왜 그렇게 좋아해?"

내가 물으면,
"왜? 너 오래 살려고?"
하고 대답하던 가당치 않은 놈.
나중에 보니 임마쿨라다와 곰은 아는 사이였다.
우연일 리 없다 이건.

알베르게 잠자리에 현존한다는 이른바 '배드 벅스'
자세히 보니 커다란 빈대였다.
불쌍한 녀석.
재정 커플에게 포획되어 조롱을 받고 있었다.
침을 뱉고 작대기로 들쑤시고.
차마 볼 수 없어서 자리를 떴다.
나중에 돋보기로 화형식을 거행했다는 소문을 들었다.
그에게 영원한 안식을 주소서.

선물

(.

구름이 많이 낀 아침이다.

가장 가까운 마을, 일찍 문을 연 바를 발견했다.

아침을 먹기 위해 자리를 잡았다.

졸린 공기 속에 커피 내리는 소리가 들렸다.

선명한 귤빛 실내조명 속에 둥근 탁자와 등받이 의자.

이제 막 덥혀지기 시작하는 몸을 슬며시 기댔다.

TV에서는 뉴스가 나오고 있었다.

까만 연기가 피어오르고 더러운 옷을 입은 사람이 운다.

공존할 수 없는 두 개의 세계.

언젠가 스켐에 들어가기 위해 히치하이크를 한 적이 있다.

스켐은 이스라엘 요르단 서안 지구.

팔레스타인 사람들이 모여 사는 분쟁의 중심 지역이다.

젊은 유다인 청년이 길가에 내려 주며 내게 말했다.

"미쳤어? 너 총 맞고 싶냐?"
다행히 위험은 없었다.
어디서나 관대한 도움만을 받았다.
돌무더기 무성한 바알 신전 터.
폐허로 남은 유적지와 허름한 마을만 보고 왔지만.
유다인과 아랍 민족은 동일한 조상 아브라함의 후예다.
같은 피를 나눈 형제인 셈이다.

이스라엘에서는 버스를 기다리는 평범한 거리에서도
가방이나 짐을 발밑에 내려놓으면 금세 경찰이 달려온다.
"이 짐 네 거니?"
두려움이 삶을 지배하는 거리.
수천 년 전 카인과 아벨의 사건이 반복되고 있는 곳.
모든 경험이 귀한 추억이었지만 길게 머물고 싶지는 않았다.

푸석푸석한 빵을 깨물어 먹고 후루룩 커피를 마셨다.
TV 속의 이스라엘 상황은 예전보다 갑갑해 보였다.
마을을 철저히 고립시키는 장벽이 서 있고,
팔레스타인 자치 지구는 들어갈 수조차 없었다.

이스라엘의 본래 이름은 야곱이다.
아브라함의 손자 야곱은 스켐에 제단을 세우고 정착했다.
야곱은 성경에 나오는 가장 의지적인 인물 중 하나다.

자신이 원하는 삶을 실현시키기 위해 피나는 노력을 했다.
머리를 써서 형님 에사우에게 장자의 축복을 가로챘고,
야뽁 강 앞에서 자신을 부른 존재와 끈질긴 씨름을 했다.
사랑하는 아내를 얻기 위해 14년의 고투를 했고,
라헬에게 얻은 요셉과 벤야민만 특별히 편애했다.

하지만 야곱의 노력에 부응하는 삶의 결과는 참담했다.
경쟁과 투쟁의 선택을 할 때마다 큰 위기를 겪었다.
형님 에사우의 분노를 벗어나 고향 땅을 떠나야 했으며,
자신이 지은 죄가 두려워 야뽁 강 앞에서 밤새 고뇌했다.
삼촌 라반의 꾀에 넘어가 14년의 노동을 해야 했고,
요셉에 대한 편협된 애정은 자식들의 반목을 부추겼다.

성경은 역사나 과학책이 아니다.
논리의 전개가 아니라 의미를 전하기 위해 쓰였다.
그럼 야곱 이야기를 통해 알 수 있는 메시지는 무엇인가.
그것은 의지에 대비되는 은총일 것이다.
삶의 행복이 자기 노력에 따른 마땅한 대가가 아니라,
축복에 의한 결실이라는 것이다.
고향 땅을 떠나는 불안에 찬 야곱이 꾸었던 사다리 꿈.
삼촌의 견제 속에서도 하는 일마다 잘되는 번영의 손.
발목을 채이고 절름발이가 되어서도 선택받은 특별한 이름.
팔려 간 아들 요셉이 이집트 재상 위에 오르도록 이끈 힘.

은총은 대가가 아니라 선물이다.
주먹을 쥐고 빼앗는 것이 아니라 가슴을 열고 받는 것이다.
행복이 자신의 노고에 비례한 당연한 보상이라고 생각하면,
삶의 정상에 서고도 이기적인 속셈을 벗어나지 못한다.
가난한 사람은 나보다 애쓰지 않은 게으른 사람으로 보인다.
자신을 위해 헌신했던 존재나 숨은 도움에 감사하지 못한다.

참된 영성이란 보이지 않는 삶의 힘을 존중하는 행위다.
영성적인 눈으로 봤을 때,
성공과 일등을 최고 목표로 삼고 달리는 의지적 사회는
돈과 물질에 의해 좌우되는 수동적 구조를 갖고 있다.
주체 없이 따라만 가는 삶이니 지칠 수밖에 없다.

무엇이 기복이고 무엇이 세속화인가.
종교마저 은총의 지위를 빼앗고 욕망의 손을 들어준다면
그것을 기복이라 부르며 세속화라 부른다.
빠른 기도, 신속 응답.
어느 고속버스 정류장에서 본 기도원 광고 표어처럼
현세 지향적 예물이 보편화되어 버린 교회.
의문스러운 사적 발현과 미심쩍은 종말 현현처럼
물질과 비례한 축원이 새겨진 사찰 기왓장.
어느 가난한 섬마을 시인의 개탄처럼
인간의 소원과 의지대로 조정할 수 있는 신은 가짜다.

자유로운 존재는 무엇으로도 삼켜지지 않기 때문이다.

유다인이 땅을 차지하는 이론적인 근거는 성경이다.
하지만 실제로 그들의 꿈을 현실화시킨 원동력은,
교육과 경제 능력을 바탕으로 한 군사력과 국제 관계였다.
폭격으로 무너진 집터와 피 흘리며 넘어진 시체들.
돌 더미에 얼굴이 짓이겨진 어린이와 오열하는 부모들.
살육과 폭압의 기초 속에 쌓은 평화를.
힘없는 자를 먹어치우는 강자의 정의를.
나는 성경의 은총이나 선물로 해석할 자신이 없다.

야곱은 은총의 인간으로 변화된 순간 이름이 바뀌었다.
그 이름은 이스라엘이다.
불굴의 야곱과 축복의 이스라엘.
어쩌면 삶이란 두 개의 이름 사이에서 걸어가는 여정이다.

길은 내가 택했다.
괜찮다.
나는 매일같이 애써 의지를 불러일으키며 하루를 걸어야 한다.
사실이다.
하지만 나의 노력은 길과 삶을 이해하기 위한 출발점일 뿐이다.
길은 나보다 먼저 있었다.
함께 걷는 동료, 아름다운 자연, 그리고 나를 낳으신 하늘.

가슴속에 불타는 영감과 힘차게 발을 떠미는 보이지 않는 힘.
살아 있는 이 모든 현실은 내게 주어진 눈부신 선물이다.

2.

햇빛이 없는 서늘한 구름 밑을 줄곧 걸었다.
비야프랑카 몬테스 데 오카 도착.
보급을 할 수 있는 마을이다.
산 후안 데 오르테가까지 음식을 구할 수 없다.
산길을 걷기 전에 아침을 먹고 상태를 점검했다.

마을 입구에서 새로운 한국 일행을 만났다.
단단히 묶은 말총머리와 가벼운 두 개의 스틱.
짙은 경상도 억양을 쓰는 삼십 대 처자다.
그녀는 푸엔테 라 레이나에서부터 걸었다.
이름은 프란치스카, 집은 대구, 직업은 수학 선생님.
짧은 방학을 이용하여 이 길을 걷고 있다.
천주교 예비 신자 교리를 받고 있다고 한다.
사정이 있어 함께 오지 못한 친구에게 자료를 받아 왔다.
가벼운 기능성 옷과 다부진 장갑, 깔끔하게 꾸려진 배낭.
급하게 왔다고 하지만 잘 준비된 모습이다.
오랜만에 만난 한국인들이 서로의 감회를 다졌다.

길을 걷는 동안 주머니에 손을 꽂고 걷는 친구를 만났다.

그는 멀리서 일행의 인기척을 느낀 것 같다.

작은 휴대용 배낭과 빨간 점퍼.

뒷모습이 상당히 지겹거나 우울해 보인다.

발걸음이 느려서 금세 따라갈 수 있었다.

옆에서 보니 어제 같은 알베르게에 묵었던 스페인 청년이다.

새벽에 불을 켰더니, "너무 일러!" 하고 소리치던 친구.

텅 빈 숙소에 혼자 이불을 칭칭 감고 누워 있었다.

내가 먼저 인사했다.

"안녕, 어때?"

"좋아, 근데 다리를 다쳤어."

나는 그의 종아리를 쳐다봤다.

겉으로는 문제가 없어 보였다.

"많이 아파?"

"응. 너무 빨리 걷다가 이렇게 됐어."

그의 이름은 이그냐시.

나이는 33세.

5일 동안 걷다가 다리를 다쳤다.

짐을 모두 부치고 혼자서 걷고 있다.

매우 지치고 외로워 보였다.

"처음부터 혼자 걸은 거야?"

"응. 결혼한 여자 친구가 있는데, 같이 가기 싫대."

"결혼한 여자라고?"

"아, 남편이랑은 헤어졌어.

그녀는 웨이트리스야. 일이 바빠."
"넌 무슨 일을 하니?"
"뮤지션이야. 드럼을 쳐."
나는 철판을 두른 여러 개의 둥근 북을 상상했다.
심장을 두드리며 밴드의 속도를 하나로 만드는,
내게는 혼자보다는 여럿이 떠오르는 악기였다.
"혼자서도 드럼 연주할 수 있어?
다른 악기가 필요하지 않나?"
"혼자도 가능해.
하지만 얼마 전에 심포니를 열었는데 굉장했어.
25명의 드러머가 북만 치는 거야."
아무튼 혼자보다는 함께인가.
이그냐시는 나에게 재미있는 정보를 주었다.
어제 저녁 파에야를 만들어 준 아주머니와 숙소 주인.
그들은 순례길을 걷다 만나서 결혼한 커플이라고 한다.
이그냐시가 말했다.
"사람들은 이 길을 걸으면서 쉽게 마음을 열어."
그가 이야기를 하는 동안 주머니 속의 손이 밖으로 나왔다.
걸음은 여전히 느렸지만 우울한 음성도 상냥하게 변했다.
"이그냐시, 너 이냐시오 성인을 아니?"
"응, 조금. 나랑 이름이 같아."
"맞아. 그분도 팜플로나에서 다리를 다쳤어."
근데 지금 너도 다리를 다쳤네."

"정말? 하하."
"그리고 그는 변했어.
너도 다리가 다 낫게 되면 좀 더 멋지게 변할 거야."

3.

우리는 소나무가 우거진 숲을 오래도록 걸었다.
넓게 조성된 부드러운 흙길이 몸을 받아들였다.

산 후안 데 오르테가는 정상에 있다.
후안은 요한.
영어로는 존, 프랑스어로는 장, 북유럽에서는 얀이다.
오르테가는 '쐐기풀'이라는 뜻을 가진 마을이다.
후안은 도미니코 성인의 제자다.
도미니코 성인이 죽은 뒤 스승의 일을 이었다.

마을이 위치한 오카 산은 도둑과 강도로 유명했다.
울창한 그늘 밑, 위험과 죽음이 도사리는 길.
성인은 순례자를 위해 안전한 거점을 확보했다.

이곳에 도착할 무렵에 소문을 들었다.
이곳 알베르게에 한국인 봉사자가 산다는 것이다.
얼굴을 보고 싶지만 떠나야 했다.
아직 이른 시각이기도 했지만 대피소의 악명 때문이다.

수도원을 개조한 낡은 숙소라 벌레가 많다는 것이다.
성인이 들으시면 슬퍼할 일이다.

성당은 12세기에 후안 성인이 직접 지었다.
내부에는 유명한 전설이 전해지는 성인의 석관이 있다.
전승에 의하면 관 뚜껑을 열었을 때 신기한 일이 벌어졌다.
하얀 벌 떼가 날아오르고 향기로운 냄새가 진동했던 것이다.
여린 날개를 단 벌 떼는 마치 어린아이처럼 생겼다.
사람들은 성인이 아직 태어나지 않은 영혼을 돌본다고 믿었다.
아이를 갖지 못한 여자들이 기도하기 위해 모여들었다.
카스티야의 이사벨 여왕도 후안 성인의 무덤을 찾아왔다.
여왕은 두 자녀를 얻었고 사례로 성인의 관을 꾸몄다.

성인들은 살아 있는 동안 오해와 핍박을 받는 경우가 많다.
그들이 사는 방식이 세상의 계산과 맞닿아 있지 않기 때문이다.
떠난 뒤에 사람들의 소문 따위가 무슨 소용이 있을까.
죽음으로 끝나는 생이 진실이라면 맞는 말이다.
민중을 핍박한 독재자 중에는 큰 건축물을 남기는 경우가 많다.
죽은 뒤에도 사람들이 자신의 이름을 기억해 주길 원하기 때문이다.
후안 성인도 자기 이름을 남기기 위해 집을 지었을까?
사람의 눈은 속여도 하늘의 눈은 속이지 못한다.
생선을 싼 종이에서는 생선 비린내가 나고,
꽃을 싼 종이에서는 꽃향기가 난다.

전설의 핵심은 단순한 기복적 소원 성취가 아니다.
지나간 발자국, 사라진 옷자락마다 남겨진 죽은 자의 향기.
성인의 손가락 끝이 가리킨 달빛은 하늘의 영광이다.

라비린토스

1.

우리는 아타푸에르카 알베르게에 짐을 풀었다.
늦게 도착한 대학생 커플, 두 자매, 프란치스카.
여섯 명의 한국인이 방 하나를 다 차지했다.
오랜만에 사생활을 보장받은 듯 기쁨을 누렸다.

저녁은 작은 만찬을 마련했다.
감자를 넣은 달걀부침과 밥, 파스타, 산 미구엘 맥주.
아끼던 국보급 보물, 컵라면이 등장했다.
재정과 동남, 대학생 커플이 큼지막한 샷을 권했다.
딱딱한 껍질은 어떻게 벗겼을까.
재정 양이 말했다.
"지나가던 개가 이걸 입에 물고 있더라고요.
개한테 이빨로 깨라고 하고 알맹이는 주워 왔어요."
문득 돋보기 밑에서 비명을 지르던 빈대가 떠올랐다.

개는 어떻게 했냐고 차마 묻지 못하겠다.

여행 중 만남은 많은 차이를 극복하게 해 준다.
나이, 성별, 직업, 인종, 종교, 국적.
구름처럼 흘러가는 순수한 만남.
한 사람의 평등한 무게.
어떤 기득권도 통용되지 않는 동지.
존중과 배려.
마음을 여는 만큼 열린 진실을 보게 될 것이다.

2.

아타푸에르카는 세계 3대 선사 유적지 중 하나다.
오래된 인류의 흔적을 간직한 마을이다.
인간학$_{Anthropology}$은 흔히 인류학으로도 번역된다.
인류학의 단골 주제는 원시인에 관한 보고다.
오스트랄로피테쿠스, 호모에렉투스, 호모사피엔스.
고고학을 통해 밝혀진 뼈 이름은 아직도 어지러울 뿐이다.

사람들이 선사 유적에 관심을 갖는 이유는 무엇일까.
아마도 인류 기원에 관한 단서를 잡기 위해서가 아닐까.
그렇다면 무엇 때문에 우리가 어디서 왔냐고 묻는 걸까.
어쩌면 인간에 대한, 또 자신에 대한 이해 때문이 아닐까.
출발은 곧 목적과 통한다.

생의 원천에 관한 통찰은 삶을 다루는 방식과 직결된다.
나는 어디서 왔는가?
결국 어디로 가야 하는가?
어떻게 살아야 하는가?

오래된 문서는 신화적 형태로 인간의 탄생을 전해 준다.
현대에는 과학적 방법으로 인간의 발생을 고증하려 한다.
창조와 진화에 관한 오랜 논쟁.
신화적 의미와 과학적 추론.
두 가지 가설 중 무엇이 옳은가?
한때는 조물주가 만든 믿음의 세계가 전부였다.
하지만 과학의 힘은 좀 더 분화된 판단을 요구했다.
오늘날에는 순진한 이분법적 결론이 통용되지 않는다.

죽음의 신비를 밝힐 수 없는 이상 탄생도 마찬가지다.
신화인가 진화인가.
신앙과 이성이라는 서로 다른 언어를 통한 해석일 뿐.
어쩌면 답은 현재가 쥐고 있다.
오늘을 가장 인간답게 살아갈 수 있는 그만큼만.
신화도 진화도 진실이 될 수 있는 것이다.

아타푸에르카를 떠나자 가파른 언덕길이 이어진다.
중턱에서 만난 귀여운 양 떼.

눈에는 큼지막한 다크서클, 귀와 코와 발톱이 까맣다.
털이 다 깎여서 더욱 작아 보이는 두 녀석.
뿔도 없는 머리로 서로 박치기를 하고 있었다.

3.

바위와 나무가 섞인 산등성이를 꾸준히 올라갔다.
태양이 비스듬히 떠오르며 사물을 분홍빛으로 물들였다.
늘어진 긴 그림자를 따라 크게 숨을 내쉬었다.

언덕 정상에는 커다란 십자가가 높이 서 있었다.
무수한 돌무더기와 소원을 비는 종이쪽지.
이곳이 크루스 데 페로인가.
아직 예상한 곳이 아니었기에 잠시 눈을 씻는다.

마타그란데라 불리는 넓은 구릉이 곧 펼쳐졌다.
멀리 외국 순례자들이 외투를 벗는 모습이 보였다.
물을 마시고 쉴 곳을 찾았다.
앉을 곳이 없었기에 앞으로 더 나아갔다.

우리는 흥미로운 풍경을 발견했다.
줄지어 늘어선 돌이 언덕을 차지하고 있었다.
단조로운 회오리 모양처럼.
중앙을 향해 감듯이 말아 들어가는 형상.

라비린토스.
순례자들이 만든 미로였다.

유럽 문명은 그리스·로마에 기반을 둔다.
고전적인 원시 형태의 신학적 알레고리가 담긴 신화.
만물의 실체요 근원인 단일성을 탐문했던 자연 철학.
진리의 보편성을 주장했던 소크라테스.
순수한 이상을 이념까지 몰아붙인 플라톤.
이원론을 벗어나지 못한 실재론자 아리스토텔레스.
르네상스의 원형이 되었던 인간 중심 세계관.
민주주의 모태가 되는 희랍 도시 국가 정치사.
신과 자연, 인간에 관한 통찰은 그대로 로마에 수용되었다.
탄탄한 법률과 체계적인 행정, 그리고 실용적인 건축.
매력적인 그리스의 몸 위에 단단한 갑옷을 입힌 것이다.

거슬러 보면 그리스 문명도 하루아침에 이루어진 것은 아니다.
신화 속에 포함된 어렴풋한 역사를 유추해 보면,
문명의 뿌리가 이집트나 메소포타미아,
내륙과 연관이 있음을 알 수 있다.

미로의 전설은 라비린토스.
크레타, 혹은 미노아의 임금 미노스가 만든 미궁에서 유래한다.
크레타는 그리스와 이집트, 오리엔탈 사이에 위치한 섬이다.

대륙의 영향을 받아 독창적인 문화를 잉태한 것으로 보인다.
그리스는 크레타 문명을 녹여 유럽의 어머니가 되었다.

미노스는 제우스와 에우로페 사이에서 태어난 아들이다.
에우로페는 유럽이란 의미를 가진 말이다.
그녀는 페니키아의 해변을 산책하다 제우스에게 납치되었다.
에우로페는 크레타에 도착해 미노스를 낳았다.

전설에 의하면 미노스는 제우스와 태양신 헬리오스를 섬겼다.
헬리오스는 미노스 임금을 흡족히 여겨 딸 파시파에를 준다.
미노스는 왕비를 위해 크노소스라는 궁을 짓고 잔치를 연다.
많은 제물과 짐승이 신들을 위해 봉헌되었다.
하지만 미노스 임금은 실수를 한다.
왕비 파시파에의 청을 들어 흰 소를 제단에서 거둔 것이다.
아름다운 흰 소는 바다의 신 포세이돈에게 바칠 제물이었다.
포세이돈은 저주를 내려 왕비가 소를 사랑하게 만든다.
왕비와 흰 소 가운데 아들이 태어났다.
아들의 이름은 '미노타우로스'였다.
미노타우로스 왕자는 성격이 포악하여 사람을 잡아먹었다.
임금은 거대한 미궁, 라비린토스를 짓고 괴물 왕자를 가둔다.

천천히 솟아오른 태양이 대지를 덥히고 있었다.
사람들이 사진을 찍는 동안 돌길을 밟았다.

나는 미궁에 갇힌 소의 상징을 들여다본다.

흰 소는 소유하고 싶은 특별한 대상이나 욕망이다.
제단에 봉헌될 제물을 아까워하고 자기 것으로 삼는 것.
본질을 대체시키는 거짓 숭배가 미로를 만든다.
인간을 미궁에 빠뜨리는 것은 인간 스스로의 욕심인 것이다.
미로는 내면에 다다르는 신비로운 여정의 상징이며,
미노타우로스는 깊은 내면 한가운데 도사리는 본능이다.
본능은 자신과 관계되어 있지만 통제되지 않는 질서다.
사람을 잡아먹는 원초적인 힘.
인간은 긴 실타래를 풀어 미궁을 헤쳐 나가는 나그네다.

우리는 가장 내밀한 존재의 핵심에 다가설 수 있을까?
수만 개 얽힌 갈래 길이 무성하게 널린 우주 속.
만일 존재가 무한한 공간 안에 찍은 하나의 점이라면
존재와 존재, 생명과 생명, 인간과 인간의 만남은
얼마나 기적 같은 일이며,
서로 보이지도 않는 마음을 열어 마주 본다는 것은
얼마나 말도 안 되는 환상 같은 일인가.
숫자로는 풀 수 없는 놀라운 신비일 뿐이다.

4.

고원을 벗어난 끝자락에 광활한 전경이 펼쳐졌다.
까마득히 늘어선 평야와 알록달록 붙은 주황색 지붕들.
부르고스가 얼마 남지 않았다.
차마 닿을 것 같지 않던 문 앞에 성큼 다가선 느낌이다.

바가 있는 마을 몇 개를 지나 아침을 먹었다.
책에 많이 등장하는 벽화 앞에서 사진을 찍었다.
커다란 스테레오, 냄비, 다리미, 긴 우산.
불필요한 물건을 잔뜩 짊어진 순례자 그림이다.
길의 무게를 넘어서는 짐은 버려야 한다.

길을 걷는 것은 기쁨이요 동시에 수행이다.
우리는 얼마만큼의 본능과 욕구를 진솔함으로 이해하고,
얼마만큼의 고행과 극기를 존중할 수 있을까.
싯다르타는 6년간 극단적인 수행 끝에 고행을 그만뒀다.
고통은 고통일 뿐이다.
고통으로부터의 해탈을 위해 고통을 숭배해서는 안 된다.
싯다르타는 기꺼이 음식을 먹고 세상을 향해 나섰다.
극기를 통한 이기적인 열반 대신 중생 구제를 택했다.

굴리엘모 성인은 14세에 이 길을 걸었다.
허리에는 쇠사슬을 차고 맨발에 탁발을 했다.

불쌍한 농부, 소경을 위해 기도하자 그가 나았다.
삶에서 비롯되는 명예와 영광은 모두 지나간다.
참된 삶을 살기 위해 사라지는 것을 섬겨서는 안 된다.
사람들이 그를 추종했지만 그는 은수를 택했다.
순수한 인내의 삶으로 수도회를 쇄신시켰다.

난 순례자다.
안락한 숙소와 말끔한 식사를 위해 이곳에 온 것이 아니다.
편안한 잠자리를 차지하기 위한 경쟁,
배고픈 다이어트 프로그램에는 참여하고 싶지 않다.
외적인 환경에 불평하지 말자.
많이 먹고 열심히 걷자.

엘시드

1.

마침내 부르고스.
레온과 함께 카미노를 삼분하는 주요 도시다.
지친 육체에 잠시 동안 휴가를 주고,
벅찬 가슴으로 신발 끈을 다시 단단하게 묶고,
새롭게 시작하는 동료와 악수하고,
길에서 잃었던 사람들과 상봉하고,
매일같이 순례자의 새로운 역사가 시작되는 곳이다.

흔히 카미노 프랑세는 몇 가지 과정으로 구분하곤 한다.
생장피드포르에서 부르고스까지는 '고통의 길',
부르고스에서 레온까지는 '명상의 길',
그리고 마지막 산티아고에 이르는 '깨달음의 길',
길을 잘 감식한 숙련자가 붙인 명칭임이 분명하다.

나는 개인적인 편의에 따라 영적인 의미를 덧붙였다.
생장피드포르에서 부르고스까지는 '정화의 길',
부르고스에서 레온까지는 '조명의 길',
그리고 산티아고까지는 '일치의 길',
이것은 전통을 존중하는 영성 진보의 과정과 맥락이 같다.
또한 길을 감식한 선배 순례자들의 판단과도 흐름이 같다.

루르드에서 부르고스에 이르는 여정은 적응하는 시기였다.
무거운 발과 어깨, 따가운 살갗.
자주 붓고 끊임없이 아픔을 호소하는 무릎과 발목.
뒤죽박죽 얽힌 어두운 추억과 잊고 싶은 부끄러운 기억.
해석할 수 없는 꿈과 이해할 수 없는 환경.
낯선 음식과 언어, 예기치 않은 존재와의 새로운 만남.
내게 익숙한 세계를 뚫고 나와야 하는 분투.

변화는 종종 고통을 수반한다.
불필요한 살을 덜어 내고,
몸의 미세한 근육들이 새로 편성되고,
섭취한 것을 자신의 일부로 동화시키고,
유용하게 고정시킨 삶의 틀과 결별하고,
심지어는 꿈과 무의식에서조차 움직임이 일어난다.
합당한 목적을 갖고 움직이는 모든 자연처럼
고통을 통해 절제된 영혼의 집을 짓는다.

외적인 것에 치우친 감각과 묵은 정신의 편견을 씻어 낸다.
만일 청소를 끝냈다면 주인이 들어와야 할 차례다.
비웠으면 채워야 하고, 허물었으면 세워야 한다.
좀 더 자유로운 존재.
좀 더 맑은 눈을 갖고 좀 더 깨끗한 맘을 품고.
추운 겨울, 캄캄한 번데기 속에 웅크린 나비처럼.
따뜻한 봄이 오고 향기로운 꽃향기가 나고
그 어느 날 껍질을 뚫고 젖은 날개를 펴고
5월의 햇살을 받으며 하늘을 날 수 있을 것이다.

아!
시퍼렇게 푸른 하늘이다.
수없이 많은 낯선 사람들이 지나간다.
색색으로 치장된 엽서 가게와 거품이 넘치는 술잔,
공을 차는 어린 아이와 수레를 끄는 노인,
신성한 소음으로 가득 찬 부르고스의 오후,
나는 오랜 항해를 마치고 육지에 오른 선원처럼
마치 아무도 태워 보지 않은 텅 빈 나룻배처럼
사무치게 허허롭고 사무치게 적막하다.

2.

공립 알베르게는 훌륭하다.
깔끔한 침대와 벽마다 붙어 있는 개인 전등.

침실과 가까운 거리에 위치한 공동 샤워 시설.
단돈 3유로에 순례자를 위한 모든 편의를 제공한다.
느긋하게 빨래와 샤워를 하고 밖으로 나갔다.

표를 끊고 부르고스 대성당에 들어갔다.
12세기부터 300년 동안 짓고 완성한 고딕 건축의 걸작.
내부에는 다양한 유물과 그림이 전시되어 있었다.
역대 대주교가 누워 있는 무수한 석관.
임금과 왕비를 모신 경당.
한때는 수많은 수도 사제들이 사용했을 장엄한 가대.
손으로 직접 그린 그레고리안 성무일도와 무수한 코덱스.
화려한 레타블로와 마타모로스, 보석이 박힌 성물과 제의.
영광의 순간을 차지한 성인을 묘사한 사실적인 성화.
그동안 보아 왔던 크고 작은 문화재의 집합체 같았다.

성당 내부 마당에서는 으스스한 음악이 흘러나왔다.
음울한 죽음을 배경으로 검은 쇠사슬과 종이 울렸다.
어쩐지 맞지 않는 주제를 강요받는 느낌이 들었다.
마음이 다가서지 않아 무심코 지나쳐 버렸다.

부르고스는 엘시드의 도시로 유명하다.
엘시드는 국토 회복 운동인 레콘키스타를 상징하는 그리스도교 명장이다.
본명은 로드리고 디아스.

패전을 모르는 지휘관이자 임금보다 더 인기 있던 기사였다.
'시드'는 아랍 말로 영주, 대장, 왕초를 뜻한다.
이슬람과 그리스도인 모두에게 존경을 받은 영웅이었다.
그는 이슬람 왕국을 위해서도 10년 동안 봉사했다.
그릇이 작은 임금과 불화를 겪어 추방되었던 것이다.
그에게 배타성을 포함한 신앙을 묻는 것은 무의미하다.
무슬림과 그리스도인이 섞여 살던 시기였다.
무어인들에게는 그들이 가진 이슬람 율법으로 통치했다.
외형적인 종교 대립을 넘어 보편적인 기사도를 펼쳤다.
임금의 권위보다는 인간에 관한 공평한 정의를 행사했다.
발렌시아를 함락시키고 레콘키스타에 기여했다.

3.

저녁 미사에 참례한 후 광장으로 나왔다.
뜨거운 한낮의 열기가 걷히고 있었다.
자신을 자스민이라고 소개하는 한국인 처자를 만났다.
나이는 삼십 중반, 건강하게 그을린 피부와 긴 머리,
옅은 쌍꺼풀이 있는 눈과 감정을 숨기지 못하는 표정에
짙은 풀색 치마 장식이 된 옷을 입고 있었다.
북경에서 호텔 사업에 종사하는 전문직 여성이다.
카미노 동물 사냥꾼 재정·동문 커플도 다시 만났다.
두꺼운 영어책을 들고 다니며 식당을 헌팅 중이었다.
경상도 프란치스카와 두 자매.

모두 함께 해물 타파스 집에 갔다.
폭이 좁은 선반에 작은 접시를 늘어놓고 서서 먹었다.
레몬을 섞은 맥주, 클라라 콘 리몬.
다양한 양념이 곁들여진 홍합 요리.
양이 살짝 부족한 스페인 오징어 튀김.
주린 배를 채우기에는 역부족이었지만 만족했다.
얼마 남지 않은 돈을 털어 음료를 냈다.
주머니 사정이 꺼지기 직전 촛불이다.

400km를 걸었다.
수첩에 기록을 남겼다.
7월 10일 루르드 출발, 26일 부르고스 입성.
기운이 스르륵 빠져나가는 거 같다.
알베르게 마당에 쭈그려 앉았다.
지나가는 할머니가 말을 던지고 가신다.
"까미노?"
'전 그냥 지친 나그네입니다.
왜 제게 길이냐고 묻습니까.'

아, 힘을 내야 할 텐데.
내일은 새로운 시작.
거친 강물을 휘적휘적 거슬러 오르는 힘찬 거북이처럼.
그래, 그렇게 걸어가야 한다.

프랑스

피니스테레
산티아고 데 콤포스텔라
생장피드포르
루르드
레온
부르고스

스페인

조명의 길

부르고스에서 레온까지

태양의 산물

1.

처음 보는 사람들이 부쩍 늘었다.
짧은 휴식이 몸을 무겁게 한 탓일까.
다리가 무겁다.

대도시를 벗어났다.
구름 낀 하늘과 지루하게 늘어선 들판.
방치된 쓰레기와 물비린내 진동하는 강가.
다투듯이 달리는 자전거와 앞질러 가는 순례자.
아침을 먹기 위해 첫 바에 들렀다.
담배꽁초가 널린 바닥을 밟고 탁자 곁에 앉았다.
딱딱한 보카디요를 먹고 카페 콘 레체를 마셨다.
지갑이 가볍다.
준비해 온 현금이 바닥났다.
카드는 대출 한도 초과다.

미카엘라에게 엽서를 받았다.
봉투를 열어 보니 짧은 사연과 함께 돈이 들어 있다.
뜻밖의 도움이었다.
계좌 번호와 함께 엽서를 소중히 보관했다.

메세타.
악명 높은 구간의 시작이다.
해발 600m가 넘는 고원 지대.
연평균 강우량이 250mm를 넘지 않는 척박한 땅.
부르고스에서 레온 사이에 존재하는 작은 광야.
많은 순례자들이 피해 가는 구간이다.

한때는 사막을 꿈꿨다.
붉은 낙타의 밧줄을 움켜쥔 모험심 가득한 상인.
바람이 불 때마다 잔잔히 출렁이는 모래 바다.
차가운 우물과 반짝이는 별과 하모니카 소리.
상상 속의 사막은 충만한 곳이었다.
그리고 찾길 원했다.
아무것도 없는 곳에 존재할 모든 것을.

하지만 삶은 소풍과 같이 연출될 수 없었다.
도사리는 욕망으로 꾸민, 제복과 장신구가 된 신념.
나와는 다른 꿈을 꾸는 사람들의 합리적인 선택.

한 줌 먼지처럼 부서져 버릴 것 같은 외마디 기도.
감당할 수 없는 삶의 자리에 서서야 알게 되었다.
내가 원한 것은 사막이 아니었다는 것을.
스스로는 생명을 잉태할 수 없는 메마른 불모지.
폐허가 되어 버린 무의미한 터전이 아니었음을.

2.

갈증이 났고 머리가 조금씩 아파 왔다.
많이 걸을 수 있을지 모르겠다.
바를 나와 들른 작은 성당에 앉아 잠시 기도했다.
배낭을 메고 다시 길을 나섰다.
어디선가 바람이 불어왔다.
높은 하늘은 어김없이 가혹한 오후를 예고했다.

그때 누군가 나를 불러 세웠다.
"안녕, 요한."
달콤하고 고요한 목소리였다.
나는 뒤를 돌아보았다.
눈부시게 밝은 옷을 입은 사람이 웃고 있었다.
마치 이 세계에 속한 사람이 아닌 것처럼 보였다.
볼에 움푹 들어가는 보조개가 매력적이었다.
내가 물었다.
"누구니 넌?"

그는 자신을 소개했다.

"아, 내 이름은 '빌어먹을 망령'이야."

나는 귀를 의심했다.

저런 상냥한 목소리에서…….

나는 매몰차게 고개를 돌렸다.

무거운 발을 지체하고 싶지 않았다.

그가 등 뒤에서 속삭였다.

"모른 체하지 마.

너는 나를 잘 알고 있어."

나는 갑자기 욕을 하고 싶어졌다.

"그래, 너 빌어먹을 망령."

그리고 나는 가까스로 참았다.

스스로가 뱉은 저주로 더럽혀지고 싶지 않았다.

그가 듣거나 말거나 앞을 보고 말했다.

"따라오지 마.

널 만나고 싶지 않아.

지금 내 한 몸 추스르는 것도 벅차."

그는 훌쩍 내 앞으로 돌아와 길을 막아섰다.

"왜? 길도 너를 불렀는데.

나는 널 부르면 안 되나?"

나는 마음이 몹시 산란했고 참을 수 없었다.

그는 제자리에서 조금도 움직이지 않았다.

그리고 말했다.

"실수한 거야.

넌 이 길에 접어들어서는 안 되었어.

환상이나 꿈은 그냥 그렇게 둬야 하는 거야.

그 자리에 있으라고 만들어진 거거든.

힘들고 지친 사람을 위로하기 위해서 말이야.

길을 더 이상 아름답게 꾸미려고 하지 마.

유치해.

넌 비유 속으로 숨었어야 했어.

이 세계를 펜으로 조작하는 다른 작자들처럼.

순수한 이상으로 세상을 바꾸려고 하는 멍청이들처럼.

뭐가 그리 대단한 거야?

무엇 때문에 주인공처럼 이 길에 서 있는 거지?

웃기는군.

난 알고 있어.

네가 무슨 죄를 지어 왔는지.

지금 무엇을 두려워하고 있는지.

그리고 다가올 운명까지도."

나는 수치심이 들었다.

숨을 곳이 없는 벌판에 벌거벗고 선 기분이었다.

나는 짓눌린 목소리로 간신히 입술을 뗐다.

"운명은."

나는 힘없이 뱉어 낸 목소리를 듣고 몹시 우울해졌다.

더 이상 말을 이을 수 없었다.

그는 운명에 대해 말할 권리가 있는 자가 아니다.
하지만 그는 내가 약해진 만큼 자신에 찬 것처럼 보였다.
등을 보이는 남자를 공격하는 천박한 여자처럼 거리낌 없이 다가왔다.
그가 말했다.
"나는 또 알지.
네 주머니 속엔 잘 접힌 가면 몇 개가 있다는 걸.
괜찮아.
넌 소심해서 있는 그대로의 모습을 받아들이지 못하지.
하지만 난 이해할 수 있어.
다 그렇게 악수하고 화해하며 사는 거거든.
적당히 자기 몫을 다하면 되는 거야.
세상은 당연하게 흘러왔어.
네가 다른 무엇을 경멸한다 해도 달라질 것은 없어.
거울을 봐.
넌 스스로를 미워하면서 살고 있지.
왜 그들은 네가 가진 위선을 가져서는 안 되는 거지?
얼마나 더 무례한 정의를 주장할 셈이지?
집에 가.
짧은 삶을 더 누려.
너무 늦기 전에 너에게 맞는 길을 겸손하게 선택해.
완전한 길이란 애초에 존재하지도 않지.
무엇 때문에 또다시 이 공허한 바다를 배회하는 거야?
네 값싼, 그 잘난 영적 허영을 채우기 위해?

복잡한 거리와 연인들 가득한 도시에도 광야는 많아.

돌아가.

너의 길이 아냐."

어느새 나는 홀로 걷고 있었다.

먼지가 잔뜩 낀 마른 풀대와 길에 널린 뾰족한 돌멩이.

나를 둘러싼 그 모든 풍경이 녹이 슬어 더럽게 보였다.

나는 아팠다.

가슴속에 구멍이 나서 피가 빠져나가는 것 같았다.

내가 말했다.

"부탁이니 더 괴롭히지 마.

내버려 둬.

무익한 싸움 같은 건 더 이상 하고 싶지 않아.

넌 언제나 그 자리에 있었지.

가난함과 약함 때문에 희생을 강요받아야 하는 사람들.

돈, 계급, 지위, 때론 종교나 법을 소유한 사람 사이에.

삐뚤게 걸린 벽 속의 그림을 그저 고쳐 보고 싶었어.

하지만 이젠 싫어.

점점 더 홀로 남게 되니까.

자신만을 위해 걸어왔다는 거짓말은 하지 마.

누군가를 위해 살지 못하는 삶은 가치가 없어.

그렇게 믿고, 찾고 싶어.

하지만 난 더 힘이 없어.

대체 내가 누굴, 무엇을 위해 싸웠던 걸까.

그래 네 말이 맞을지도 몰라.
어쩌면 나 자신만을 지키기 위해 살아왔을지 몰라.
이젠 더 바꾸고 싶지 않아.
난 약해.
더 이상 뭘 해야 할지 모르겠는데.
빌어먹을 망령이라고?
살아 있으면서도 심장이 뛰지 않는 송장?
수많은 사람 속에 섞인 낯선 이방인?
아무도 알아채지 못하는 투명 인간?
모두가 유령이 되지 않겠다고 애써 외치는데.
그저 떠도는 망령이 되지 않기 위해 몸부림치는데.
가라고?
하지만 어디로?
내겐 기다리는 사람이나 돌아갈 집이 없어.
운명이든 숙명이든 정해진 길 따위가 있다면.
네가 나의 결함과 무모함을 그렇게도 잘 알고 있다면.
쉽게 그만둘 수 없는 처지도 이해하겠지.
내려서는 것이 나아가는 것보다 큰 용기가 필요하니까."
나는 앞질러 걸었다.
빌어먹을 망령은 더 이상 따라오지 않았다.
하지만 마음은 가볍지 않았다.
그는 이름을 바꾼 채로 내게 계속 말을 걸 테니까.

3.

뜨거운 태양이 솟을 무렵 전망이 좋은 언덕에 올랐다.
개울처럼 흐르는 하얀 길이 마을까지 뻗어 있었다.
사람들은 아득히 보이는 까만 점처럼 박혀 있었다.
물을 마시고 허기진 숨을 길게 내뿜었다.
나는 영혼에 날개를 단 듯 좀 더 높은 곳을 상상했다.

얼마나 많은 사람들이 지금 이 길 위를 걷고 있을까.
높은 산과 시원한 강을 따라.
바람이 휘몰아치는 광활한 들과 무성한 숲을 따라.
진실하게 맞잡을 수 있는 손과 소중한 사연을 향해.
삶이란 흐르는 길을 따라 붙잡은 인연과 같은 것.

우리는 더 걷기로 했다.
부지런히 나아가 메세타 고원을 밟았다.
모두 말이 없었다.
스스로의 속도에 의존했다.
끝도 없이 이어지는 지평선,
고갈된 땅의 기운을 회복하기 위해 쉬는 경작지,
단조롭고 변화가 없는 풍경이 이어졌다.
작렬하는 태양의 폭염 속.
챙이 긴 모자와 이마 사이로 흥건하게 땀이 흘렀다.
관성이 되어 버린 발길에 취했다.

얼마나 걸었을까.

까마득한 지평선 하나를 넘자 멀리 집 한 채가 보였다.

허름한 건물이었다.

지붕이 둥근 돔 모양의 창고처럼 생겼다.

작은 나무들이 손바닥만 한 그늘을 만들고 있었다.

말로만 듣던 산볼.

폐허 속에 존재하는 쉼터 같다.

여기서부터 온타나스까지는 1시간 거리.

지친 여성 동지들이 밀밭을 가로질러 뛰듯이 걷는다.

고민할 여력이 없다.

일행과 보조를 맞추기 위해 잠시 길을 벗어난다.

4.

의문의 건물은 역시 알베르게였다.

아니, 야산에 버려진 산장이나 대피소처럼 보인다.

나이든 아주머니가 친절하게 사람을 맞는다.

이곳에서 자게 될 것 같다.

약간의 기부금을 내고 순례자 여권 등록을 마쳤다.

씻고 싶었지만 샤워 시설이 없었다.

화장실도 없었다.

아주머니의 이름은 키였다.

그녀는 집시나 히피가 연상되는 옷을 입고 있었다.

키는 아무렇지도 않게 웃으며 말했다.
"저기 들판.
어디로든 멀리 갈 수 있는 만큼 가서 일 봐."
배낭을 침대 위에 내렸다.
더러운 벽에 벌레가 붙어 있는 것이 보였다.
지팡이로 쿡 누르자 피가 터졌다.
편안한 밤은 되지 못할 것 같았다.

엘레인을 다시 만났다.
그녀는 일부러 작은 숙소를 찾아다니고 있었다.
내게 물을 담을 수 있는 곳을 가르쳐 주었다.
엘레인을 따라 마당에 나섰다.
50~60그루 정도 되는 커다란 나무가 그늘을 만들었다.
작은 욕탕 크기의 저수조가 놓여 있었다.
시원한 물이 파이프를 통해 계속 쏟아지고 있었다.
이 메마른 공간에 이런 오아시스가 존재하다니 놀랍다.
식수와 간단한 세면을 여기서 해결할 수 있었다.
샤워를 할 수 없다고?
갑자기 머릿속에서 재밌는 생각이 떠올랐다.
숙소로 돌아가 수영복으로 갈아입고 나왔다.
두 자매가 설마 하는 눈초리다.
나는 지하수가 차고 넘치는 저수조에 풍덩 들어갔다.
일행과 의자에 앉아 빵을 먹던 사람들이 경악을 한다.

아.

심장이 멎을 것 같다.

하지만 이럴 땐 웃어야 한다.

엘레인이 물어본다.

"리, 사진 한 장 찍어도 돼?"

"어, 그럼.

죽기 전에 어서 찍어."

얼음같이 차가운 물속에서 손을 떨며 몸을 씻었다.

멀리서 외국인들이 엄지손가락을 치켜세운다.

유 원You win.

기회를 놓칠세라 임마쿨라다가 말한다.

"선생님, 덤 앤 더머 같은 구석이 있으시네요."

모자르단 말인가.

물 밖에 나와 몸을 닦았다.

온몸에 한기가 돈다.

감기 걸릴 것 같다.

5.

숙소 관리는 두 여인이 하고 있었다.

키와 유딧이라는 프랑스인이다.

유딧은 자동차로 식료품을 조달했다.

우리는 함께 저녁을 준비했다.

빵을 잘게 찢어 넣은 갈리시아 스프를 만들었다.

저녁이 되자 순례자가 늘었다.
스위스에서 온 아드리안이라는 친구가 기타를 쳤다.
배가 나온 멋쟁이 프랑스인이 리코더를 불렀다.
키는 춤을 췄다.

키에 의하면 10년 전 이곳엔 잘 갖춰진 시설이 있었다고 한다.
그런데 스페인 관청에서 철거를 시행했다고 한다.
키는 얼굴을 찡그리며 허물어진 담벼락을 가리켰다.
다소 정돈되어 보이지 않는 이곳의 알베르게.
샤워실과 화장실이 없는 이유를 알겠다.
종교적인 신앙관이나 제도적인 통제를 벗어난 일탈.
공적 지원을 거부하는 순례길의 이단아.
그들만의 방식대로 벌판에 존재하는 산장인 셈이다.

우리는 촛불을 켠 채 와인을 마시고 노래했다.
아드리안은 기타를 쳤다.
그는 젊은 나이인데도 손을 떨었다.
핏기 없는 얼굴, 퀭한 눈가에 주름이 잡혔다.
약을 먹은 사람처럼 초조하고 불안해 보였다.
나는 그에게 좀 아파 보인다고 말했다.
아드리안은 오래전 병을 앓았다는 궁색한 변명을 했다.
그의 반주에 맞춰 사람들은 노래를 불렀다.

이곳에 더 깨끗하고 말끔한 건물이 지어진다면
안정적인 지원과 체계적인 관리가 가능하다면
이 야생적인 교감은 더 지속될 수 있을까.
모르겠다.
하나를 얻으면 다른 하나를 잃게 되겠지.
어떤 당위적인 공식도 제도도 윤리도 종교도.
껍질이나 틀로는 가둘 수 없는 인간 내면의 신비체.
영혼.
사회적 질서나 심리적 함수로 대입할 수 없는 실체.
그것은 하늘이 인간에게 새긴 자신의 고귀한 흔적이니까.

우연히 불시착한 메세타의 오아시스.
뜻밖에도 이곳은 불완전한 기운이 넘치는 곳이었다.
부끄러운 감정을 드러내는 사람들.
예술, 혹은 연인이란 모습으로 뒤안길을 걷는 사람들.
손을 더럽히면서도 만들 수밖에 없는 요리처럼.
박해가 가득해도 말을 쏟아 낼 수밖에 없는 예언자처럼.
세상이 어두워서 대낮에도 횃불을 켜야 하는 시인처럼.
가장 빛나는 목표에 도달한 영혼은 눈이 멀 수밖에 없다.
누가 태양을 마주 보는가.
예술은 감히 그렇게 한다.
그리고 그들은 기꺼이 노래를 하고, 그림을 그리고,
춤을 추고, 시를 쓰고, 사랑을 하다 병신이 된다.

불완전한 삶과 완전한 신념의 투쟁에 멍들고,
가시적인 현실과 비가시적인 이상의 싸움에 피를 흘린다.
하지만 이상하지 않은가.
왜 우리는 그들이 남긴 흔적 속에서 위안을 얻고,
영혼의 공명을 느끼며,
함께 울고 함께 웃으며 살아 있는 희열로 충만해지는가.

밤이 깊어지자 유딧은 어두운 주방으로 사람들을 모았다.
독한 증류주 그라파 속에 파인애플과 복숭아와 사과를 넣었다.
불을 붙이고 그릇을 달궜다.
어둠 속에서 파란 불꽃이 일었다.
유딧은 어설픈 주문을 외기 시작했다.
불이 붙은 음료를 국자에 담아 공중으로 들었다 부었다.
고대 갈리시아 마녀 의식을 흉내 내는 것이다.

전쟁에 나가는 전사들이 포도주를 마시는 것처럼.
새빨간 피의 결의를 다지고 잔을 던졌던 것처럼.
일종의 통과 의례처럼 설탕 국물 같은 음료를 마셨다.

어둡고 좁은 산장 바닥에 둘러앉아 다시 노래를 불렀다.
이탈리아, 프랑스, 독일, 헝가리, 스웨덴, 스페인, 아일랜드.
그리고 한국인.
다소 부족한 디오니소스의 축제지만.

그들은 이 무질서한 배설의 과정을 통해
잠시 동안의 자유와 해방을 맛볼 것이다.
태양의 조명을 받은 달의 뒷면처럼
아폴론의 눈을 피해 숨을 돌리고 다시 길을 나설 것이다.

뜻밖의 일탈.
뜻밖의 메세타.
그리고 태양의 산볼.

마법의 성

1.

잠을 설쳤다.
숙면을 취하기 어렵다.
병사가 되어 군대에 다시 가는 꿈을 꾸었다.
반가운 손님이 면회를 왔다.
전투화에, 다 떨어진 유격복을 입고 달려 나가는 길.
훈련소 장교가 따라와 괴롭혔다.
"기쁜가, 응?"
최악이다.

부지런히 짐을 싸서 사막의 산장을 빠져나왔다.
바람이 서늘하게 등줄기를 파고들었다.
차가운 물로 세수하고 간신히 정신을 차렸다.
배낭에서 바스락거리는 소리가 들렸나 보다.
다락방에서 내려온 산장지기 유딧이 불평을 한다.

"아침은 7시야, 잊었어?"
내가 말했다.
"알고 있어.
하지만 낮은 너무 더워.
우린 많이 걸어야 해.
키와 유딧, 그리고 이곳을 기억할게, 안녕."

떠오르는 진홍빛 태양을 등에 지고 걸었다.
신령스러운 붉은 광채가 드넓은 벌판을 물들였다.
굳었던 흙이 발바닥에 와 닿아 부서졌다.
긴 그림자가 말을 탄 사람처럼 출렁거렸다.
서서히 몸이 따뜻해졌다.
순결한 아침 공기를 깊이 들이마셨다.
정신이 침착해지고 새로운 기운이 스며 왔다.

아무리 걸어도 제자리인 것처럼 보이는 풍경.
특별함으로 채워지지 않은 대부분의 일상처럼
단조로운 길은 목적지가 더욱 멀게 느껴지게 만든다.
규칙적인 호흡에 맞추어 걷고 또 걸었다.
끝없는 지평선과 황폐한 밀밭 사이로.

2.

1시간쯤 지났을까.

바람의 힘에 떠밀려 걷기를 반복하던 순간.
마을이 땅속에서 불쑥 솟아났다.
숨겨진 지하의 강을 따라 세워진 마을.
대지 깊숙이 숨어서 나그네를 기다리는 온타나스.

온타나스는 '분수'라는 뜻이다.
모든 것을 태울 것처럼 쏟아지는 한낮의 폭염.
열병처럼 끓어오르는 벌판에 존재하는 샘물 같은 쉼터다.
산볼처럼 땅 밑 깊은 곳에는 맑은 자연수가 흐를 것이다.

진한 에스프레소로 정신을 차리고 보카디요를 먹었다.
화장실을 이용할 수 있는 기쁨을 마음껏 누렸다.
안정감을 찾은 프란치스카와 두 자매가 활짝 웃는다.
다행이다.

사람은 물이 있으면 살 수 있다.
비와 바람을 막아 주는 공간만으로도 잠은 잘 수 있다.
하지만 자연이 주는 최소한의 혜택만으로는 부족하다.
함께 모여 사는 인간에게는 잘 정비된 제도가 필요하다.
튼튼한 집과 정돈된 도로.
역사와 사회의 틀, 질서와 제약 속에서 존중되는 자유.
변덕스러운 감성에 지배받지 않는 이성의 샘터.
그것이 산볼과 다른 온타나스의 매력이 아닐까.

우리는 물의 도시를 떠나 산 안톤으로 향했다.
산 안톤은 이집트의 안토니오(251~356년) 성인을 말한다.
안토니오는 사막의 성자로 알려져 있다.
20세에 부모님을 잃고 은수 생활을 시작했다.
그에게 영감을 준 복음은 부자 청년의 비유였다.
성경 속 부자 청년은 많은 재산을 포기할 수 없었다.
하지만 안토니오는 성경 말씀을 그대로 실천하길 원했다.
가진 것을 다 팔아 가난한 이에게 나누어 주었다.
부유한 유산을 처분하고 하나뿐인 여동생과 이별했다.
모든 것을 버린 후 마을을 떠나 수도자로 살았다.

고대인들에게 사막은 마귀가 현존하는 장소였다.
사막으로 나선 수도자들은 종종 마귀의 유혹과 싸워야 했다.
안토니오 성인의 그림 속에는 종종 돼지가 함께 등장한다.
돼지는 성인을 집요하게 따라다닌 마귀를 상징한다.
마귀나 악마, 사탄은 천사와 대립되는 존재다.
천사가 하늘과 인간을 중재한다면 악마는 단절을 부추긴다.
천사는 사다리를 놓지만 악마는 함정을 판다.

죽음과 단절, 고독과 소외, 마귀와 유혹의 소굴인 사막.
그러나 그 사막을 견뎌 낸 자는 눈부신 변화를 이루기도 했다.
마치 펄펄 끓는 용광로에서 불순물을 녹이고 태어난 강철처럼.
성인은 나일강 건너 피스피르 산의 폐가에서 20년간 단련했다.

물은 샘이 있어서 따로 공급받지 않았다.
생존에 필요한 최소한의 빵만 6개월에 한 번 공급받았다.
입구를 막고 홀로 침묵과 기도에 몰입하였다.

은수자는 사람을 만나지 않고 홀로 숨어 수행하기에 은수자다.
그런데 어떻게 사람들에게 알려져 공경까지 받을 수 있었을까.
성인이 모호한 전설로 남지 않은 이유는 아타나시오 성인의 공이 크다.
알렉산드리아의 주교 아타나시오가 성자의 삶을 기록으로 남긴 것이다.
당시 아타나시오는 '단성론'이라는 위험한 교리와 맞서고 있었다.
박해를 받던 원시 그리스도교가 로마의 국교로 공인된 시기였다.
교회의 권위와 이념적 통일성을 확보하기 위해 고심했던 것 같다.

성인은 공동체가 분열되는 위기에 맞서기 위해 아타나시오를 지원했다.
금욕으로 도달한 완덕의 진리는 자기 자신만의 구원이 아니었던 것이다.
하지만 역설적인 일이다.
내재적인 세상과 조우한 안토니오의 이야기는 지극히 초월적이다.
그를 만난 사람들은 모두 이유를 알 수 없는 변화를 체험했던 것이다.
병자는 치유되었고, 분노의 응어리를 가진 자는 평화의 안식을 찾았다.
허무한 자는 삶의 의미로, 열정을 다한 자는 의욕으로 충만해졌다.
그는 타오르는 사막 한복판에 스스로 달콤한 샘물이 되었던 셈이다.

3.
먼지를 일으키며 자전거들이 지나갔다.

가끔씩 고개를 내민 진홍빛 양귀비꽃들.
울퉁불퉁 제멋대로 난 흙길을 따라 우리는 걸었다.
온타나스에서 충전한 육체의 힘을 소진할 무렵 도로가 나왔다.
바닥에 앉아 잠시 신발을 벗었다.
아스팔트 도로 정중앙에 앉은 프란치스카가 위태로워 보였다.
"여기 가장자리로 오세요, 차가 오면 위험해요."
나의 말에 곧 까칠한 대구 사투리가 튀어나온다.
"차가 사람을 피해 가야지.
나 치면 자기가 손해야.
한 번 치면 사천이야, 사천."
임마쿨라다가 맞장구치며 말했다.
"역시 카리스마 있으시네요."
우리는 프란치스카의 대범함에 감탄하며 간식을 먹었다.

안토니오 성인을 지칭하는 마을, 산 안톤.
지붕 없는 성전에 달려 있는 낡은 종탑과 뚜껑이 덮인 우물.
구구구, 비둘기들은 무너진 성전 위를 날아다니며 쉴 새 없이 울고 있었다.
몇 개 되지 않은 간이 침대를 놓은 순례자 숙소.
이가 빠지듯 벽돌이 드러난 벽 한 켠, 작은 초와 의자들이 놓였다.
10명 정도 되는 순례자들이 기도를 바칠 수 있는 공간이다.
매우 지쳐 보이는 봉사자가 휴식을 준비 중이었다.
지난밤 모임이나 숙소의 누추함 때문에 피로가 쌓인 듯이 보인다.

이곳은 순례자 기도의 오래된 전통이 있다.

알파벳 'T' 모양과 같은, 희랍어 '타우' 십자가 앞에 축복을 비는 것이다.

타우 십자가는 '안토니오 십자가'라고도 불린다.

사람들은 이 십자가가 악마와 병으로부터 보호해 준다고 믿는다.

전승에 따르면 11세기 유럽 전역에 원인 모를 괴저병이 창궐했다고 한다.

몸이 썩어 넘어지고, 가족과 마을이 검은 구름 속에서 초토화되었다.

인간의 힘으로는 도저히 극복할 수 없었던 무서운 전염병.

사람들은 이 병을 죄인에게 닥친 하늘의 심판이나 저주로 여겼고,

타락한 인간을 휩쓰는 이 천벌의 이름을 '안토니오의 불'이라 불렀다.

프랑스인들은 성전을 짓고 전설적인 치유의 성인에게 기도했다.

달콤한 물의 도시를 뒤로하고 마주친 사막의 성자.
금욕과 극기의 두레박으로 생명의 물을 퍼 올려 나눠 준 성인.

어쩌면 목마른 사막은 우리 가운데에 있을지도 모른다.
물질이 정신을 지배하고 생명을 돈과 바꾸는 막장 사회.
타인의 피와 희생을 발판 삼아 출세와 득세를 갈구하는 시대.
개인의 힘으로 감당할 수 없이 불길처럼 번지는 죄의 연대적 전염.
육신이 썩어 무너지는 병보다 고약한, 영혼 부패의 메마른 사막.
우리는 그 길 위에서 참된 치유의 물을 찾고 있는 것이다.

4.

우리는 도로를 따라 더 걸었다.
1시간이 채 지나지 않아 저 멀리 높은 산 위로 성채가 드러났다.
짙은 모래빛 마법의 성, 카스트로헤리스.
길 위에 우뚝 솟은 기품 있는 성채가 우리를 내려다보고 있었다.

시간은 정오에 가까워지고 있었다.
목이 말랐고 쉼이 필요했다.
바를 찾아가려는 마음을 누르고 마을 입구 박물관 성당부터 들렀다.
그 앞에서 머뭇거리는 미카엘라와 임마쿨라다를 위해 입장료를 지불했다.

유리 속에 들어 있는 낡은 유물 사이를 걸어 앞으로 나아갔다.
기도가 그친 아버지의 집.
포장된 추억의 파편으로 가득한 유품들이 어둠 속에 늘어서 있었다.
나는 홀로 제단 앞으로 걸어갔다.
어둠 속에 한쪽 날개를 잃은 천사상이 우두커니 서 있었다.
날지 못하는 천사는 오래된 제의들을 지키고 있었다.
시간의 무게로 산화되어 삭아 버린 옷감 속에 은은한 빛이 번졌다.
문득 한번 입어 보고 싶은 충동이 든다.

촘촘히 수놓은 황금색과 붉은색 자수가 다시 빛을 뿜고,
영혼의 교감을 일으키며 녹슨 먼지가 벗겨지고 단단한 비늘이 돋고,
빛나는 제의는 되살아나 눈부시게 번쩍이며,
나비의 날개처럼 가볍게 공중에서 펄럭인다.
고대의 염원과 기원, 깨어나는 계약과 맹세.
문득 구름을 꿰뚫고 하늘로 맞닿은 기도가 한 줄기 음성이 된다.
"오랫동안 그대를 기다렸도다.
가난한 순례자여, 이리 오라.
와서 나를 입고 성덕의 힘으로 보호받으라.
그는 나의 요새, 나의 피난처.
흔들림 없는 방패, 굳건한 성채.
나는 거룩한 이름의 힘으로 너를 지키리라."

경건히 기도하는 두 자매를 지나쳐서 성전을 나왔다.

별의 길

그때 성전 마당에서 한 여성이 웃으며 내게 손짓했다.

무엇을 파는 사람일까.

태어나서 죽을 때까지 방랑이 운명이 된 삶을 산다는 집시?

나는 알록달록 좌판을 펴놓고 앉아 있는 수상한 그녀에게 다가갔다.

그녀의 책상 위에는 정체 모를 상품들이 잔뜩 놓여 있었다.

반짝이를 붙인 글씨와 조잡한 장신구, 둥근 조약돌 같은 잡동사니.

하트 모양의 방석과 색종이 상자, 곰 인형과 직접 만든 손가방.

돈을 주고 사기에는 조악해 보이는 물건들이었다.

뒤늦게 성전을 나온 두 자매가 그녀의 초대에 응답했다.

그녀의 목소리나 미소는 흔들림 없이 매우 잔잔했다.

하얀 손으로 내게 유리병을 천천히 내밀었다.

"저는 물건을 파는 사람이 아니에요.

선물이 있답니다.

자, 고르세요."

나는 유리병을 들여다보았다.

투명한 병 속에 색색의 아름다운 종이들이 동물 모양으로 접혀 있었다.

나는 그녀의 커다란 눈을 쳐다본 후 손을 집어넣어 쪽지를 하나 집었다.

나비였다.

날개를 펴니 낯선 암호와 같은 이방인의 문자가 꼬불꼬불 적혀 있었다.

'Abertura de corazón'

스페인 단어였다.

그녀는 내 손에서 날개를 펼친 나비를 다시 가져갔다.

그리고 영어로 말했다.

"Openness of mind.
천사의 가호예요.
당신은 다른 사람의 마음을 열게 될 거예요."

그녀는 수상한 마녀나 떠돌이 집시가 아니었다.
갈색 곱슬머리를 지닌 프랑스에서 온 그녀의 이름은 제랄딘.
그녀 역시 3년 전에 이 길을 걸었던 순례자다.
해마다 이맘때쯤 여기서 휴가를 보낸다고 한다.
7월이 되면 숙소를 잡고 고향에서 준비해 온 선물을 나눠 준다.
나는 애완견처럼 그녀가 돌보고 분양하는 작은 물건들을 다시 살펴봤다.
'오늘을 가장 소중히 여겨라.'라고 적힌 하얀 조가비.
반짝이는 달콤한 사탕이 가득 담긴 바구니.
그녀는 내 눈길과 손길이 닿는 것마다 주고만 싶어 눈망울을 굴린다.
"가져도 돼요."
하지만 나는 그녀가 준 축복의 나비 외에는 사양했다.
그리고 고마운 마음으로 한국에서 가져온 책갈피를 하나 선물했다.

나는 확신한다.
그녀는 그녀가 나누는 이 모든 선량한 선물보다
훨씬 더 큰 축복의 가호를 반드시 받게 될 것이라고.
그녀가 이 세상에서 가장 작은 사람들의 천사가 되어 주는 한
그 모든 무수한 작은 이의 천사들 또한 그녀를 지켜줄 것이라고.

5.

그림자가 짧아지고 태양이 높은 하늘을 향해 치솟고 있었다.
갈증을 달래기 위해 바를 찾아 걸었다.
성채를 향해 약간의 가파른 오르막길을 걸어 골목으로 들어갔다.
삼거리로 나뉘어진 길가에 가게가 하나 보였다.
문을 열고 들어서자 유리잔을 닦던 아저씨가 정중히 손님을 맞았다.
나무로 된 문을 통과한 부드러운 햇살 속에 조용한 교향곡이 흘렀다.
뜨거운 열기가 차단된 채 시원하고 고요한 공기가 지배하고 있었다.
땀을 흘린 누추한 몸으로 들어서기에는 어딘가 부끄러워지는 바였다.
우리는 갈증을 풀기 위해 음료를 시켰다.
깊고 커다란 눈과 고상한 음성을 가진 아저씨가 친절히 주문을 받았다.
빠르게 두근거리는 심장을 진정시키고 평온한 바의 주파수에 맞췄다.
온화한 주인아저씨를 닮은 식당 젊은이가 절인 올리브를 내왔다.
시키지 않았다고 말하자 그냥 먹어도 된다고 했다.
바짝 마른 목을 적시기 위해 맥주를 시켰다.
투명한 잔에 담긴 황금빛 기포가 회오리 모양으로 올라오고 있었다.
눈물이 날 만큼 반가운 음료를 단숨에 마시고 주위를 둘러보았다.
맞은편 벽에 연필로 그린 셰퍼드의 그림이 걸려 있었다.
엄청난 명문가의 개이거나 복이 많은 놈이구나 싶었다.
늠름한 셰퍼드 그림 옆에는 유명한 소설가의 사진도 있었다.
액자에 들어 있는 인물은 파울로 코엘료.
주인아저씨는 작가와의 인연을 자랑스러워하고 있었다.
미카엘라의 말에 의하면 코엘료는 이 가게에 자주 들렀던 것 같다.

고요한 마을과 친절한 사람들이 창조적 작업의 발판이었나 보다.
정성을 다해 요리를 만드는 사람과 맛있게 먹는 사람.
진심을 다해 말하는 사람과 사려 깊게 귀를 기울이는 사람.
고통스럽게 글을 쓰는 사람과 인내심 있게 책장을 넘기는 사람.
두 우주 사이에서 벌어지는 신비로운 교감만큼
깊은 안정감이 느껴지는 레스토랑이었다.

우리는 자리에 앉아 일정을 어떻게 진행할 것인가 상의했다.
임마쿨라다는 많이 지쳐서 더 걷지 못할 것 같다.
프란치스카는 목적이 분명하다.
얼마 남지 않은 휴가 동안 빠듯한 일정을 소화하고 싶어 한다.
먼저 떠나겠지만 인연이 된다면 다시 만나게 될 것이다.
나는 미카엘라와 임마쿨라다를 핑계 삼아
나 자신에게 작은 휴식을 주기로 한다.

우리는 에스테반 알베르게에 여장을 풀고 샤워를 했다.
평소처럼 우체국을 알아보고 장을 봤다.
딱히 할 일이 없어서 책장에 비치된 화보집을 뒤적였다.
사진과 함께 성채의 슬픈 역사를 접할 수 있었다.

때는 1359년이었다.
성채는 이슬람과의 전투에만 쓰였던 것이 아니었다.
한 왕족이 페드로 1세 국왕에 의해 이곳에 감금당해 죽어야 했다.

임금이 자신의 권한을 강화하기 위해 배다른 형제를 제거했던 것이다.
페드로 국왕에 의해 죽은 여왕의 이름은 레오노르였다.
뒤주에 갇힌 사도세자의 죽음처럼 권력이 천륜을 배신한 비극이었다.
그녀는 매우 명망이 높은 부인이었기 때문에
모든 백성이 이 일을 슬퍼했다.

저녁이 되자 숙소 앞에서 시끄럽게 떠드는 소리가 들렸다.
따분한 2층 침대에서 내려와 소리가 들리는 곳 가까이 다가갔다.
이탈리아인 두 명이 흥분한 채 논쟁하고 있었다.
언제든 반칙할 준비가 되어 있는 축구 선수처럼 잔뜩 격앙된 분위기다.
주위에 있는 사람들은 오랜만에 만난 공연을 보는 듯 말리지 않는다.
이 싸움, 알아들을 수 있으면 좋을 텐데.
순례자 중 한 사람은 어제 산볼에서 만났던 여자다.
나를 알아보는 듯 잠깐 눈짓을 하더니 즉각 다시 전투에 뛰어든다.
가만히 지켜보기엔 뭔가 근질거려서 무슨 일이냐고 물었다.
전쟁의 이유는 간단했다.
프란치스코 성인이 이 길을 걸었느냐, 아니냐.
여자는 의심했고 남자는 확신했다.
하지만 둘 중 어느 누구도 충분한 증거가 없었다.
나는 떠오르는 것이 있어서 낮에 본 책자를 다시 꺼내 왔다.
그리고 사진이 첨부된 부분을 펴서 그들 앞에 보여 줬다.
14세기 프란치스칸들의 이주에 관한 내용이었다.
전성기 때의 순례길은 유럽에 기운을 불어넣는 큰 혈맥과 같았다.

많은 프랑스인과 프란치스칸이 이 길을 통해 들어와 살았던 것이다.

나는 숨을 죽이고 둘의 눈치를 살폈다.
적당히 화해를 해야 할 텐데.
침을 튀기던 두 이탈리아인은 잠시 조용해졌다.
번갈아 가며 책자를 손에 들고 조용히 글자를 음미했다.
평화의 사도께서 우리를 도우시는구나.
하지만 논쟁은 더 격렬해졌다.
손동작은 더욱 크고 화려해졌다.
상대편 골대를 뽑아 당장 던져 버릴 기세다.
프란치스칸 수도자들이지 프란치스코는 아니다.
프란치스칸이 왔다는 건 프란치스코도 왔다는 증거다.
아, 대책 없네.

6.

늦은 저녁 두 자매와 저녁을 먹으러 숙소를 나섰다.
상냥하고 정중하게 손님을 대하는 레스토랑을 다시 찾아갔다.
가게 안의 모든 것이 마치 한 폭의 그림처럼 편안했다.
의젓한 자세로 누운 강아지.
꾸미지 않은 낮은 음성으로 주의 깊게 서빙을 하는 청년.
훌륭한 음식 세 접시를 비우고, 장밋빛 로제 와인을 마셨다.

돌아오는 길에 임마쿨라다가 내 종아리를 보고 시비를 건다.

"선생님, 강아지가 보면 깨물겠네요."
술도 한잔 했겠다.
최소한 돼지고기 넓적다리 비슷한 안줏감으로 보이나 보다.
반바지를 입고 나온 것이 실수다.

한때는 기사단의 숙소로 융성했던 에스테반 알베르게.
열병같이 끓어오르던 7월의 폭염이 잠시 물러간 저녁.
나는 작은 폭포 소리를 내며 흐르는 분수 소리를 들으면서 눈을 감았다.
가진 것을 모두 버리고 자유인이 된 성자와
가진 것을 빼앗길까 두려워 노예가 된 임금의 이야기 속에서.

튕기셨구나

1.

해가 뜨기 전에 숙소를 나섰다.
또다시 잠을 설쳤다.
꿈속에서 정답게 웃으시는 부모님을 만났다.
이승과 저승이 구분되지 않는 기묘한 세계.
꿈이란 질서와 규범이 존재하지 않는 확실한 현실이다.

20일 정도 지났을까.
늘어진 시간이 무거운 추가 되어 어깨를 짓누른다.
두고 온 사람의 그림자가 더욱 길게 느껴진다.
엽서와 전화, 남자 친구 이야기.
두 자매의 대화 내용은 떠나온 고향과
그리운 사람에 관한 것이 대부분이다.
그녀들은 나를 수상하게 여긴다.
사적인 이야기를 꺼내지 않는 나를 두고 '신비주의'라 못 박는다.

하지만 무슨 이야기를 할 수 있단 말인가.
두고 온 것에 대해 할 말이 별로 없다.
숨기고 싶어서가 아니라 딱히 필요성을 느끼지 못한다.
과거는 늘 현실이었고 다만 그리움이란 이름표를 붙일 만한 기억이 없다.
추억 속 사람 탓이 아니다.
어쩌면 가치를 두고 생을 정리할 만한 단계가 아니기 때문일지 모른다.
그저 돌아본 시간은 움직이지 않는 풍경처럼 우두커니 서 있고,
퇴색한 필름 속에 빛을 잃은 채 사라지고 있을 뿐인 것이다.

미카엘라가 길을 걸으며 떠나온 마을에 관해 이야기해 줬다.
광막한 벌판 위에 요새처럼 서 있던 갈색 마을 카스트로헤리스.
전승에 의하면 야고보 사도는
그 마을 어느 사과나무 밑에서 성모님을 만났다.
사람들로 가득 찬 무인도.
소리도 들리지 않는 무한의 우주 같은 세상 속에 찍힌 단 하나의 점.
한없이 부유하는 먼지처럼 가벼운 순례자의 무거운 한숨.
고개 든 머리 위 반짝이는 가지 끝에 매달린 불 같은 심장.
그도 뜨거운 가슴을 지닌 인간이었다면.
지쳤을 테고, 힘들었을 테고, 만나고 싶었겠지.
그리운 어머니, 어머니, 나의 어머니.

2.

구릉진 산을 넘어 끝없이 펼쳐진 황금벌판을 걸었다.

거짓말처럼 일제히 같은 곳을 바라보는 해바라기 물결.
가끔씩 인기척에 놀란 들쥐가 쥐구멍으로 들락거렸다.
인간이 살아 산이 되고 인간이 걸어 길이 된 풍경.
오직 하늘만이 구름 한 점 없이 높고 푸르렀다.

몽롱한 상념을 거두고 싶어 빠르게 걸었다.
저 멀리 뒤쳐진 임마쿨라다가 보인다.
느긋해져야 한다.

이테로 마을 갈림길이 나온 후 줄곧 행군을 계속했다.
우리는 땀을 닦으며 불어오는 바람을 맞았다.
멀리 물가가 보이고 그 옆으로 초록빛 숲이 시원하게 펼쳐졌다.
건강한 잇몸처럼 몸통을 환히 드러낸 나무들이 온몸을 흔들고 있었다.
다리를 건너기 전 분홍색 지붕을 얹은 작은 집이 보였다.
니콜라오 성당이다.

니콜라오는 산타클로스의 원조가 되는 성인이다.
성인은 물에 빠진 아이를 구한 기적으로 유명하다.
물가에 지어진 성당 중에 니콜라오를 수호성인으로 세운 경우가 있다.

살아 있다는 것은 그 자체만으로도 아름다운 일이다.
오늘, 지금 이렇게 걸을 수 있다는 것은 참으로 축복받은 일이다.
우리는 파란 물가에 심긴 숲을 보며

'에이자 부피에(《나무를 심은 사람》의 주인공)' 이야기를 했다.
사라져 가는 초라한 과거나 손에 잡히지 않는 그리움보다
빛나는 이야기였다.
불모의 땅에 묵묵히 상수리나무 씨앗을 심은 사람.
그는 희망과 꿈이 사라진 메마른 땅에 촉촉한 생명을 가져온 목자였다.

니콜라오 성당에는 이탈리아 봉사자들이 상주한다.
그들은 동양에서 온 낯선 나그네들에게 커피와 비스킷을 제공했다.
두꺼운 안경 너머로 미심쩍은 눈빛을 보내는 삼십 대의 남성 봉사자.
이탈리아인은 궁금한 듯 꼬치꼬치 묻는다.
무엇 때문에 낯선 동양인이 이 길을 걷는지.
종교가 있는지.
어떤 경로 혹은 누구를 통해 이 길을 알게 되었는지.
질문을 받을 때마다 비슷하게 정형화된 이야기를 늘어놓는다.

아마도 이 봉사자들은 가톨릭 신자들일 것이다.
하지만 길을 걷는 대부분의 사람들처럼 종교 이야기는 깊게 하지 않는다.
사실 종교와 관계없이 이곳은 수많은 순례자가 추천하는 명소다.
발을 씻어 주는 예식 때문이다.
프란치스카가 빠른 걸음으로 떠난 이유도 바로 이곳 때문이다.

발은 신체 중 가장 낮은 곳에 있다.
쓰지 않을 수 없고 조금만 움직여도 지저분해진다.

처음 보는 사람에게 맨발을 드러내는 것은 실례다.

냄새가 나기 때문이다.

하지만 바로 그 발 앞에 꿇어 앉아 봉사자들은 기도한다.

땀으로 범벅이 되어 고린내 나는 발을 씻어 주고 입맞춤을 한다.

많은 순례자가 바로 그 순간에 눈물을 흘린다.

강한 자기 보호의 반응도 사랑 앞에서는 무기력하다.

설명과 말이 필요 없는 상징적 행위다.

순례자는 길을 마칠 때까지 발이 가진 상징과 대면해야 한다.

자신이 선택한 삶의 방식이 자동차가 아닌 걷기인 이상,

빠름보다는 느림에, 높음보다는 낮음에,

안락함보다는 누추한 현실 속에 던져지기 때문이다.

생각해 보면 숨겨진 발보다는 드러난 손을 만나는 것이 쉽다.

발보다는 손이 고상하며, 손보다는 발이 낮은 임무를 수행한다.

하지만 그 손조차도 수많은 삶의 이력을 담아 내고 있다.

나는 매일같이 내 앞에 펼쳐진 다른 이들의 손을 바라보며 살아왔다.

젊음의 생기를 잃어 바짝 말라 버린 고목 껍질 같은 손과,

꿈을 낚아채기 위해 꼼지락거리는 고사리처럼 작은 손과,

당당히 펼친 억센 손과 부끄럽게 숨긴 채 간신히 내미는 손을.

누구의 탓도 아니겠지만 가슴이 아픈 손은 높은 손, 고운 손이 아니었다.

상처와 노동으로 굳은살이 가득 박힌 낮은 손, 거친 손이었다.

무익하고 배부른 연민이라 해도 가슴속에서 나오는 건 어쩔 수 없다.

그 마음은 내 것이 아니니까.

숨겨진 발이 처한 진실은 노출된 손의 그것보다 생생하다.
손이 노동을 통해 연명하는 인간의 구차한 실존을 드러내는 상징이라면,
발은 밥 먹고 살아가기 위해
더러운 세상과 접촉해야 하는 인간의 현실이다.
밥 안 먹고 뒷간 안 가는, 구름 위 인간이 어디 있을까.
세상이 주는 상처를 한 번도 입지 않는 사람.
물집 한 번 잡히지 않고
이 길을 끝까지 걸을 수 있는 사람이 몇이나 있을까.
감당하기 힘든 무거운 짐을 진 사람일수록,
맨발에 가까운 자기 개방을 통해 걷는 사람일수록
더 많은 상처를 입을 것이다.

하지만.
고통이 성숙한 인간을 만든다는 반쪽 진리를 나는 믿지 않는다.
상처와 아픔을 우상화해서는 안 된다.
더럽고 지사하게 사니까 배불리 먹고 살 수 있다는 논승.
수 세기 동안 착취하는 자의 변명이 된 반쪽 십자가를 나는 의심한다.
상처와 고통은 인간을 성숙시키기 위한 주체가 될 수 없다.
완덕의 길을 걷는 자가 만나야 하는 어쩔 수 없는 과정일 뿐.
고통은 마치 하얀 종이에 기어코 남겨지는 흔적과 같다.
순수한 신념을 걷는 인간일수록,

그가 빛에 속해 있을수록 무거운 상흔을 받을 수밖에 없는 것이다.

지저분한 당신 발과의 입맞춤.
지배보다 아름다운 섬김의 힘.
전쟁보다 거룩한 평화의 힘과 죽음보다 빛나는 생명의 힘을 믿는다.
그리고 희망한다.
언젠간 크고 작은 이 땅의 모든 예언과 신화가 역사가 되기를.
어떤 상처로도 가릴 수 없는 가난한 사랑의 힘이 물결처럼 번지기를.

3.

태양이 높이 솟은 오후.
우리는 나머지 길을 걸었다.
폭이 좁은 관개 수로를 따라 갈대 수풀과 보라색 꽃들이 이어졌다.
물길이 끝나는 곳에서 살구빛 기와 지붕들이 그림처럼 펼쳐졌다.
오늘의 종착 마을, 프로미스타.

수로를 통제하는 작은 댐에서 폭포처럼 물이 떨어졌다.
모두의 얼굴에 화색이 돈다.
하루 중 가장 행복한 시간이다.
피로에 지쳐 있던 임마쿨라다가 뒤도 돌아보지 않고 걷는다.
알베르게 간판을 본 것이다.
노란 화살표를 따라 도착한 곳은 수상한 기차역.
멀리 목재로 지어진 낡은 역사와 쓰러져 가는 마차 바퀴가 보였다.

가까이 갈수록 기름을 먹인 나무 냄새가 나는 간이역.
서부 영화에나 나올 법한 개척 시대 목조 건물이다.
낡은 역사 앞에 스페인 국기가 펄럭이고 있었다.
'나 아직 살아 있음!'

숙소는 어둡고 조용했다.
사람은 없고 침대는 많았다.
샤워를 마치고 의자에 앉아 〈기찻길 옆 오막살이〉 노래를 불렀다.
그리고 기도했다.
천장을 지탱하는 휘어진 침목들이 부디 오늘 밤에는 무너지지 않기를.

저녁 식사 때까지 시간이 남아서 우리는 마을을 살피기로 했다.
내가 성 마르틴 성당을 보러 가자고 제안했다.
이 성당은 매우 오래된 고전 건축물이다.
가이드북에서는 잘 보존된 310여 개의 동식물 문양을 자랑했는데,
막상 도착해 보니 아주 소박하고 단순한 로마네스크 성당이었다.
세련된 건축 양식과는 거리가 먼, 원시적인 동굴 같은 분위기.
조각상들은 머리가 크고 몸집이 작아서 장난감 같은 인상이다.
오래된 성당의 단순함에서 감명을 느끼는 유럽인들.
어쩌면 이들에게 필요한 기도는 화려하고 세련되게 표현된 것이 아니다.
부끄럽던 첫사랑 고백처럼 미숙하지만 순수한 그 마음일 것이다.

마르티노 성인은 4세기 사람으로 청년 시절에는 로마의 군인이었다.

성인과 관련하여 망토와 오리에 얽힌 유명한 일화가 있다.

프랑스 아미앵에 주둔하고 있던 어느 추운 겨울.

말을 타고 가던 마르티노는 길에서 떨고 있는 걸인을 만났다.

젊은이의 순정에서 비롯된 단순한 충동이었을까.

마르티노는 자기가 두르고 있던 망토를 그 자리에서 반으로 잘랐다.

그리고 걸인의 몸에 그 망토를 둘러 주었다.

그날 밤 마르티노는 신비로운 꿈을 꾸는데,

자신이 잘라 준 망토를 입은 그리스도를 만난 것이다.

제대한 마르티노는 프랑스의 투르에서 수도 생활을 했다.

하지만 조용하고 가난한 수도자의 꿈을 유지할 수가 없었다.

때마침 그곳 주교가 죽자 마을 사람들은 모두 그를 주교로 추대한다.

마르티노는 군중을 피해 도망갔지만 결국 사람들에게 발각되고 만다.

아무리 숨어도 오리들이 꽥꽥대며 그가 아는 곳을 알려 줬기 때문이다.

풍랑 때문에 발각된 요나처럼 오리 때문에 발목 잡힌 마르티노.

순수한 삶을 끌어가는 힘은 개인의 의지를 넘어선, 숙명 같은 소명이다.

투르의 마르티노 주교 이야기를 듣고 임마쿨라다가 말한다.

"음……. 마르티노 성인도 한 번 튕기셨구나!"

희망의 색깔

1.

갈림길을 지나 큰 나무가 그늘을 만들어 준 길을 걸었다.
멀리서 부옇게 먼지가 일어났다.
가까이 가 보니 양 떼가 추수된 밀밭을 누비고 있었다.
들 한복판, 개들에게 둘러싸인 목자가 큰 소리로 양을 모았다.
양들은 그 음성을 알아듣고 구름처럼 몰려갔다.

임마쿨라다는 의욕이 많이 떨어졌다.
고개를 푹 숙인 모습이 애처로워 보였다.
그녀를 이끄는 뚜렷한 음성이 귓가에서 사라지고 있을지도 모른다.
나는 야고보 사도 이야기를 했다.
이 길 위에서 성모님을 만난 이유는 그도 지쳤기 때문일 거라고.

미카엘라는 속 깊은 마음으로 동생을 챙겼다.
오늘 아침에 만난 일본인 유키와 피터 이야기로 화제를 돌렸다.

유키를 처음 봤을 때 나는 그녀가 당연히 한국 사람인 줄로만 알았다.
그녀는 무뚝뚝한 독일 남자 피터와 함께 걷고 있었다.
피터는 불만족스러운 표정으로 말했다.
"이 길을 걷는 사람은 모두 선생님이야."
나는 그가 말한 이야기에 공감했다.
과연, 나와 함께 걷는 모든 사람이 내 스승이 될 수 있는 것이다.
"맞아, 피터.
우린 서로에게 선생님이지."
피터는 다시 얼굴을 찡그리며 말했다.
"아니, 직업이 선생님이라고.
걸으면서 내가 만난 사람들 대부분이 교사야.
여름이고 방학이라 여기 온 거지.
나도 교사야."

유키도 선생님이었다.
그녀는 고향 도쿠시마에서 10명 정도의 자폐아를 돌보고 있다.
피터는 유키의 직업으로는 뭔가 새로운 영감을 찾지 못했나 보다.
그는 유키에게 일본 노래를 듣고 싶다고 했고,
유키는 애니메이션 〈토토로〉의 주제곡을 불러 주었다.
한밤중에 고양이 버스를 타고, 나뭇잎 우산으로 날아다니던 토토로.
씩씩하고 경쾌한 행진곡을 상상하며 잠시 가볍게 걸을 수 있었다.
우리는 한동안 일본 만화 영화 이야기를 했다.
자연주의를 담고 있는 미야자키 하야오의 작품과,

희한하게도 공주가 많이 등장하는 임마쿨라다의 순정 만화까지.

만화는 추상적이지 않으면서 명료한 이미지를 지닌다.
과장되지만 군더더기 없는 표현으로 메시지를 연출하며 전달한다.
나는 흔들림 없이 굳게 뜨고 있는 그들의 맑은 눈이 좋다.
욕심이나 두려움 없는 평정심이 어떤 것인지 배운다.

2.

어느덧 일행은 작은 쉼터에 도착했다.
푸른 잔디가 깔린 정원과 하얀 의자가 놓인 휴식처였다.
잠시 짐을 벗어 놓고 비스킷과 사이다로 피로를 덜었다.
시원한 그늘에 취해 다리를 뻗고 있으니 졸음이 밀려왔다.
피곤하지만, 몸이 굳으면 떠날 수가 없다.
숙소를 잡기에는 이른 시각이었기에 곧 일어나서 신발 끈을 다시 맸다.

1시간 반이 지나자 비야카사르 데 시르가가 나왔다.
우리는 박물관이 된 산타 마리아 성당에 들러 기도했다.
피사의 사탑처럼 기울어져 곧 쓰러질 것 같은 성전이었다.
제대 왼편 레타블로(제단 배후의 장식 벽)에 그려진 유화는
오래된 전승의 반영이었다.
예루살렘에서 활약한 야고보 사도와 주술사 헤르모게네스의 투쟁.
기적과 치유, 순교와 장례에 관한 삽화는 한 편의 고전 만화였다.

나는 목이 잘린 채 피가 흐르는 그의 토막 난 몸통을 바라보았다.

생명을 상실한 육체는 그저 연장된 세계와 단절된 비극일 뿐이었다.

조금도 미화할 수 없는 결말이요, 교훈을 찾기 힘든 에피소드다.

종국이 너무 명백하기 때문에 조금 우울해진다.

이 길을 걸었던 자의 최후가 고작 목적 없는 배에 담겨진 시체라니.

태어나는 순간부터 죽음을 향해 걷는 여정.

하지만 알 수 없는 일이다.

어째서 이 길을 내려설 수 없는지.

우리를 홀리듯 걷게 만드는 이 음성의 실체가 무엇인지.

대체 무엇 때문에 이 미친 행진을 계속해야 하는 것인지.

3.

카리온 데 로스 콘데스.

오늘의 안식처다.

짙은 눈썹과 덥수룩한 수염이 돋은 사나이 하나가 내게 관심을 보인다.

아 참, 자꾸 남자들에게 인기가 있는 건 좀 문제가 있다.

경계심 많은 눈으로 흘끔거리는 노랑머리 남자는 마틴.

스위스에서 온 가방끈이 긴 친구다.

자신을 소개하는 중에 '디플로마'라는 단어가 자꾸 반복된다.

나는 그의 이름과 동일한 마르틴 성당 이야기를 했지만,

그는 종교에 관심이 없다고 잘라 말한다.

생각해 보면 참 까다로운 문제다.

마치 정치적 관점을 현실 인식의 최고 신념으로 고수하는 것처럼,
변하지 않을 초월적 믿음으로 선택한 종교 역시 타협의 여지가 없으니까.
애초에 종교나 정치 이야기는 꺼내지 않는 게 현명한 일일지 모른다.

모텔이 즐비한 유흥가에 확성기를 들고 다니며
다가올 심판을 선포하는 사람들.
'예수 천국 불신 지옥'이 쓰인 빨간 띠를 두르고 구원을 홍보하는 사람들.
전략은 성공해서 이젠 교회라는 단어만 들어도 얼굴이 일그러진다.

하지만 참으로 부자연스러운 일이다.
약하고 편협한 가치관을 가진 사람이 종교를 찾는다는 혐의를 받는 현실.
계절이 변해 결실을 맺고 하늘을 향해 감사 제사를 드리고,
정화수 한 잔 앞에서 축수를 드는 인간은 과연 원시인인가.
아직도 생선을 뒤집어 먹지 않는 바닷가 사람들,
'4'라는 숫자가 들어간 사단은 존재하지 않는 군대.
미래가 궁금해 영험한 무녀를 찾는 현대인은 과연 과거를 뛰어넘었는가.
죽음과 고통 앞에서 기도하는 사람들.
살며 사랑하며 축복하는 사람들.
종교는 인간에게 속한 자연스러운 본성이 아닌가.
오히려 건강한 종교적 담화를 가로막는 장애는,
편협한 이상과 교리 때문이 아니라, 편협한 인간의 현실 때문일지 모른다.
물질의 생산과 분배, 이익과 권력.
사람을 살육하는 전쟁과 테러조차 고상한 종교적 명분을 갖다 쓰지 않는가.

대체 인간의 관용조차 허락하지 않는
옹졸한 신을 어떻게 믿을 수 있을까.

카리온 데 로스 콘데스에는 큰 알베르게 2개가 있다.
우리는 산타 마리아 성당에 속해 있는 알베르게로 향했다.
쉴 수 있는 마을에 도착했다는 것만으로도 피로가 풀렸다.
가벼운 마음으로 마을 중앙로를 따라 줄곧 걸었다.
접수대에 앉은 봉사자가 손가락 세 개를 펴면서 웃었다.
"3명? 너희가 마지막이야."
40명 정원 중 마지막 세 자리.
우리는 만세를 불렀다.

4.

장을 보려고 숙소를 나설 때 우리는 다른 한국인의 소식을 들었다.
다리를 다쳐서 도저히 움직일 수 없다는 것이었다.
곤경에 처한 동포를 외면할 수는 없는 일이다.
마을 입구로 거슬러 올라가서 도와주기로 했다.

낙오 직전의 초췌한 몰골로 퍼져 앉아 있는 한국인은 여성이었다.
뜻밖의 구원병을 만난 그녀는 놀라면서도 기뻐했다.
나는 그녀의 배낭을 들었다.
지나치게 무거웠다.
돌이 잔뜩 들어 있는 기분이었다.

가방을 살짝 들어 보는 일행 모두가 고개를 가로젓는다.
내가 그녀에게 물었다.
"굉장히 무겁네요.
뭐가 들었죠?"
그녀는 절박한 목소리로 대답했다.
"논문을 써야 해요.
자료가 들어 있어요.
시간이 없어요."

나는 잠시 무슨 말을 해야 할지 망설였다.
순례자의 가방은 채우기 위해서가 아니라 비우기 위해 존재한다.
길 위에서 꼭 필요한 물질적인 도구를 제외하고는
심지어는 복잡한 마음까지도 비우고 걷는 것이 좋다.
오직 그녀에게만 의미가 있는, 중요한 물건임은 분명하다.
하지만 가방을 가득 채운 종이는 점점 더 어깨를 짓누를 것이다.
내 눈으로는 망령처럼 따라붙은, 버릴 수 없는 삶의 무게처럼 보인다.

그녀는 매우 갈증이 났는지 오렌지 주스를 찾았다.
마트에 들러 2ℓ 정도 되는 커다란 팩을 사다 주었다.
일행과 함께 잠자리를 잡아 주고 알베르게로 돌아왔다.
논문 자료로 가득한 배낭의 주인 소식을 그 이후로는 들을 수 없었다.

5.

한국에서 온 여성 동지들이 고기를 굽고 요리를 하는 사이.

설거지를 예약하고 혼자 성당에 갔다.

정지된 어둠과 침묵은 영혼을 조용하면서도 강렬히 동요시킨다.

하루 종일 움직이던 시곗바늘이 멈추고 두근거리던 심장이 잔잔해진다.

성당 맨 앞자리에서 두 명의 수녀가 저녁 성무일도를 바치고 있었다.

나는 자리에 앉았다.

고요한 어둠 속에서 초록색 빛이 스며들었다.

알아들을 수 없는 기도 소리가 허공을 맴돌았다.

이 중얼거리는 음성이 아름다운 이유는 조용한 침묵 때문일 것이다.

모든 있음의 바탕이 없음이듯.

모든 이름을 드러내는 참된 이름은 눈에 보이지 않는다.

참된 수도자란 특별한 이름을 드러내는 보이지 않는 이름들이다.

그리고 참된 영성이란 바로 그 보이지 않는 이름을 갖는 능력이다.

눈을 감았다.

이따금 그녀들이 일어설 때마다 천사의 날개가 사각거리는 소리가 들렸다.

나는 믿는다.

세상과 싸우는 수만 가지 의지와 행동과 실천과 혁신만큼,

하늘을 향한 이 작고 가난한 기도가 세상을 변화시킬 것이다.

사막에서

1.

아직 동이 트기 전.
푸르스름한 빛이 감도는 서늘한 아침.
돌이 깔린 골목과 고풍스러운 건물 몇 개를 지나
카리온 데 로스 콘데스를 떠났다.
약간의 아스팔트 도로와 자갈 섞인 비포장도로 구간,
그리고 단조로운 흙길이 오래도록 이어졌다.
다음 마을까지는 17km.
긴 구간에 쉬는 곳이 없기 때문에 조절을 잘하며 걸어야 한다.
하루살이가 끊임없이 달라붙고 똑같이 생긴 길이 끝없이 이어졌다.
길가에는 쓰레기와 오물이 정리되지 않은 채 널려 있었다.

발은 과연 튼튼해지고 체력도 더욱 강건해졌다.
하지만 심리적인 면으로는 퇴보하고 있음을 느낀다.
눈뜨고, 걷고, 숙소를 잡고, 식사를 하는 비슷한 구조의 하루.

잠자리를 걱정하고 배고픔을 달래고 똑같은 고민을 하는 사람들.
반복된 삶의 형태 자체가 하나의 고정된 안정감을 만든 셈이다.
처음에는 모든 순례자가 커다란 자극을 주는 또 다른 세계였는데,
이제는 걷고 만나는 사람의 얼굴이 그저 그런 표정으로 보인다.
한때는 영감을 주던 사람들.
서로의 내면에 자리를 잡고 웃음 짓던 사람들을 벗어나,
어느덧 혼자 걷고 있는 자신을 발견한다.

2.

아, 바람도 불지 않는다.
지루한 풍경과 뜨거운 폭염이 끝도 없이 괴롭힌다.
그늘 없는 이 길 위에 내던져진 우리는 줄곧 시험을 받는다.
거부할 수 없는 빛이 내면을 관통한다.
숨을 곳 없는 들판에서 무방비로 쏟아지는 빛과 자극.
자신을 지키기 위해 고상하게 쌓아 올린 방어 기제도
사람들과 함께 공존하기 위해 습득한 삶의 기술도 무력화된다.
짜증나는 일이다.
발가벗은 기분으로 하루를 살 수는 없다.
속을 빤히 꿰뚫는 눈으로 나를 판단하는 이 길을 감당할 수가 없다.
인간은 어차피 서로의 무능함과 이기적인 본성을
서로 조금씩 눈감아 주지 않으면 함께 살아갈 수 없는 것이 아닌가.
짐이 더욱 무겁게 느껴진다.

임마쿨라다는 어제부터 길에 짓눌리고 있다.
새벽부터 화를 내고 짜증을 낸다.
두 자매의 걸음이 매우 무거워 보인다.
오늘은 많이 걷지 못할 것 같다.

3.

침묵 속에서 길을 걷다 에일린을 만났다.
안경을 벗었고, 다시 등산화를 신었고, 살이 빠져서 예뻐졌다.
"안녕, 에일린.
발은 괜찮아?"
그녀 역시 오랜만에 만난 길동무를 반긴다.
"응, 다 나았어. 더 건강해졌고."
에일린은 나를 보고 생각났는지 두 자매에 대해 물었다.
"친구들은 어디 갔니?"
나는 멀리서 따라오는 자매를 향해 돌아서며 말했다.
"좀 지쳤어.
집 생각을 많이 하나 봐."
그녀 역시 가족을 두고 혼자 걷고 있다.
"아이들에게 엽서를 보내거나 전화하니?"
"여기 올 때 큰아들이 따라오겠다고 했거든.
그래서 내가 말했어.
'엄마는 성지 순례를 하는 거야.
날마다 성당 가서 기도할 건데 괜찮아?'

그랬더니 절대 안 간대.
아마 집에서 컴퓨터 게임하면서 놀고 있을 거야."
나는 웃었다.

에일린은 보폭이 크고 걸음이 빨랐다.
한참을 걷다 보니 두 자매와 간격이 더 벌어졌다.
고개를 숙인 채 멀어져만 가는 두 자매.
강렬한 태양과 단조로운 갈색 길은 마치 작은 사막 같은 풍경이다.

에일린은 상식이 풍부하고 교양이 깊다.
투박한 어투로 빠르게 내뱉는 그녀의 영어를 알아듣기는 힘들지만.
다양한 약초에 관한 이야기나 사회를 보편적으로 바라보는 시선.
대화를 하면 그녀가 책을 많이 읽었다는 것을 알 수 있다.
나는 목마른 사막처럼 펼쳐진 길을 보며 에일린에게 물었다.
"에일린, 《어린 왕자》 읽어 봤니?"
그녀는 알아듣지 못했는지 되물었다.
"뭐라고?"
"《어린 왕자》, 생텍쥐페리."
그녀의 표정이 환해졌다.
"거기에 보면 어린 왕자랑 비행사가 사막에서 만나잖아.
이 길도 작은 사막 같아."
그러자 그녀가 말했다.
"이 길을 다 걷고 나면 난 사막을 걸을 거야."

뜻밖의 대답이었다.

너무 엉뚱하기도 하고.

"정말? 어느 사막?"

"그냥 아무 곳이나! 사막!"

"거긴 왜 가려고?"

사막에 대한 그녀의 막연해 보이는 동경도 나름 이유가 있었다.

"아프가니스탄에서 근무하는 독일 군인이 쓴 책을 봤어.

평화유지군, 계급이 상사던가……. 뭐 그런 건 잘 모르겠어.

아무튼 굶주리고 죽는 사람들을 보았어.

그렇게 힘든 곳에서 어떤 변화가 있대.

사막 같은 곳에서 무언가를 체험하게 된다는 거야."

나는 잠시 생각에 잠겼다.

내게 사막이란 주제를 던져 준 곳은 이라크 아르빌이었다.

나는 말했다.

"에일린, 사막이 아름다운 이유는

어딘가에 물이 있기 때문이래.

너에게 필요한 건 사막이 아니라 물일 거야.

그런데 가지 마.

너에겐 사랑하는 두 아들이 있잖아."

뜨거운 해가 땅을 달구었고, 우리는 멀리 지평선을 따라 걸었다.

갑자기 땅 밑에서 감춰진 마을이 솟아올랐고, 우린 기뻐서 웃었다.

에일린이 말했다.

"마치 온타나스 같아.
리, 기억나?"
"기억하고 말고!
물의 마을이잖아."

기사와 소녀

1.

새벽에 깨어났다.
마당에 나가 밤하늘을 보았다.
총총히 빛나는 별들이 세상을 뒤덮고 있었다.
별은 밤길을 인도하는 등불이다.
오래전 순례자들은 은하수를 따라 밤길을 걸었다.
하얗게 반짝이는 무수한 별의 길.
저마다 하늘에 자신만의 별이 있다면
아마도 저 별들은 이 길을 걸었던 영혼일 것이다.
바람이 차다.
해가 뜨면 별은 사라질 것이다.
별도 사라지고 바람도 사라지고 순례자도 사라질 것이다.
모든 것은 그렇게 흘러가도록 내버려 두어야 한다.

임마쿨라다가 새벽에 깨서 마당을 배회한다.

혼자 가고 싶다고 한다.

속도를 맞추지 못하는 자신이 부담스러운 존재가 되는 것이 싫다고 한다.

길을 통해 드러나는 자기 자신을 감당하는 데

시간이 필요하기 때문일 것이다.

미카엘라와 임마쿨라다는 가족이니, 내가 떠나는 게 좋을 것 같다.

오랜만에 혼자 걷는 길.

마음이 고요함으로 가득해진다.

엷은 안개가 지나간 뒤, 왼편에서는 쌍무지개가 떴다.

샛노란 해바라기와 프리지어가 만발한 길을 걸었다.

하얀 구름은 부푼 돛처럼 바람을 충만히 받아 굼실거렸다.

무지개를 향해 망토를 휘날리는 기사처럼 달려가고 있었다.

말할 수 없기 때문에 안으로만 깊게 스며드는 찬란한 빛.

이 눈부시게 아름다운 축복을 감당하기 어렵다.

배낭을 조인 두 개의 끈이 양쪽 늑골에 닿는 느낌이 좋다.

무게 중심을 잡은 길쭉한 가방과 내 몸통이 하나가 된 기분이다.

구름이 낮게 고인 하늘에서 갈라져 내려오는 빛살.

쌍무지개는 계속해서 가는 길을 비췄다.

2.

테라디오스 데 템플라리오스.

날개 달린 신발을 신은 것처럼 가볍게 '성전 기사단' 마을에 도착했다.

순례길의 전설이 된 기사단의 흔적을 직접 만나게 되는 마을이다.

성전 기사단은 일반 기사와 다르다.
그는 돈이나 진급, 공훈이나 실적 때문에 움직이지 않는다.
초월적 신념이나 종교적 믿음으로 무장되었기 때문이다.
그는 종종 온라인 게임이나 애니메이션에서 빛과 함께 묘사된다.
일정한 원을 형성하면서 둥글게 퍼져 나가는 빛 가운데 서 있다.
기사의 힘이 강할수록 원이 커지고 빛도 강해진다.
그 빛은 오라이고 카리스마다.
성전 기사단의 동료가 되면 그의 가호를 입는다.
고통을 견디는 능력이 커지고, 자극에 민첩해지며, 더욱 강해진다.
살아가는 동안 곁에 있는 것만으로도 힘을 주는 사람이 있다.

역사적으로 성전 기사단이 출현하게 된 계기는 십자군 전쟁이었다.
성지 탈환을 명분으로 시작했지만 실은 이권을 향한 전쟁이었다.
임금과 귀족, 주교와 기사들이
더 많은 땅과 재산을 차지하기 위해 뛰어들었다.
성전 기사단의 관심사는 달랐다.
패전 후에도 구호소와 병원을 세워 순례자를 보호했다.
보상 없이 목숨을 바치면서 순수한 신앙을 증명했다.
그들은 돈이나 명예를 원하지 않았지만 돈과 명예가 생겼다.
헌신적인 삶에 감화를 받은 이들이 큰 재산을 기탁하는 일도 있었다.

기사단 마을을 떠나면서.
그들이 지닌 불굴의 의지와 변치 않는 굳은 신념을 청해 본다.
"주님께서 그대를 사랑하시니,
그대는 가슴속에 진실과 정의를 간직하라.
그대는 그대가 맺은 거룩한 계약에 충실할 것이며,
가난하고 억눌리고 헐벗고 힘없는 자를 보호하라."

테라디오스 데 템플라리오스를 벗어나자 비가 온다.
긴 챙의 모자를 눌러쓰고 얇은 방풍 점퍼를 우비로 삼았다.
메마른 길가에 닫혀 있던 야생초 꽃망울이 터지는 촉촉한 들길.
모자를 타고 흐르는 빗방울과 천천히 젖어 가는 등산화.
비는 끝도 없이 광활한 어머니의 대지와
이름 없는 순례자의 가슴을 적신다.

3.

사아군은 활력이 넘치는 도시다.
클뤼니의 영향으로 이미 10세기 때 베네딕도 수도원이 세워졌다.
오래된 교회 몇 개가 과거의 위광을 간직하고 있다.
스탬프를 받기 위해 마을 입구에서 가장 가까운 알베르게를 찾았다.
알베르게의 이름도 클뤼니.
클뤼니는 프랑스의 지명이다.
지금은 역사 속에서 개혁의 대명사처럼 쓰이는 이름이다.

그리스도교가 로마의 국교가 된 후 종교는 국가의 보호를 받았다.
임금은 교회에 땅과 재산을 주고 군사력을 통해 보호했으며,
교회는 임금을 축복하고 그의 통치 이념을 굳건히 해 주었다.
물론 중세의 종교는 임금의 전유물도, 하나의 편의적 선택도 아니었다.
탄생에서 죽음에 이르기까지 민중의 삶 전반에 녹아 있는 총체적 문화였다.
하지만 8, 9세기 카롤링 왕조가 붕괴되고 종교는 변화를 맞는다.
중앙 권력이 무너지면서, 교회가 지방 제후의 소유로 전락했던 것이다.
교회와 교회 조직이 사유화되면서 많은 폐단이 일어났다.
성공과 부, 불순한 의도를 가진 자들이 사제가 되어 축첩을 일삼았고,
지방 제후에 의해 주교나 사제직 등 성직을 사고파는 일이 생겼다.

클뤼니는 910년 프랑스 아퀴텐의 기욤 공작이 세운 수도회다.
그는 자신이 설립한 수도회에 대한 모든 권리를 포기하고,
교황청 이외의 세속적 간섭으로부터 자유로운 수도 생활을 보장했다.
수도원장은 지방 유력 인사가 아니라 수도회원에 의해 선출되었고,
토지 역시 봉토가 아니었으므로 임금이나 제후에 의해 몰수될 수 없었다.
물론 최초의 개혁은 직접적인 의도로부터 비롯된 것이 아니었다.
본래 클뤼니 수도회 정신은 베네딕도 수도 정신으로의 회귀였다.
엄격한 청빈과 복음적 겸손, 절제된 침묵과 형제적 단결이 그 내용이었다.
하지만 실천은 사상보다 힘이 있었다.
클뤼니 수도회의 출현으로 커다란 파장이 일어났다.
10세기에서 11세기에 걸쳐 탁월한 영적 수도원장들이 배출되었으며,
경건한 공동체 정신의 촉발로 전 유럽에 개혁 수도회가 생겨나게 되었다.

4.

도시에 장이 섰다.
치즈를 잘라 팔면서 시끄럽게 흥정하는 소리.
오크 통에 담긴 훈제 생선, 천막 끝에 매달린 하몬과 자루 햄.
속옷을 잔뜩 늘어놓고 파는 좌판.
양파와 피망, 과일과 견과류, 북적대는 군중의 목소리.
살아가기 위한 의욕으로 가득 찬 땅의 소리다.

먹고 마시는 육체의 탐욕에 갇힌 인간은 구차하다.
하지만 먹지 않고서는 기도할 수도 없다.
인간은 빵으로만 살 수 없으며,
순수한 기도만으로도 살 수 없다.
하지만 빵과 기도 모두가 충족된다 해도
인간이 선택과 결단, 예측할 수 없는 초월적 자유를 가진 한,
발달된 제도나 시스템 자체도 완전한 사회를 보장하지는 못할 것이다.
가난과 부, 순수한 신앙과 세속적 권력.
인간이 고통과 죽음의 실존을 극복하지 못하는 한
수천 년 후의 인간도 같은 위기를 겪고 같은 고민을 할 것이다.

클뤼니 알베르게에서 스탬프를 받고,
오래된 산 후안 성당에 앉아 잠시 묵상을 하고 길을 나섰다.
개혁과 쇄신의 숨결이 담긴 마을을 떠나며 참된 변화와 진보를 꿈꾼다.

5.

30km 정도를 걸었다.
포플러가 늘어선 가로수 길을 따라 베르시아노스에 도착했다.

바에 들어서자마자 콩알 볶는 소리가 난다.
우박이다.
나는 가방을 벗지 못한 채, 바 입구에 서서 창밖을 내다보았다.
자동차 지붕에 구멍을 낼 것 같은 무시무시한 우박이다.
짐을 풀려고 돌아서니 사람들이 모두 나를 쳐다본다.

간단히 점심을 먹고 바를 나섰다.
하늘이 파랗게 갰다.
더 걷고 싶은 유혹을 물리치고 알베르게를 찾았다.
숙소에 들어서자 또다시 우박이 쏟아진다.
드문 일이다.

샤워를 하고 2층에 짐을 풀었다.
우박은 흔적도 없이 사라졌고 하늘은 더없이 맑고 푸르렀다.
창가에 다가서자 아름다운 기타 선율과 노랫소리가 들린다.
카리온에서 보았던 수녀와 봉사자.
봉사자들은 학생이었다.
마당에 의자를 놓고 둥그렇게 앉은 그들 주위로 사람들이 모였다.
여학생 3명이서 기타를 치자,

그들을 둘러선 모든 사람이 박수를 치며 노래를 한다.
그라뇽에서 본 듯한 한 순례자가 내게 기타를 건네준다.
그리고 눈으로 말한다.
'노래해, 어서!'
나는 빠른 템포의 분위기를 깨고 뻔뻔하게 〈Perhaps love〉를 불렀다.
내가 외우는 유일한 팝송이었으므로.

6.

내일 길에서 먹을 사과와 복숭아를 사서 돌아오는 길.
사람들이 숙소 밖으로 몰려나오고 있었다.
무슨 일이냐고 묻자, '일몰 의식'이 있다고 한다.

저녁 9시부터 작은 구릉 위로 올라가 해가 지는 서쪽을 바라보았다.
한낮에 우박이 거두어 낸 먼지 탓일까.
구름이 태양을 가리고 있었지만,
저무는 해가 뿜어내는 기묘한 빛은 여전히 아름다웠다.
황홀한 표정을 짓는 사람들 얼굴에 황금 빛살이 쏟아졌다.

낮에 보았던 명랑한 세 소녀는 신나게 기타를 치며 전례를 이끈다.
티 없이 맑은 노래 속에 태양이 저물어 간다.
카리온의 두 수녀는 흐뭇하게 아이들을 지켜본다.
성장하는 영혼을 지켜보는 것보다 더 큰 보람이 어디 있을까.
이 아이들의 가슴속에 깊이 각인되고 있는 진실.
그것은 다른 사람을 위해 봉사하는 기쁨일 것이다.
저물어 가는 들판에 차려진 자연의 학교.
그들이 배우는 것은 꿈으로 미화된 이기적인 성공학이 아닐 것이다.
모두가 길 위에 함께 존재하고, 함께 노래하는 존재임을 배울 것이다.
이렇게 아름다운 교사와 이렇게 순결한 학생들이 또 어디 있을까.

오십 년 동안의 고독

1.

새벽길을 앞둔 순례자를 위해 커피와 비스킷이 차려져 있었다.

딱딱한 빵을 입에 물고 책자를 펼쳤다.

엘 부르고 라네로까지 8km.

책은 유럽에 끊이지 않고 출몰하는 늑대에 대해 경고하고 있었다.

설마.

다행히 옛날이야기다.

예전에 이 길에서 맹수가 빈번히 나타났다고 한다.

기록은 17세기 이탈리아 순례자 도메니코 라피 이야기를 담고 있었다.

그는 늑대에게 물어뜯기는 동료 시체를 두고 도망쳐야 했다.

가장 비극적인 순례자의 종말이 아닐 수 없다.

다행히도 지금은 21세기.

더 이상 늑대나 맹수의 위협은 없다.

대신 우리 안에 도사리는 굶주린 야수와 마주쳐야 한다.

메세타는 유혹을 받는 장소다.
지치고 고된 머릿속에서 질서 없는 욕망들이 활개를 친다.
이 길에서 마주치는 유혹은 어떤 것들이 있을까.
40일의 단식 끝에 광야에서 만난 그리스도의 시험처럼.
대체로 세 가지 정도가 아닐까 생각한다.

첫째, 육체의 유혹.
오래 길을 걷는 것은 하나의 수련이나 훈련이 될 수 있다.
순례자들은 누적된 피로에도 불구하고 강인한 체력을 갖게 된다.
몸은 군더더기 없이 필요한 조직으로 재구성된다.
때때로 이렇게 만들어진 강한 몸은 강한 성적 자극을 요구하는데,
특히 이른 아침에 눈을 뜨고 곧바로 일어나는 것이 좋다.
무질서한 성적 환상이나 어지러운 본능에 짓눌릴 수 있기 때문이다.
역설적이지만 순례길 위에는 집창촌도 버젓이 존재했으며,
하룻밤에 두 명의 여자를 안았다는 노인 이야기도 허풍은 아닐 것이다.
둘째, 죽음의 충동.
길을 걷는 자의 죽음이란 이 길에서 내려서는 것이다.
지금은 버스니 다른 교통수단으로 이 길을 지나갈 수도 있지만,
과거에는 한 번 걷기 시작한 길을 중도에 포기하는 것은
쉽지 않은 결정이었다.
더 나아가거나 이미 걸어온 길을 다시 돌아가는 수밖에는 없는 것이다.
육체든 정신이든 유혹자의 가장 큰 목표는 대상자의 파멸이다.
과거에는 이 길에서 희망을 잃고 자살을 선택하는 일도 있었다.

셋째, 우상화의 유혹.

《반지의 제왕》은 매력적인 현대판 고전 소설이다.

북유럽 신화나 니벨룽겐의 반지와 같은 전승을 토대로 창작된 판타지다.

소설 속에서 반지는 여러 가지 상징을 담고 있다.

인간이 추구하는 욕망, 권능, 지배욕, 절대 권력.

하지만 이상하게 반지를 낀 영혼은 반지의 힘을 제어하지 못한다.

보다 강한 힘을 소유할수록 자신을 통제할 수 없게 되고,

결국 반지의 힘 때문에 스스로 파멸에 이르게 된다.

주체인 자아가 부차적인 반지의 소유물로 전락하는 것이다.

모르도르라 불리는, 죽음을 향한 여정은 유혹과의 투쟁이다.

진정한 자신을 만나기 위해 받게 되는 가장 큰 유혹이 반지로 표상된다.

반지는 자아 앞에 붙은 기능적 수식어다.

돈이 많은, 얼굴이 예쁜, 몸매가 잘빠진, 지위가 높은, 성공한.

우리는 어느 때보다 기능적 자아를 우상화하는 시대에 살고 있다.

수식어가 붙지 않은, 있는 그대로의 나를 사랑하기는 어렵다.

길 위의 반지는 부수적인 목표다.

이 길을 걸으면 더 건강해질 것이고,

가족의 소중함을 더 절실히 느낄 것이고,

사회로 돌아가서 더 열심히 일할 수 있을 것이다.

어쩌면 이 길을 걸었다는 것 자체로 명예를 얻을 수도 있을 것이다.

하지만 그것은 이 길의 최종 목적이 아니다.

길의 마지막 목표는 있는 그대로의 자신을 만나는 것이다.

2.

적당히 자라난 포플러 길을 따라 렐리에고스까지 걸어갔다.
안내 책자의 사진보다 키가 자란 나무들.
풍성한 품을 가진 거목처럼.
언젠가 시간이 지나면 울창한 그늘로 순례자의 시름도 덜어 주겠지.

배가 고파서 보카디요를 먹고 클라라 콘 리몬을 마셨다.
강아지 한 마리가 서성이더니 내 무릎에 턱을 괸다.

강아지와 함께 식사를 하는 동안 작은 마을이 술렁거린다.
행사 옷을 비슷하게 차려입은 남자들이 시끄럽게 웃어 댄다.
길거리로 마을 사람들이 모여든다.
나이 든 연주자로 구성된 엉성한 군악대가 웅장한 음악을 만들고,
몇몇 여자들은 그 뒤를 따라다니면서 캐스터네츠를 신나게 두들긴다.
궁금해진 순례자들이 서로 무슨 일이냐고 묻지만,
스페인 순례자들은 가까이 가서 묻기를 귀찮아한다.
여행 중에 마주치는 이벤트나 축제처럼 솔깃한 것이 있으랴.
매우 궁금했지민 갈 길이 바빠서 그냥 길을 떠났다.

3.

만시야 데 라스 물라스.
오전 내내 걸어왔던 비슷한 길을 1시간 이상 걸었다.
마을 입구로부터 한참을 걸어 들어갔다.

멀리 마을 중앙에 위치한 성당이 보였다.
근처에 갔더니 사람들 웅성거림이 요란하다.
1시간 전 렐리에고스와 비슷한 상황이다.
인파를 비집고 들어가니 안쪽 멀리 제단이 보였다.
3명의 노사제가 목에 영대를 걸치고 앉아 있었다.
성당 문이 활짝 열린 채로 미사가 집전되고 있었다.
앉을 자리가 없었기에 문밖으로 군중이 모였던 것이다.

그때 사람들이 서로 밀치며 공간을 만들었다.
그리고 녹색 고전의상을 차려입은 젊은 남녀들이 등장했다.
청년들은 춤을 추기 시작했다.
피리 소리와 캐스터네츠.
중세 영화 속에서 나올 법한 음악과 무용이 어우러졌다.
둘러선 사람들이 흐뭇하게 지켜보았다.
무슨 일이 있는 걸까.
오늘은 8월 2일.
성인의 축일이거나 마을 기념일인가.

다리가 아파서 조금 물러나 지켜보기로 했다.
마침 멀지 않은 곳에 긴 의자가 있었다.
흥겨운 음악이 흐르는 가운데 사람들의 뒤통수만 보였다.
나는 의자 구석에 걸터앉아 신발을 벗었다.
그때 젊은 부부가 내 옆에 와서 앉았다.

발 냄새가 날까 봐 약간 등을 보인 채 고개를 돌려 물었다.

"저기……. 무슨 일입니까?"

젊은 부인이 유창하게 영어를 했다.

"미사가 끝났고 큰 행사가 있어요."

남편은 낯선 남자와 부인이 무슨 대화를 하는지 궁금해했다. 내가 거지처럼 보이거나 수상하게 보인 걸까. 영어를 못하는지 질문을 할 때마다 둘이 상의를 한다. 내가 다시 물었다.

"행사요?"

부인이 말했다.

"네, 렐리에고스의 한 청년을 축하하고 있어요."

대체 어떤 젊은이를 위해 성당에서 행사를 한단 말인가.

"청년? 성인이에요?"

부인이 대답했다.

"아니오, 그냥 청년이에요."

질문을 많이 해서 귀찮게 하는 건 아닐까 살짝 걱정스럽다. 하지만 오전부터 생긴 호기심 때문에 더 참지 못하겠다.

"청년. 혹시 유명한 분인가요?"

"아니오, 뭐라고 해야 할지……."

설명을 하기 위해 고심하는 그녀.

나는 추측을 해 본다.

"혹시 사제예요?"

그녀의 눈이 동그랗게 변했다.

"네, 사제!"

"신학생이 사제가 되었나요?"

"네, 맞아요. 렐리에고스의 한 젊은이가 사제가 되었고.
오늘 11시에 첫 미사를 했어요.
50년 만이에요.
이 지역에서 사제가 나온 지가, 50년이요."

단순한 이벤트라고 하기엔 조금 기막힌 이벤트다.
매년 할 수 있는 축제보다 귀한 장면이 아닌가.
시간이 없고 사람이 많았기에 첫 강복은 받지 못하겠지만.
그를 위해 기도해 주고 싶은 마음이 생겼다.

"그분 이름이 뭡니까?"

그녀는 기꺼이 대답했다.

"카를로스요."

부인은 자신의 손가방을 뒤적거렸다.
그리고 명함 크기의 사진을 꺼내더니 내게 주었다.

"가지세요."

흐릿한 흑백 사진은 아주 오래된 성모상이었다.

그녀가 말했다.

"'은총의 동정 성모 마리아'예요."

사진 속 성모님의 뺨이 가느다란 세로 모양의 불빛으로 반짝였다.
카를로스, 은총의 동정 성모 마리아, 그리고 반세기만의 새 사제.

1936년부터 1939년까지 유럽을 뒤흔든 쓰라린 전쟁이 있었다.

개혁을 추진하는 인민 전선 정부에 대해
프랑코 장군의 군부가 일으킨 반란.
이른바 '스페인 내전'이다.
1789년 프랑스 혁명 이래 봉건 시대가 막을 내리고,
근대적 민주와 자유를 향한 유럽의 마지막 투쟁 무대였다.
시몬느 베이유, 조지 오웰, 헤밍웨이, 로버트 카파.
당대 영향력 있는 지식인들이 뛰어든 내전으로 유명했다.
보수적 군부는 전쟁 명분을 전통과 종교 수호에서 찾았다.
무정부주의자와 공산주의자, 유대인과 프리메이슨.
미성숙한 인민 전선의 불협화음은 군부가 나설 빌미를 제공해 주었다.
내전의 결과는 참혹했다.
스페인의 모든 지식인은 내전으로 사라졌다는 말이 있을 정도였다.
자유를 갈망하던 무고한 시민 수만 명이 학살당했다.
4,000명 이상의 사제, 2,600명 이상의 수녀들이 살해되었다.
교회는 손쉽게 접근할 수 있는 억압적 질서의 상징이었다.
전쟁은 프랑코가 이끄는 군부의 승리로 끝났다.
40년 동안의 기나긴 프랑코 군부 독재가 시작되는 순간이었다.
폐허 위에 남은 상처는 깊고 잔인했다.
그들이 서로 죽인 사람들은 바로 형제요 이웃이었기 때문이었다.
질서와 종교를 수호해야 하는 국민의 군대가 지식인을 짓밟고
자유와 해방을 위해 투쟁하는 시민의 군대가 종교인을 살육한 전쟁.
어떤 변혁이나 진보도 피 흐르는 광기의 역사 없이는 불가능한 것일까.

세속의 질서에 편입된 종교에 대한 환멸.
부유한 권위적 교회에 관한 적개심으로 발길을 돌린 사람들.
그런데 다시 그 폐허 위에 기도하는 사람들이 모이고 있다.
유럽의 다른 나라에서는 볼 수 없는 모습이다.
남들은 모두 바꾸는 게 대세인데 이들은 무엇을 되찾고 싶은 걸까.

단재 신채호 선생은 모든 역사에는 변성과 항성이 있다고 했다.
변성이란 변하는 성질이요, 항성이란 항구히 지키려는 성향이다.
시대의 흐름에 맞추어 적응하는 것이 변성이고,
버리면 안 되는 것을 끝까지 지켜 내는 것이 항성이다.
역사의 중요한 갈림길에서 무엇을 선택하느냐에 따라 흐름이 바뀐다.

나는 스페인 역사에서 변성보다는 항성의 강한 힘을 느꼈다.
국토를 되찾아야 했던 이슬람과의 장구한 항쟁.
인문주의 시대와 급격한 종교 개혁을 거스른 영성 운동.
십자가의 요한 성인, 아빌라의 데레사 성녀, 로욜라의 이냐시오 성인.
변혁과 개혁의 밀물에 손쉽게 몸을 맡기지 않고,
오히려 그와 비례해서 커지는 반작용 같은 썰물의 선택은
때론 고지식하고 고집스럽고 미련해 보이기까지 하다.

〈알라트리스테〉라는 잘 알려지지 않은 스페인 영화가 있다.
원작은 레베르테의 소설이다.
17세기 스페인의 가난한 검사劍士를 주인공으로 하고 있다.

검사는 시종일관 무엇인가를 지켜 내기 위해 투쟁한다.
네덜란드와 프랑스의 위협으로부터 쇠퇴하는 조국을 지키고,
죽은 전우가 맡긴 아들을 지키고,
불안한 미래에 흔들리는 여인을 지킨다.
그는 자신이 사랑하는 여자를 겁탈한 임금을 존경하지도,
정치적 선택을 할 수밖에 없는 비굴한 상관을 우러러보지도 않는다.
조국도 신앙도 그의 행동을 이끄는 인생관처럼 보이지 않는다.
하지만 그의 거만한 자부심과 직선적인 신념은
가장 신앙적이고 가장 애국적인 선택을 하게 만든다.
그의 삶은 처세의 기술을 발휘하는 인물들과 대비된다.
이기적인 임금과 정치적인 고위 성직자, 정략 결혼을 하는 영주.
그들은 모두 한 폭의 그림 속에 들어 있는 유다의 동조자다.
그런데도 바보같이 검사는 그 모든 모순된 세계를 끌어안고 산다.
치졸한 임금이든, 무능한 상관이든, 힘없는 조국이든
그 어떤 악조건 속에서도 자신 스스로에 대한 배신을 허락하지 않는다.
바뀌는 대신 지킨다.
병균이 득실거리는 격리된 병실.
검은 베일을 벗기고 사랑하는 여인의 눈물을 닦아 주는 장면은 압권이다.
매독에 걸린 여인은 버림받고 더럽혀진 순결의 상징이다.
검사는 죽어 가는 여인에게 아름다운 목걸이를 걸어 주고.
하늘이 두 쪽 나도 변치 않을 자신의 사랑을 고백한다.
그의 사랑은 상대의 기능적인 변형에 따라 휘둘리지 않고,
있는 그대로의 순수한 존재를 향하고 있기 때문에 흔들림이 없다.

그래서 죽을 것이 뻔한 전투에서도 항복하지 않고 이렇게 말한다.
우리는 스페인 군인이니까.

스페인 영성을 이해하기 위한 열쇠는 아마도 바로 이것이 아닐까.
변치 않는 충성심.
배신 없는 믿음.
한결같은 약속.

39km를 걸었다.
레온까지는 6km.
생장피드포르에서 시작한 카미노를 삼분하는 두 번째 종착점.
내일의 입성을 준비하며 하루를 마무리했다.

단 하나의 길

1.

눈을 뜨니 7시다.
늦은 기상이다.
입맛이 없고 몸이 무겁다.
복숭아 하나를 먹고 숙소를 나섰다.
발이 게으름을 피운다.

구름 한 점 없이 맑은 날이다.
곧 대도시가 나올 텐데.
레온에서 하루를 묵을 것인가.
아니면, 더 걸을 것인가.

도로가 난 언덕길을 넘자 눈앞에 회색빛 도시가 펼쳐졌다.
하얀 휴지가 유령처럼 나뒹구는 내리막 흙길을 지나갔다.
소음으로 흔들리는 철교를 건너갔다.

다리 밑에서는 자동차가 고속으로 질주한다.
좀처럼 힘이 나지 않는다.
눈이 따갑다.
3주 정도 쉬지 않고 걸어왔다.
오늘을 안식일로 삼자.

공립 알베르게에 도착해 짐을 맡기고 밖으로 나갔다.
진하고 쌉쌀한 에스프레소 한 잔을 마시고 정신을 차렸다.
은행에 들러 돈을 찾고, 마트에 가서 내일 먹을 음식을 챙겼다.
몸은 계속 무겁다.
등록을 마치고 침대에 누웠다.
피곤한데 잠이 오질 않는다.
푹 꺼진 2층 침대가 내 위로 무너질 것만 같다.
반 시간을 뒤척였다.
움직여야 한다.
계속 처지면 더 이상 걸을 수 없을지도 모른다.

레온은 대도시다.
시내로 가는 아무 버스나 무턱 대고 잡아탔다.
같은 정류장에서 내린 할아버지 한 분이 계셨다.
이 동네 누구나 알 만한 단어로 길을 물었다.
"레온 카테드랄."
자세히 보니 다리를 저신다.

내 손을 덥석 잡으시더니 따라오라 하신다.
가우디의 건물 앞에서 우리는 손 인사와 목례를 나눴다.
나는 곧장 걸어가 레온 대성당에 도착했다.
때는 3시였다.
여름철에는 4시부터 개장한다는 소식을 듣고 발길을 돌렸다.

중앙로를 따라 천천히 걸었다.
즐비한 카페와 레스토랑.
코발트 빛 하늘이 담긴 엽서와 먼지 쌓인 기념품.
가벼운 가방과 선글라스, 카메라를 든 사람들.
오고가는 인파에 휩쓸려 거리를 배회했다.
햇살은 맑았고 대기는 상큼했다.
여행자만이 느끼는 이질감이나 특별한 자기 발견 같은 건 없었다.
반기는 사람도 거부하는 사람도 없었다.
들판도 나무도 싱그러운 바람도 없었다.
모든 사물은 문명의 한복판 속에서 일상을 지속하고 있었고,
사람들은 익숙한 풍경 한 조각처럼 무덤덤하게 흘러 다녔다.
갑자기 몹시 배가 고파 왔다.
샌드위치 가게 앞에 서서 잠시 망설였다.
가격이 달린 신상품 포스터가 잔뜩 붙어 있었다.
눈이 어지러웠다.
그때 어디선가 거리의 음악이 들려왔다.
낮고 음울한 바이올린 소리.

⟨Feelings⟩.
차갑고 경직된 얼굴로 무장한 채 살아야 하는 도시의 일상.
녹슨 표정으로부터 해방된 여행자들의 연민을 구걸하고 있었다.
다리가 몹시 아파서 카페를 찾아 쉬고 싶었다.

2.

성당이 보이는 광장, 카페에서 낯익은 순례자와 마주쳤다.
미카엘라와 임마쿨라다, 그리고 유키.
그들은 각자의 찻잔 너머로 무언가를 기다리고 있는 듯 보였다.
우리는 자연스럽게 합석했다.
어차피 같은 방향으로 가는 길이었지만,
지나왔던 발걸음을 나누기에는 아직 일렀다.
미카엘라와 임마쿨라다는 조심스레 사과부터 청한다.
하지만 각자의 흐름에 맡긴 채 먼저 떠난 건 나였다.
임마쿨라다는 별판에서 맞아야 했던 두 차례의 우박 이야기를 했다.
앞뒤 논리가 맞지는 않지만 특별한 의미를 부여하는 양상이다.
좋은 날씨는 하늘이 그 순례자를 보호하는 상징이지만,
그 반대는 믿지 않는다.
사실 메세타에서는 흔히 있는 일이다.

드디어 오후 4시.
시간에 맞춰 우리는 모두 함께 레온 대성당에 들어갔다.

아름다운 스테인드글라스로 유명한 대성당.
조용한 입구에 들어서자 빛의 향연이 펼쳐진다.
붉은색을 많이 쓴 동쪽 창문들은 불에 타는 듯하고,
파란색을 많이 쓴 서쪽은 시원한 바다처럼 보인다.
곧게 뻗은 기둥마다 어두운 내부를 비추는 창문이 달렸고,
간접적으로 투과된 부드러운 빛이 신비로움을 더했다.

우리는 대성당 옆문을 통해 박물관으로 들어갔다.
수없이 많은 성화와 제구가 전시되어 있었다.
듣지 못했던 성인들과 관련된 유물도 눈에 띄게 많았다.
불에 태워지고, 화살에 꿰뚫리고, 몸이 동강 나고,
산 채로 내장이 꺼내지는 형벌을 받아 죽어 간 성자들.
값지고 화려한 도구를 통해 재현한 피와 고통의 상징.
아름다운 색채와 고상한 재료에 비해 끔찍한 주제다.
교회가 빛을 피해 지하로 숨었던 시절 이야기.
박해의 흔적을 그대로 증언하고 있었다.

레온 대성당은 13세기에 완공된 고딕 건축물이나.
하늘을 찌를 듯한 첨탑과 아름다운 창문을 통해 들어오는 빛.
내부를 장식한 조형물 모두 신앙에 관한 자신감의 표현이다.
때로는 불타는 열정 속에, 때로는 한없는 바닷속에.
레온 대성당은 마치 세상이라는 바다를 항해하는 방주나
피 흐르는 희생 위에 핀 화려한 빛의 꽃처럼 보였다.

땅 위의 것들은 모두 사라진다.
화려한 성전을 보고 멸망을 예고했던 그리스도의 종언처럼.
교회가 박해와 순교의 순수한 열정을 간직하지 못한다면,
그들이 굳게 지녔던 하늘을 향한 염원의 언어를 잃게 된다면,
이 모든 것들은 다 사라질 것이다.

3.

유키는 스페인어를 곧잘 한다.
스페인의 오래된 교육 도시 살라망카에서 6개월 정도 공부했다.
우리는 적극적인 그녀의 안내를 따라 산 이시도로 대성당에도 들렀다.
사람들이 많아서 20분 정도 기다려야만 했다.

산 이시도로 성당은 성인의 무덤 위에 지어진 성당이다.
성인을 존경했던 임금이 유해를 레온까지 모셔와 지었던 것이다.
레온 왕족의 관이 대대로 성인 곁에 함께 안장되었다.
아마도 성인의 축복을 기원하기 위한 마음이었을 것이다.

이시도로는 본래 세비야의 주교다.
서고트 시대였던 7세기, 가장 영향력 있는 인물 중 하나였다.
633년 톨레도 공의회를 주관했고, 많은 저술을 남긴 학자였다.
이시도로는 형이었던 레안드로에게서 세비야의 주교직을 물려받았다.
레안드로는 아리우스 이단과의 투쟁을 통해 교회의 기틀을 잡았고,
이시도로는 형이 닦아 놓은 기반 위에 눈부신 학문을 남겼다.

그는 후기 고대 지식을 집대성한 백과사전인
20권으로 된 《어원학》을 저술했고,
성문화된 역사책과 최초의 그리스도교 법령집을 편찬하기도 했다.
그가 남긴 방대한 학문적 업적은 중세 내내 교과서적인 역할을 했다.

나는 일행과 잠시 거리를 두고 있었다.
그리스도의 탄생과 부활을 그린 아름다운 무덤 위의 프레스코 벽화도
금과 보석이 박힌 12세기의 값비싼 유물도 눈에 들어오지 않았다.
알 수 없는 언어로 말하는 안경잡이 가이드의 설명은
잔소리처럼 느껴졌다.
미카 곁에서 친절히 설명하는 유키의 속삭이는 영어도 너무 멀었다.
줄곧 피곤한 상태였기 때문에 바닥에 앉아 잠시 쉬었다.
관광객이 오가는 직사각형 모양의 동선 중앙에서는
리허설이 한창이었다.
첼로와 바이올린, 기타 연주자가 10명 남짓 모여 있었다.
다소 무질서한 연습이라도 연주곡이 나와 주길 바랐지만,
그들은 끝내 미완의 음악조차 들려주지 않았다.
악기를 든 채 시늉만 하더니 시끄럽게 떠들다 사라져 버렸다.

레온에는 볼 만한 역사의 흔적이 많지만 마무리하기로 했다.
오후에 배회했던 골목길에서 발견한 식당에 앉아 저녁을 주문했다.
약간의 와인과 갈리시아 스프, 그리고 생선이 나왔다.

4.

내가 줄곧 유키라고 부르는 그녀의 본명은 미유키였다.
작년에 휴가를 반납한 대신 올해에는 긴 휴가를 써서 이 길을 걷고 있다.
가톨릭 신자는 아니지만 성당에 들어갈 때마다 성호를 긋는다.
이 길을 존중하는 그녀의 방식이다.
우리는 이따금 이 길에 관한 그녀의 해박한 지식에 놀랐다.
그녀가 용을 물리치는 기사, 제오르지오 이야기를 꺼냈다.
내가 만난 사람 중 처음이다.

미카엘라는 유키와 나를 동종의 인간으로 분류한다.
자꾸 그녀와 내가 비슷하다고 말한다.
관심 분야도 그렇고 성격도, 그리고 혹시 나이도.
결국 이렇게 저렇게 엮어 가며 혈액형이나 별자리를 묻는 것이다.
이럴 때 나는 여자들이 참 이해가 되지 않는다.
매우 비논리적인 추측이나 감정으로 사람을 판단하는 경향이 있다.
임마쿨라다가 입을 삐쭉거리며 빈정댄다.
"왜 또 대답해 보시죠.
혈액형은 우리 형.
별자리는 안드로메다.
재미없어요, 이제."
나중에 알게 된 사실이지만.
유키와 나는 생일이 같다.
아, 뭐지? 이런 흔하지 않은 일.

유키는 내가 쓰는 손바닥 크기의 수첩을 보고 싶어 했다.

깨알 같은 글씨로 매일매일 듬성듬성 끄적이던 글이었다.

가끔 어깨너머로 내 기록을 보던 외국인의 반응은 비슷했다.

"뭐야, 수학 기호 같아!"

하지만 유키는 좀 더 적극적인 관심을 보였다.

블로그가 있다면 번역기를 통해 읽고 싶다고 했다.

유키에 의하면 일본의 시코쿠에도 순례길이 있다.

길이는 총 1,400km.

숙소로 주로 사찰을 이용할 수 있지만 돈이 많이 든다.

다양한 불교 신화나 민담, 일본 역사를 접하게 될 것이다.

미카엘라는 카미노를 걷기 전에 제주 올레길을 걸었다.

빼어난 자연 경관과 무엇보다 음식이 훌륭하다고 했다.

나는 아직 그 길을 걸어 보지는 못했다.

많은 사람들이 건강이나 다이어트를 위해 걷는 것 같다.

우리나라의 길도 외국에 알려지면 좋겠다.

하지만 그렇게 되기 위해서는 길 자신이 생명을 가져야 한다.

길이 어떻게 생명력을 가질 수 있는가.

사실 길은 자연이며 그 자체로 살아 있다.

누가 살리고 말고 할 이유는 없다.

다만 인간이 만지고 느끼기 위해 살아 있어야 한다는 것이다.

건강을 위해서는 물리적인 환경의 조성만으로 충분하다.

하지만 길이 의미를 가지게 되면 더 깊게 사람과 소통한다.

자신의 이야기를 품은 길이 사람에게 이야기를 건네는 것이다.
제주는 우리 민족을 표현할 만한 고유한 기억을 간직한 땅이다.
오랜 무속의 창세 신화부터, 해녀 이야기, 피 흘린 4·3 항쟁까지.
하늘 품은 땅의 역사와 고된 삶을 이겨 낸 자부심의 흔적이
제주의 모든 길과 돌 조각 꽃송이 하나하나에 새겨져 있다.

유키는 부르고스에서부터 걸었다.
지금껏 만난 사람들 중에 나와 대화가 가장 잘 통한다고 기뻐한다.
아마 30년 전이었다면 이런 우정은 불가능했을지도 모른다.
암울한 역사의 그늘을 꺼내며 그녀를 곤란하게 하고 싶지 않다.
이 길 위에서는 모든 사람이 우정을 나눌 수 있어야 한다.
하지만 윗 세대가 감당했던 치욕과 투쟁을 잊어서는 안 된다.
그것이 지금의 우리를 가능하게 만든 앞사람들의 길이었으니까.

한 사람은 단 한 개의 길만을 걷는다.
길도 삶도 결코 반복되지 않는 일회성을 갖고 있다.
바로 지금 여기.
단 한 번의 길이고 단 한 번의 생이다.
한 번의 기회로 만난 모든 시간과 사건과 사람들.
실수와 과오, 미움과 좌절까지도.
허상이란 없다.

프랑스

피니스테레
산티아고 데 콤포스텔라
레온
생장피드포르
루르드
부르고스

스페인

일치의 길

레온에서 산티아고 데 콤포스텔라까지

돌아올 수 없는 강

1.

태양과 더위가 짓누르는 오후, 마침내 오스피탈 데 오르비고에 도착했다.
아치형의 긴 다리를 넘어 마을로 들어갔다.
오르비고 다리는 카미노 명물 중 하나다.
13세기에 만들어졌고, 길이는 200m가 넘는다.
레온과 산티아고를 잇는 이 길은 흔히 '명예의 길목'이라 불린다.
1434년에 있었던 마상 창술 시합 때문이다.

이야기의 주인공은 돈 수에로 데 키뇨네스라는 기사다.
그는 고귀한 레온의 기사로, 젊고 잘생긴 청년이었다.
그러나 모든 것을 갖춘 이 사나이도 한 가지를 얻지 못했다.
흠모하는 아가씨에게 사랑 고백을 했다가 퇴짜를 맞은 것이다.
수에로는 자존심 강한 B형 남자였던 모양이다.
분풀이를 오르비고 다리 위에서 했다.
아니, 좋은 말로 명예를 지키기 위해 다리 위에 섰다.

오르비고 다리는 레온에서 산티아고로 가는 길목이다.
'아 성질 나. 누구든지 감히 이 다리를 건너려거든 나를 꺾으라.'
소문을 들은 유럽의 내로라하는 청년 기사들이 모여들었다.
용기를 드러내고 명성을 얻을 수 있는 흔치 않은 기회였다.
볼거리가 적었던 중세 사람들에게는 열광적인 이벤트였다.
전 유럽을 들썩거리게 만든 15세기 토너먼트.
그러나 그는 강자였다.
한 달 동안 300개의 창이 부러질 때까지 다리를 지켰다.
진정한 챔피언 돈 수에로.
결투가 끝났을 땐 사랑 대신 동료를 얻었다.
싸우고 나면 친해지는 게 남자들의 이상한 심리다.
강한 적일수록 친구가 되면 강한 아군이 되는 것 아닌가.
경기가 끝난 수에로와 동지들은 의기투합해서 산티아고로 갔다.
그리고 명예를 되찾은 보답으로 감사의 예물을 바쳤다.

솔직히 궁금해진다.
수에로에게 치욕을 안겨 준 여인은 마침내 그를 받아들였을까.
비극으로 끝나지 않은 중세판《위대한 개츠비》다.
성공과 명예로 대치한 사랑.
그런 것이 존재할 수 있단 말인가.
이 전설의 가치는 용맹한 기사의 성공담에 있는 것이 아닐 것이다.
이 세상에 완전한 강자가 어디에 있는가.
피할 수 없는 인생의 어느 길목에서 대면해야 할 유일한 선택.

그것은 승리나 패배의 결과가 아니라, 마주 서는 용기일 것이다.

2.

발을 옮길 때마다 삐걱거리는 낡은 마룻바닥.
급조한 듯 보이는 지저분한 세면대.
몇 개 되지 않는 화장실과 하나밖에 없는 부엌.
교구 소속의 산타 마리아 알베르게는 정돈이 안 된 분위기다.
가장 많은 사람이 붐비는 열악한 여름 상황을 보여 주고 있다.
손님을 맞는 봉사자는 최고로 친절하다.
따뜻한 배려 속에 작은 정원과 허름한 숙소 모두가 온기를 풍긴다.
자신의 사명을 향한 시선을 놓지 않는 건강한 긴장감.
봉사의 가장 큰 도구는 결국 돈이나 시스템이 아니다.
온유하고 친절한 봉사자 자신이다.

샤워를 하고 아침거리를 장만했다.
선선한 그늘 밑에서 불어오는 바람을 맞았다.
하루의 일과를 정리한 후, 말끔히 씻고 저녁을 먹었다.
과거를 끊고 미래를 결단해야 하는 아뿍 강.
죽음을 넘어 생명으로 넘어가야 하는 요르단 강.
이젠 회피하거나 물릴 수 없는 길목 오르비고 강.
우린 운명의 강을 건너 산티아고에 가고 있다.

초콜릿 교회

1.

가볍게 시작한 아침.
차갑게 식은 땅.
젖은 풀 냄새.
고요함 속의 새소리.
튼튼한 다리와 부드러운 땅의 접촉.
어깨를 조이는 두 개의 끈.
하지만 얼마 지나지 않아 몸이 굳는다.

잠시 걸음을 포기하고 물가에 앉았다.
엉덩이가 하얀 산토끼가 날쌔게 도망간다.
좁은 밭고랑 사이로 흐르는 물속에 가재가 돌아다닌다.
태양은 평소와 똑같이 빠르게 치솟고,
자전거 순례자는 먼지를 일으키며 쌩쌩 달려간다.
바람이 불고 옥수숫대가 흔들린다.

가방에서 부스럭거리며 선글라스를 꺼내 썼다.
잠시 마음이 약해진다.
기운이 쳐진 채 1시간 반을 걸어 다음 마을에 닿았다.

2.

성당 앞에 긴 의자가 있었다.
피곤해서 쉬고 있는데 할머니 한 분이 손짓을 한다.
열쇠를 손에 쥐고 계신다.
할머니는 손짓 발짓 팬터마임을 하신다.
'문 열 테니, 스탬프 찍고 가.'
다른 순례자들은 휙휙 잘만 지나가는데.
할머니는 왜 저한테만 그러세요.
무거운 배낭을 맨 채 성수를 찍어 제대를 향해 인사했다.
중앙 통로를 통해 뚜벅뚜벅 앞자리로 걸어갔다.
잠시 앉아서 십자가를 바라보았다.
이로 입술을 질끈 깨문다.

성당을 나와 골목 모퉁이를 돌자 가게가 나왔다.
진한 에스프레소 한 잔과 물을 잔뜩 마시고 다시 출발했다.
여전히 무거운 다리와 발걸음.
하지만 기도했다.
'저 자신만을 위해 이 길을 걷지 않게 하소서.
이 길을 걷는 동안 받게 되는 모든 고됨이,

가장 가난하고 아파하는 이들을 위한 작은 보속이 되게 하소서.'

마을을 벗어나 산길에 접어들었다.
바닥에는 크고 작은 돌이 널렸고, 울퉁불퉁한 오르막길이 드러났다.
벌레처럼 기어가는 마음으로 슬금슬금 걸었다.
이상한 일이다.
각성제 역할을 하는 커피와 물을 마신 효과일까.
아니면 화장실에 들러 시원하게 비운 탓일까.
몸이 전기를 받은 듯 찌릿하고 조금씩 힘이 난다.
기도를 반복했다.
'길을 걷는 동안 받게 되는 이 고통이
가장 가난하고 아파하는 이들을 위한 보속이 되게 하소서.'

3.

어느덧 멀리 성채처럼 우뚝 솟은 도시가 나타났다.
아스토르가.
혀와 입술을 사용해서 발음할 때 귀엽게 느껴지는 이름이다.
아스토르가는 레온과 함께 고대 로마 시대부터 존재했던 도시다.
이슬람 세력을 피해 모여들었던, 그리스도교 마지막 거점이었다.
오늘날에는 로마 유물을 전시한 박물관과 유적지가 남아 있다.

우리는 성 프란치스코 광장에 있는 알베르게에 여장을 풀었다.
아직 이른 시간인데도 숙소를 잡으려는 경쟁이 치열했다.

알베르게 입구 게시판에는 유명한 작가의 흔적이 붙어 있었다.
만화가 허영만 선생의 친필 사인이다.
허영만 선생의 작품은 소재가 독창적이고 줄거리가 탄탄하다.
공부하면서 그린 그림이라는 것이 느껴진다.
'가장 맛있는 라면은 배고플 때 먹는 라면.'
현실을 감싸 안는 그분의 시선은 따뜻하다.
그분은 이 길을 걸으며 무엇을 느꼈을까.

우리는 가장 먼저 로마 박물관에 들렀다.
흥미로워서라기보다는 가장 가까운 곳에 있었기 때문이다.
캄캄한 암굴 끝에 걸어 놓은 스크린 앞에 앉았다.
고대를 재현한 영상이 상영되었다.
갑자기 나른해지고 눈이 무거워졌다.
유럽의 구석까지 미친 로마의 위명도 졸음을 감당하지 못했다.

어두운 박물관을 벗어나자 한 남자가 기다리고 있었다.
박물관 앞에서 길을 안내해 준 아저씨였다.
관람을 다 마칠 때까지 우리를 기다린 것이었다.
원하기만 하면 아스토르가 전체를 안내할 기세였다.
잠시 순수하지 못한 생각 때문에 망설여진다.
여행자에게는 지나친 친절함조차 경계의 대상이 된다.
연신 고개를 끄덕거리고 손짓을 하는 자전거 아저씨.
우리는 거리를 두고 걸었다.

하지만 멀리서도 그를 알아보는 것은 어렵지 않았다.

알록달록한 깃털이 달린 모자를 썼기 때문이다.

깃털 아저씨는 사람이 붐비는 중앙 광장까지 우리를 인도했다.

그리고 아이스크림을 사서 핥아 먹으며 당당히 사라졌다.

4.

휴양지 분위기가 물씬 나는 곳이다.

가벼운 옷차림으로 사진기와 지도를 들고 다니는 사람들.

고풍스러운 건물 사이로 가볍게 불어오는 바람.

카페테리아가 즐비한 광장은 즐겁게 흥청거리고 있었다.

책을 통해 우리의 관심을 끈 곳은 두 곳이었다.

가우디가 만든 주교관과 초콜릿 박물관.

초콜릿은 아스토르가의 관광 상품이다.

원료가 카카오라면 그 유래는 대항해 시대와 연관이 있을 것이다.

영국과 네덜란드, 프랑스에 자리를 내주기까지,

스페인은 무적함대를 갖춘 바다의 지배자였다.

유럽이 바다를 통해 팽창하고 식민지 확보를 위해 경쟁하던 시대.

값싼 노동력으로 생산한 황금과 향료와 기호품이 밀려들었다.

지구가 둥글다는 것을 깨닫지 못했던 시절.

목숨을 건 신대륙 발견이나 항로 개척은 곧바로 부로 환산되었다.

하지만 그들과 조우한 나라의 운명은 상대적으로 불우했다.

높은 항해술과 무기 기술.

무력을 바탕으로 맺어진 무역은 약탈에 가까웠다.
그리고 그 약탈의 역사는 우리 민족의 운명과도 무관하지 않았다.
철포를 배운 일본이 조선을 침공했으니 말이다.

초콜릿 원료인 카카오는 식민지 작물이다.
커피나 인디고*처럼 기후에 예민해서 유럽에서는 기를 수 없다.
긴 항해를 마친 사치 작물은 값비싼 가격에 팔렸을 것이다.
박물관에서는 초콜릿 공정 과정을 사진과 비디오로 보여 주고 있었다.
까만 흑인이 카카오를 재배하는 사진.
그들은 마치 현실과 동떨어진 화석 인류처럼 보였다.
한때는 노예에서 미국 이등 국민으로, 그리고 대통령으로.
한때는 이집트의 노예에서 로마 이등 국민으로, 그리고 전 세계로.
이젠 그 영향력으로 억압의 역사를 반복하지 않길 바란다.

박물관에는 상품으로 판매되었던 옛날 초콜릿이 전시되어 있었다.
드레스를 입은 여자와 투우사 복장을 한 남자.
지금으로서는 웃음이 나오지만 당대 최고의 미남 미녀 모델이었다.
구경하고 나오는 줄에서는 초콜릿을 맛볼 수 있도록 배려했다.
35%, 55% 카카오 함유량과 상관없이 먹을 수 있다.
배가 고파서 닥치는 대로 먹었더니 속이 쓰렸다.
빈속에 먹어서 그런가 보다.

---

* 서양화의 채색이나 염색에 쓰이는 검푸른 물감

출구 방명록에 글을 하나 적었다.
'사랑, 달콤하지만 많이 먹지는 못하는 것.'

가우디가 만들었다는 주교관은 건물이라기보다는 예술 작품이었다.
전체를 지배하는 곡선의 윤곽과 아름다운 직선이 배합된 뾰족탑.
미색 벽돌로 장식된 외관은 부드럽게 연결된 한 몸처럼 자연스럽다.
가우디는 말했다.
"직선은 인간의 선이며, 곡선은 신의 선이다."
우리의 임마쿨라도 참지 못하고 한마디 던진다.
"동화 속 왕자님 궁전처럼 생겼네."

근대가 낳은 스페인의 천재적 건축가 안토니 가우디(1852~1926년).
카탈루냐의 구리 세공 집안에서 태어나 17세 때부터 건축을 배웠고,
구엘 백작의 후원에 힘입어 바르셀로나에서 명성을 날렸다.
아, 바르셀로나면 메시가 뛰는 최강 축구 팀인데.
가우디의 건축은 축구 팀과 함께 바르셀로나를 대표하는 상징이다.

사람들이 바르셀로나에서 찾는 작품은 사그라다 파밀리아 성당이다.
우리말로 하면 성가정 성당 정도가 될 것이다.
1882년에 공사가 시작된 이래 아직도 짓고 있는
가우디의 마지막 역작이다.
그는 죽기 전 40년 동안 대성전을 짓는 데 매달렸고, 전 재산을 쏟았다.
바르셀로나에는 가 본 적이 없다.

인터넷과 사진을 통해 그 건물을 구경했다.
음울한 갈색 초콜릿 빛깔은 종말론적 분위기를 풍기고 있었다.
부유한 교회와 교권주의에 대한 반동.
전통 파괴와 급진적 자유주의의 도전.
불안한 시대 속에서 기도해야 했던 신앙인의 고결한 열망이 느껴진다.

오늘날 아스토르가의 주교관은 제법 비싼 입장료를 받는 박물관이다.
마당엔 각각 십자가, 주교 모관, 지팡이를 든 세 천사가 서 있고,
거리 악사는 산티아고를 연발하는 노래를 부르며
기타를 두들겨 돈을 벌고 있다.
독실한 가톨릭 신자였던 가우디가 자신의 신앙심을 담아 헌정한 건물.
그러나 실제로 이 주교관에 주교가 살지는 않았다.
자존심이 상한 가우디는 죽을 때까지 이 건물을 찾지 않았다고 한다.
전통과 개혁이 충돌하던 어지러운 시대였다.
아름다운 성을 만들어 바친 위대한 예술가의 이상은
현실을 감당해야 했던 평범한 종교인에게는 버거운 것이 아니었나 싶다.

초콜릿 때문에 속이 계속 쓰렸다.
물을 많이 마시고, 레스토랑에 앉아 느긋하게 저녁을 먹었다.
길고 긴 여름 햇살이 말끔한 테라스를 비추고 있었고
비둘기는 날개를 반짝이며 날고 있었고
아이들이 웃는 소리가 광장의 메아리로 돌아오고 있었다.

알라딘의 램프

1.

구름 낀 아침.
어제 감행한 물집 수술은 성공적이었다.
발 상태도 좋아졌고 모든 것이 순조롭다.
걷기엔 최적의 상태다.
오늘의 목표는 라바날.
하지만 더 걸을 수 있을 것 같다.

아스토르가를 떠난 첫 번째 마을에서 아침을 먹었다.
의자에 앉아 빵을 먹고 커피를 마셨다.
자전거와 보행자들이 끝도 없이 지나갔다.
사람들의 발걸음이 매우 경쟁적으로 느껴진다.
인사하는 것도 번거롭다.
문득 탁자 밑으로 까만 고양이가 지나갔다.
발목까지만 하얀 털이 나서 신발을 신은 것처럼 보였다.

아직 어려서 호기심이 많다.
흙을 주워 먹다가 주인아줌마에게 끌려 들어갔다.

개를 동반한 행려자의 정체는 순례자였다.
반듯한 제복의 경찰에게 멋쩍게 순례자 여권을 꺼내 보여 줬다.
더러운 몰골을 하고 길거리에 누워 있어서 나도 그가 노숙자인 줄 알았다.
개가 참 순하다.
졸린 눈으로 물끄러미 사람을 쳐다보더니 철퍼덕 누워 버린다.
한낮의 찌는 태양 속에 서 있던 로스 아르코스의 망아지가 생각난다.
콧잔등을 쓰다듬어 주자 뒷발을 동동 구르던 녀석.
그 아름다운 눈망울을 잊을 수가 없다.

동물의 눈은 아이들의 눈을 닮았다.
아이들도 동물을 좋아한다.
가까이 있는 생명체에 접근하고 싶어 하고, 만지고 싶어 한다.
주말이면 교통 체증을 예감하면서도 어김없이 산과 바다를 찾는 사람들.
딱딱한 아스팔트와 흙 한 줌 보이지 않는 환경 속에서 사는 도시인.
하지만 척박한 조건 속에서도 식물과 동물을 기르고 싶어 하는 사람들.
카미노를 통해 마주친 산과 강과 하늘과 별.
그림처럼 펼쳐진 수많은 마을과 집과 조형물.
편안함을 느끼는 사물은 모두 자연과 닮아 있다.
그래서 그냥 걷는 것만으로도 깨끗해지고 맑아지는 느낌이다.

2.

아스토르가에서 라바날, 그리고 폰세바돈까지는 오르막길이다.
서두르지 않고 등반하는 기분으로 걷기로 마음먹는다.
라바날로 가는 길가에서 만난 시.
"당신이 머무른 곳 어디나
그대의 영혼이 깃들게 하라."
글을 쓴 시인의 이름은 루미다.

메블라나 루미(1207~1273년).
그는 이슬람 수피즘을 노래한, 이란의 신비주의 시인이자 신학자다.
내가 루미의 이름을 처음 들은 곳은 터키의 코니아였다.
코니아는 11세기 셀주크 투르크의 도성으로 번성했던 곳이다.
루미는 술탄의 초빙으로 터키에 와서 메블라나 수피즘을 열었다.

코니아의 성경적 이름은 이코니온이다.
오늘날에는 그리스도인과 이슬람인 모두가 찾는 성지다.
그리스도 신자들은 바오로 사도의 유적을 찾고,
이슬람 신도는 메블라나 루미를 기리는 사원을 찾아간다.
이슬람 성자들의 유해가 모셔져 있는 관.
마음을 모아 눈을 감고 간절히 기도하고 있는 히잡의 여인.
메카를 향해 즐비하게 서 있는 죽은 자들의 비석.
구원을 향한 염원은 그리스도인들의 그것과 다르지 않다.

루미가 살던 13세기에 서남아시아는 전쟁이 끊이질 않았다.
과부와 고아가 속출했고 원망과 증오가 평화를 대신했다.
이슬람과 그리스도교, 조로아스터교.
전쟁의 거룩한 명분이 된 종교는 순수한 가르침을 줄 수 없었다.

루미가 깊은 명상을 통해 깨달은 진리는 단순한 것이었다.
종교나 정치, 제도나 민족을 뛰어넘는 사랑.
차별 없는 인간에 대한 보편적 사랑이 그가 깨달은 신의 정의였다.
어려운 글로 쓰인 코란도 대중이 다가서기 어려운 벽이었다.
그는 보다 쉬운 명상, 특별히 춤을 이용해 신체험의 길을 열었다.
하얀 옷을 입고 빙글빙글 도는 회전 춤, 세마를 만들었다.

루미는 본래 페르시아 사람이다.
가스파르, 멜키오르, 발타사르.
전승에 의하면 동방 박사 역시 페르시아의 현인이었다.
그들은 이방인이었지만 별의 인도로 그리스도를 만났다.
양심의 빛을 따라 자연적인 방법으로 지혜의 길을 걸었다.
진리로 인도되는 길은 때로는 단순하고, 또 때로는 다양하다.
우리에게는 그 단순하고 다양한 길을 막을 권리가 없다.

루미의 관용적 사상은 훗날 유럽인에게 큰 영감을 준다.
가난하고 목마른 사람을 배제하지 않는 보편적 사랑의 힘.
누군가 성자의 가르침 한 조각을 카미노에 걸어 둔 것이다.

3.

라바날의 알베르게는 카미노 명소 중 하나다.
베네딕도회 수사들의 삶을 직접 체험할 수 있기 때문이다.
정해진 인원만을 받는 이곳에는 하루 더 자야 하는 규칙이 있다.
그레고리오 성가와 함께하는 미사와 성무일도, 그리고 정갈한 식사.
세상을 벗어나 고요한 곳에 머무는 일종의 피정인 셈이다.

미카엘라는 적극적으로 라바날에 머물고 싶어 한다.
그녀는 주일 학교 때의 아픈 기억이 있었는데
길을 통한 변화의 증거일까.
누가 그녀를 피정 때 벌 서다 월담한 소녀로 기억하겠는가.
그녀가 너무 빨리 성자가 되지 않길 마음속으로 기도했다.

우리는 숙소 앞 작은 성당에서 30분 정도를 기다렸다.
가만히 있으려니 춥고 지루해서 긴 의자에 누워 버렸다.
신세가 좀 처량하게 느껴졌다.
남의 집 문간에 누워 찬바람 부는 소리를 들었다.
얼마 지나지 않아 미카엘라가 왔다.
마음의 기도가 통했나 보다.
라바날 베네딕도 알베르게는 마감이다.
미카엘라가 풀이 죽은 목소리로 말했다.
"저 때문에 오래 기다리게 해서 미안해요."
내가 씩씩하게 말했다.

"아, 좀 일찍 올 걸 그랬네요."
실망하는 미카엘라를 위해 아쉬운 척하면서 다음 마을로 떠났다.

4.

라바날을 벗어나자 본격적인 오르막길이다.
햇살을 받아 따뜻해졌고 느슨한 발걸음에 몸이 늘어졌다.
긴 구릉을 따라 약수터 몇 개를 지날 때까지 졸면서 걸었다.
정상에 가까운 능선에 오르자 한 줄기 시원한 바람이 불어왔다.
눈이 번쩍 뜨였다.
저 멀리로 초록빛 곡선의 언덕과 안개가 감도는 산 끝자락.
발밑에는 융단처럼 출렁이는 초원이 장엄하게 펼쳐졌다.
정신이 맑아지고 발은 더욱 가벼워졌다.
비교적 완만한 능선을 따라 조금씩 올라갔다.
건강한 생기를 담은 촉촉한 공기를 마음껏 마셨다.
산 정상에서만 맛볼 수 있는 상쾌한 기분이었다.

산행의 종착점은 폰세바돈.
황량한 폐허인 줄만 알았는데 깔끔한 산장과 근사한 찻집이 있었다.
배낭을 내려놓고 찻집에 들어가 녹차를 시켰다.
온화한 카페 분위기 속에서 조용히 휴식을 취했다.
두 자매가 엽서를 쓰는 동안 나는 배낭을 열었다.
약이 든 손가방을 열어 둥근 조약돌을 꺼냈다.
곧 크루스 데 페로Cruz de ferro에 다다르게 된다.

긴장이 조금씩 풀어지자 예기치 않은 불안감이 밀려온다.
갑자기 이 산을 넘어서는 순간 곧 순례가 끝나게 될 것만 같다.
아직 준비가 되지 않았는데.
벌써 끝나서는 안 되는데.
소멸할 시간의 운명을 슬퍼하듯 마음이 긴박해진다.

찻집을 떠나 대피소를 지나치자 무너진 집터가 나타났다.
이제는 사람이 살지 않는 불모지.
나뒹구는 돌무더기 폐허는 순례자들에게 많은 감흥을 준다.
한때는 존재했지만, 지금은 사라져 버린 슬픈 초상처럼.
시간의 강물 속에 떠밀려 천천히 사라지는 인연이나 추억처럼.
그것은 누구도 피할 수 없는 마지막 운명을 예견하는 듯하다.

불우하게 추락하는 모든 존재는 얼마나 슬프도록 아름다운 것인가.
그렇게 모든 것에는 때가 있는 것이다.
시작할 때가 있으면 마칠 때가 있고,
떠오를 때가 있으면 저물 때가 있고,
살아가야 할 때가 있으면 사라져야 할 때가 있는 것이다.

오래전부터 산은 현현하는 초월적 존재를 체험하는 장소였다.
신령스러운 장소에 오르기 위해서는 먼지를 벗고 몸을 씻어야 했다.
좀 더 깨끗해지길 바랐고 좀 더 가까이 가길 바랐던 것이다.
우리는 벅찬 걸음을 재촉했다.

구름이 천천히 태양을 막아 주었다.
산위에서 불어오는 성스러운 바람이 의욕을 북돋아 주었다.
정신은 더욱 선명해졌다.
다들 기운이 나서 기꺼운 마음으로 걸었다.

30분을 더 걷자 커다란 기둥에 꽂아 놓은 십자가가 보였다.
돌무더기 언덕 위의 거대 십자가.
이곳이 크루스 데 페로다.
예전에 있던 원형적인 십자가는 가우디의 주교관에 있다.
현재의 십자가는 그 후임자인 셈이다.
하지만 상징하는 의미는 같다.
모든 순례자는 자신의 고향에서 가져온 돌을 이곳에 봉헌한다.
수많은 돌멩이 하나하나가 한 사람이 바친 소중한 마음이다.
나는 서울 혜화동 모교에서 가져온 작은 조약돌을 올려놓았다.

오래전 순례자들은 이 십자가 앞에서 참회 예식을 행했다.
회개와 보속, 속죄와 희생의 기도를 바쳤다.
오늘날은 참회 예식 대신 청원 기도를 하고 있다.
순례자들이 쓴 책 속에는 제법 영험한 응답의 예가 등장한다.
소원을 빌고 1년 후 다시 이 길 위에 섰을 때
브라질의 외과 의사를 만난 한국 노처녀 이야기도 있다.
나는 속으로 투덜거렸다.
십자가가 알라딘의 램프라도 된단 말인가.

비비면 나오겠네, 행복의 '지니'.

돌무더기 언덕을 내려왔을 때 미카엘라가 물었다.
"무슨 소원 비셨어요?"
임마쿨라다가 다시 물었다.
"좋은 여자 만나게 해 달라고 빌었어요?"
내가 화를 내며 말했다.
"아니, 절 뭘로 보는 겁니까!"
두 자매는 음흉한 웃음을 짓고 사라졌다.

5.

우리는 거대한 십자가 언덕을 떠났다.
산길을 따라 긴 구릉을 넘었다.
반가운 마을 표지판이 나왔다. 만하린.
하지만 주위에 마을은 보이질 않는다.
자연 분해식 야외 화장실과 허름한 숙소뿐.
양순하게 보이는 산장지기의 눈을 애써 피했다.
불타는 과일 폭탄주를 제조했던 키와 유딧도 낮에는 선량했다.
길 위의 이탈 체험은 산볼로도 충분하다.

7km 정도의 산길은 줄곧 내리막이었다.
아름다운 풍경과 바람, 초록의 산하.
그러나 이미 많이 걸은 상태였기 때문에 지쳐 있었다.

등 뒤에서 밀어 주던 태양은 어느덧 서쪽에서 마주 보고 있었다.
산길 옆 자동차 도로로 자전거들이 신나게 미끄러져 내려갔다.
부럽다. 얼마나 더 가야 할까.
지리산을 종주하는 마음으로 꾸준하고 완만한 보행을 지속했다.
문득 멀리 산 아래로 거대한 잿빛 도시가 보였다.
아마도 저 도시는 폰페라다일 것이다.

초콜릿과 사탕을 먹으면서 내려오는 길에 펜션 간판을 봤다.
점박이 물고기 그림이 심하게 식욕을 자극했다.
산행이 곧 끝날 것 같은 예감이 든다.

6.

오후 6시.
엘 아세보.
짙은 흑연색 지붕을 드러낸 켈트식 산마을에 도착했다.
38km를 걸었다.
하산을 기뻐하는 것도 잠깐.
엘 아세보의 모든 펜션과 숙소가 만원 상태.
빈방이 없다.

바 앞에 앉아 있는 비슷한 처지의 독일인 부부를 만났다.
어떻게 할 생각이냐고 묻자 폰페라다행 콜택시를 기다린단다.
난감한 마음으로 마지막 펜션 주인아저씨를 찾았다.

매우 온화한 눈매를 지닌 중년의 남자였다.

사정을 듣고 여기저기 전화를 건다.

아저씨가 전화를 하는 사이, 나는 거실을 둘러보았다.

자비로운 얼굴로 응접실을 향해 미소 짓고 있는 부처상.

잘 정돈된 실내와 부드러운 카펫이 깔린 마룻바닥.

나는 속으로 중얼거렸다.

'아저씨, 여기에서 잘 수도 있는데요.'

전화를 마친 아저씨는 표정이 밝아졌다.

3.5km 정도 더 내려가면 빈 펜션이 있다고 말해 주었다.

더 걸을 수 있겠냐고 묻는 그는 자동차로 태워 줄 기세다.

천사 같은 분이다.

하지만 자동차는 싫다.

"더 걸을 수 있어요, 감사합니다."

1시간을 더 걸어 콤플루도에 도착했다.

소박한 정원이 있는 펜션이었다.

고급스럽고 가격이 비싼 숙소일까 걱정했는데 민박 수준이었다.

푸근한 아주머니가 친절하게 반겨 주셨다.

침대가 두 개 놓인 방 두 개.

오래간만에 독방이다.

성수기 숙소 경쟁이 예감되는 하루.

하나밖에 없는 마을 식당에 들러 저녁을 먹고 일찍 잠을 잤다.

아이언맨

(.

어제 걸음에 대한 보상으로 오늘은 조금만 걷기로 한다.
오늘의 숙소는 폰페라다.
오늘은 늦잠을 실컷 자야지.
그러나 새벽 5시 반.
어김없이 떠지는 눈.
억울하다.
화장실을 다녀와 뒤척이다가 책을 보고 수첩을 정리했다.
빠르게 움직이던 시곗바늘이 딱 멈춰 버린 느낌이다.
옆방 두 사람은 인기척이 없다.
피곤한 날이었으니 더 쉬어야겠지.
아침 9시.
여전히 소식이 없다.
실종 신고를 내야 하나.
할 일도 딱히 없고 몸은 근질근질.

안 되겠다.

일어나라고 문을 두드렸다.

"벌써 7시인가요?"

부스스한 몰골로 돌아오는 응답.

내가 말했다.

"해가 중천입니다."

2.

폰페라다는 철교라는 의미를 지니고 있다.

지금은 아무것도 아니지만 12세기에 철은 부유의 상징이었다.

철로 만든 다리가 도시의 대명사가 된 것도 우연은 아니다.

철을 다루기 위해서는 석탄이 필요하다.

폰페라다는 철광석과 석탄 모두를 제공받을 수 있었다.

자원은 문명을 추진하는 중요한 도구다.

많은 전쟁이 자원이라는 이권을 둘러싸고 벌어진다.

폰페라다는 자원에 근접한, 전략적으로 중요한 도시였을 것이다.

도시는 성전 기사단의 성채를 훌륭한 모습으로 보존하고 있다.

철은 인간의 내면을 표현하는 하나의 상징처럼 보인다.

굶주린 야수처럼 끝없이 으르렁대는 욕망.

철은 욕망을 채우려는 인간에게 그 힘을 빌려 주었고,

그 강력한 힘은 가장 먼저 무기를 통해 실현되었을 것이다.

평화로운 시대는 종종 무기를 버리는 시대로 묘사된다.
칼을 쳐서 보습(농기구의 술바닥에 끼우는, 넓적한 삽 모양의 쇳조각)을 만들고 창을 쳐서 쟁기를 만드는 시대.
하지만 그런 시대는 한 번도 오지 않았다.
욕망을 거세한 인간 세상을 어떻게 상상할 수가 있을까.
장가가는 자도 장사하는 자도 없을 것이다.

나는 이 세상이 아름답다거나 평화롭다는 말을 의심한다.
그것은 곧 인간 자신이 아름답고 행복하다는 말인 것이다.
그것은 곧 인간의 세계가 공평하고 무사하다는 뜻인 것이다.
이상주의라는 말로 부르기조차 부족하다.
진실이 아니다.
모순과 일탈, 고독과 외로움이 이 세계의 기저에 놓여 있다.
경쟁과 투쟁, 두려움과 부조리가 뽑지 못할 뿌리처럼 퍼져 있다.
만일 평화라는 것이 있다면 욕망을 포함한 모순된 평화일 것이다.

인간은 욕망이라는 이름의 전차를 감당할 수 있는가.
확신하지 못하겠다.
동물의 것과 구분되지 않는 욕망을 숭배하는 자는 천박하다.
그러나 욕망을 완전히 통제하려는 자는 종종 위선적이다.
그 힘은 분명 우리 자신으로부터 오는 것이 아님은 분명하다.
오늘도 내면의 대장간에서 무기와 악기는 함께 태어난다.

3.

하나밖에 없는 마을 공립 알베르게는 순례자로 가득했다.

가슴이 탁 막혔다.

하지만 어떻게 보면 다행이다.

아무도 없는 길을 걷는 것보다는 낫다고 생각한다.

함께 길을 걷는, 이렇게 많은 사람들의 존재 자체가 큰 위로다.

뙤약볕에서 줄 세운 배낭을 반걸음씩 전진시켰다.

고행의 연장인 셈이다.

2시간 동안 기다린 후에야 봉사자를 만날 수 있었다.

그들은 느긋하게 앉아 웃으면서 스탬프를 찍고 있었다.

국적, 나이, 심지어는 자신의 고향까지 이야기하면서 말이다.

그들의 소신 있는 친절에는 딱히 할 말이 없다.

하지만 몇 시간 동안 파김치가 된 저 사람들은 어떻게 하나.

접수를 마친 뒤 샤워를 하고 성 토마스 성당을 찾아갔다.

오래된 모사라빅 성당을 구경하고 싶어서였다.

모사라빅 성당은 이슬람의 영향을 받은 성당을 말한다.

이슬람의 스페인 지배는 8세기부터 지속적으로 이루어졌다.

북쪽 피난민들이 세운 몇몇 공국만이 지배로부터 벗어나 있었다.

이베리아 반도 대부분이 이슬람 문화권으로 편입된 것이다.

이슬람 개종은 850년에서 1000년 사이에 집중적으로 일어났다.

일상에서 아랍어가 쓰였고, 아랍어로 된 성경이 출현했다.
힘찬 삽화 미술, 발전한 과학 지식, 아라비아 숫자가 유입되었다.
1000년경 그리스도교와 이슬람은 늘 적대적이지는 않았다.
그리스도교 기사들도 칼리프 군대에서 용병으로 근무하곤 했다.
유다교와 그리스도교는 어느 정도 종교적 관용을 허락받았다.
그러나 그 관용은 실제로 제한된 것이었다.
이슬람 지배하에 그리스도인들은 새 성전을 지을 수 없었고,
성당의 종을 울릴 수도, 종교 행렬을 할 수도 없었다.
1066년 그라나다에서는 유다인 대학살이 벌어졌고,
1126년에는 수천 명의 그리스도인이 모로코 노예로 팔려갔다.
그리스도교 지배하의 무슬림이나 유다인도 마찬가지였다.
종교적 관용은 원칙에 근거하기보다 효용성 아래서 이루어졌다.
이슬람 지배하의 그리스도인에게는 언제나 이주의 열망이 있었다.
실제로 9세기 중엽 사모스는 그리스도교 이민자로 활기를 찾았다.
이렇게 남에서 북으로 옮겨 간 그리스도인을 '모사라베'라 불렀다.

성 토마스 성당은 오늘날 순례자가 잘 찾지 않는 성당이다.
한때는 카미노에 위치했지만 지금은 경로가 바뀌었기 때문이다.
숙소에서 한참을 걸어 나가 버스를 타고 토마스 성당을 찾아갔다.
마을은 한적했다.
문 닫힌 성당 주위를 한동안 배회했다.
때마침 나타난 아주머니 한 분이 열쇠를 보여 주며 오라고 한다.

갈색의 성당은 비좁고 허름했다.

그녀는 돔형으로 된 성당 천장을 손가락으로 가리켰다.

지금도 미사가 거행되는 것일까.

낡은 물건들과 조잡한 제대.

곧 무너져 버릴 것같이 생긴 창.

내게는 이 유적을 해석할 능력이 없다.

감시하는 눈길을 등에 받으며 잠시 앉아서 묵상했다.

모사라빅 성당은 아랍과 유럽이 영향을 주고받은 흔적이다.

처음부터 영원까지 변함없이 존속할 수 있는 문화란 없다.

이 길을 걷는 동안 내 안에서 일어나는 현상도 마찬가지다.

어쩌면 길을 통한 변화는 대단히 비약적인 것이 아닐 것이다.

길을 통해 만난 사람들, 눈부신 자연, 느낌과 생각과 행동.

그 모든 접촉의 과정 속에 시나브로 움직이는 어떤 흐름이 존재한다.

서로가 서로에게 침투하고 스며들어 새로운 자신이 되어 가는 것이다.

자신의 능력이나 의지만으로 오늘의 내가 되었다는 생각은 착각이다.

지금 이 순간에도 나는 변하고 있으며 세상도 변하고 있다.

하지만 변화를 가능하게 하는 요소가 늘 긍정적인 것은 아니다.

사랑스러운 사람, 아름다운 자연, 건강한 생각만 있는 것이 아니다.

삶의 모순과 분노, 이기심과 위선, 악함과 더러움, 공허함과 절망.

그것은 실상 우리 자신의 내면에 도사리고 있는 그늘이자 단면이다.

길고 짧은 생의 모든 여정이 햇빛 쏟아지는 길이면 얼마나 좋을까.

하지만 잘라 내고 싶고 잊어버리고 싶은 그 순간.

그늘을 걸었던 그 길조차 오늘의 나를 만든 생의 일부인 것이다.
오히려 양지보다 음지에서, 성공보다 실패 속에서 묻게 된다.
나는 이 세상의 불의와 거짓을 얼마나 감당할 수 있는가.
나는 내 자신의 결함과 과오를 얼마나 납득할 수 있는가.
나는 이 모순된 길과 미숙한 생의 흐름 속에서
무엇을 선택할 수 있으며 혹은 어떤 변화를 기대할 수 있는가.

귀여운 거짓말

1.

드문드문 나타나는 마을을 따라 비교적 순탄한 길을 걸었다.

카카벨로스를 지나자 오르막이다.

포도밭을 따라 시골길을 걸었다.

작은 마을을 경유한 뒤 비야프랑카에 닿았다.

오후 1시.

그러나 공립 알베르게는 초만원 사태.

마을 입구에 있는 훌륭한 숙소 2개를 포기하고 광장으로 갔다.

조금 이른 시각.

안내소 앞에는 교구에서 운영하는 숙소가 있었다.

간판이 붙어 있지 않아 찾는 데 시간이 많이 걸렸다.

학생들이 접수를 받고 있었다.

주일 학교에 다니는 아이들 같다.

방명록에 남긴 한국인의 글을 영어로 말해 달라고 했다.

한국인의 투박하고 짤막한 글은 다음과 같았다.
'이곳은 난민 수용소다.'

사실대로 말하면 이곳은 기부금을 받지 않는 누추한 숙소다.
밀려드는 순례자를 위해 임시로 변통한 건물임이 분명하다.
그대로 전달하자니 이들의 호의에 무례가 됨을 느낀다.
나는 전달했다.
"사람이 굉장히 많군요.
재워 줘서 감사합니다."
호기심 많고 표정이 다채로운 학생들 얼굴이 활짝 펴졌다.

숙소를 둘러보니 과연 최악이었다.
교실 바닥마다 깔려 있는 먼지 쌓인 매트리스.
50년 전 흑백 영화에서나 볼 수 있는 내부 환경.
다 쓰러져 가는 창문과 금이 간 시멘트 바닥.
뚜껑이 없는 변기와 물이 줄줄 새는 샤워기.
임마쿨라다는 울상이 되었다.
하지만 다른 대책이 없었다.

유일하게 깔끔한 물건은, 형편없는 방마다 붙은 종이 한 장.
매직으로 쓰인 대문짝만 한 이름이 걸작이다.
"힐튼, 룩소르, 리츠."
별도 찍찍 그려져 있다.

모두다 육성급 호텔이네, 허허.

2.

샤워를 하고 하루 일과를 정리했다.
도착한 사람들이 여기저기서 물집 수술로 신음하고 있었다.
생각해 보니 나도 새로 준비한 양발 한 켤레에 구멍이 났다.
기능성 깔창의 왼쪽 뒤축이 다 닳아서 사용할 수 없다.
여분이 없다.

위기까지는 아니어도 준위기 상황인데 마음속으로는 뿌듯하다.
700km를 걸었고 이제 곧 갈리시아에 도착하는 것이다.

비야프랑카에는 산티아고 대성당과 함께 순례자를 위한 문이 있다.
부상당하고 아파서 더 걸을 수 없는 자를 위한 특별한 문이다.
교회는 공식적으로 선언해 준다.
'이 문을 통과하면 산티아고에 가는 것과
똑같은 은총을 받는다.'

하루만 더 걸으면 갈리시아다.
하지만 험난한 오세브레이로 고개를 넘어야 한다.
중간 중간 마주친 순례자들의 무덤.
비장한 마음으로 목숨까지 걸어야 했던 사람들.
그러나 현실적인 힘으로는 도저히 산을 넘을 수 없었던 순례자들.
이 문은 상처 입은 순례자를 향한 위로의 문인 것이다.

봉사자를 실망시키지 않으려고 오역에 반역을 일삼은 한국인.
열악한 환경에 처한 순례자를 위해 유쾌한 농담을 하는 봉사자.
다친 순례자를 보호하기 위해 축복을 가불하는 교회.
거짓말, 거짓말, 사람을 살리는 귀여운 거짓말.

붉은 산

1.

잠이 잘 오지 않아 깨어난 이른 새벽.
달무리 진 구름 사이로 별이 반짝인다.
숙소에 관한 이견이 생겨서 두 자매와 따로 걷기로 했다.
어제의 난민 수용소가 충격적이었던 모양이다.
둘은 여자이고 아무래도 안정적인 잠자리가 필요할 것이다.

오늘은 주일.
오세브레이로까지 가서 미사 참례를 하고 싶다.
오세브레이로는 성체 기적이 일어난 산 위의 마을이다.

깊고 고요한 마음으로 아침 길을 걸었다.
알베르게가 없을 줄 알았는데 가는 곳마다 식당과 숙소다.
진한 커피를 마시고 천천히 걸었다.
마음을 씻어 주는 맑은 계곡 물소리와 가벼운 새소리가 간지럽다.

모든 것이 여유롭고 평온한데 오직 사람들만 바쁘다.
지나쳐 가는 사람들은 여전히 경쟁적으로 걷는다.
나도 모르게 발걸음이 빨라지고 조급해진다.
하지만 나는 순례자다.
안락한 숙소나 말끔한 식사.
숙소를 차지하기 위한 경쟁.
다이어트 프로그램에는 참여하기 싫다.

연지색 양귀비와 유채 꽃을 닮은 노란 야생초가 바람에 흔들렸다.
강물을 머금은 물가의 키다리 나무들이 향기로운 숨을 내쉬었다.
오늘 나는 카미노의 분기점이 되는 마지막 산을 넘을 것이며,
일치의 땅 갈리시아로 들어서게 될 것이다.

2.

1996년 1월, 이집트 시나이.
새벽 공기는 차가웠다.
아직 어둠 속에 있는 흙과 자갈을 밟으며 산을 올랐다.
검푸른 하늘 속에 별은 빛났다.
낙타를 동반한 사람과 담배를 피우는 가이드.
서로 이름을 소리쳐 부르는 관광객을 뒤로하며 걸었다.
이마에 땀방울이 맺힐 때쯤 베두인족의 천막에 들어갔다.
해가 뜨기를 기다리며 진한 커피를 마셨다.
수염이 난 젊은 베두인족이 내 자주색 덧바지를 탐냈다.

갖고 싶으니 달라고 말하는 그 앞에서 잠시 당황했다.

한 벌밖에 없는 옷이었기에 정중히 거절했다.

그는 좋은 자리에 텐트를 치고 이미 많은 몫을 거두고 있었다.

나는 그에게 돈을 벌면 무엇을 할 거냐고 물었다.

그는 망설임 없이 말했다.

결혼하기 위해 이집트 파운드를 번다고 했다.

여자의 집에 돈을 가져다주고 신부를 데려오는 것이 꿈이었던 것이다.

어느덧 해 뜨는 시간이 다가왔다.

텐트를 벗어나 정상에 올랐다.

자리를 잡기 위해 모여든 사람들이 웅성거렸다.

대부분 나이가 지긋한 한국인 순례객이었다.

홀로 조용한 시간에 머무르고 싶었다.

하지만 나는 주목받았다.

버스로만 움직이던 어른들에게 고향의 젊은이는 눈에 띄는 존재였다.

중년의 개신교 목사가 호감을 표시했다.

그는 내게 종교를 물었다.

나는 교회에 다니지 않는다고 말했다.

다시 만나지 않을 사람이기에 오히려 편안하게 느꼈던 것일까.

그는 내가 맘에 들었는지 소중한 비밀 하나를 살짝 폭로했다.

"여기 사람들은 볼펜 한 자루면 돼요."

붉은 해가 떠오르자 어둡던 돌과 모래가 타오르듯 물들었다.

이글거리는 진홍빛 태양, 바다처럼 일렁이는 용암 모양의 바위.
찰나의 빛이 차갑게 누운 대지의 육신에 생명을 불어넣고 있었다.
사람들은 경탄하면서 호주머니를 뒤적였다.
신성한 순간을 기계 속에 담고자 셔터를 눌렀다.
플래시가 터졌고 죽은 자의 하얀 빛은 세상을 제자리로 돌려놓았다.
다시 사람을 모으는 가이드의 음성이 들렸고,
하루 일과를 시작하는 낙타의 울음소리가 들렸고,
볼펜을 꺼내 든 목사도, 천국의 버스 관광객도 서둘러 사라졌다.

나는 일상을 되찾은 산 위에 홀로 남았다.
모든 것이 번거롭게 느껴졌다.
모세의 빛도, 엘리야의 바람도, 카잔차키스의 열망도 없었다.
호렙. 시나이.
어쩌면 마음속으로만 남겨 두어야 했던 신비의 이름이었다.
태양은 성큼 멀어져 갔고 하늘은 무표정하게 굳어져 갔다.
나는 홀로 중얼거리는 걸인처럼 몹쓸 자의식에 시달렸다.

너 여기서 무엇을 하고 있는가.

2.

산은 하늘과 땅의 접점이다.
인간은 하늘과 만나길 원했고 산은 인간과 하늘을 중재했다.
그렇게 산은 오랫동안 하늘을 체험하는 장소였다.

하늘을 맛본 인간은 변화를 겪었다.
계획하거나 의도한 일이 아니었다.
신비를 체험한 인간에게 나타나는 필연적인 결과였다.
대체 무슨 원리로 그런 일이 가능한가.
나로서는 도무지 알 수 없다.
신비의 세계를 벗겨 내는 것은 우리의 일이 아니다.
신비는 신비일 뿐이다.
밝혀낼 수 있고 이해할 수 있다면 그것은 더 이상 신비가 아니다.

나는 여기서 무엇을 하는가.
하늘을 만나러 왔는가.
신비와 마주치길 원하는가.
경이로운 기적을 원하는가.
아니, 대체 내가 무엇이라고.
땅 위를 살아가는 자의 과분한 소망에 하늘이 응답할 의무가 있는가.
그렇다면 나는 여기서 무엇을 하는가.
두려움에 찬 사람들에 섞여 바닥을 기던 시간을 지우기 위해 왔는가.
이기적인 꿈을 위해 타인을 희생시키는 자들의 저주를 씻고자 왔는가.
아무도 주의를 기울이지 않고 버려진 너 자신을 증명하기 위해 왔는가.
내 노력과는 무관하게 공짜로 던져질 미래의 신호를 받기 위해 왔는가.
아닌가.
정말 아닌가.
도대체 그 모든 이유가 가짜라면 너는 진실로 여기서 무엇을 하는가.

아담아, 너 여기서 무엇을 하고 있는가.

3.

누군가 뒤에서 스틱 소리를 냈다.
귀에 거슬릴 정도로 탁탁거렸다.
나는 신경 쓰지 않고 계속 걸었다.
한참을 걷다 보니 이번엔 휘파람 소리를 낸다.
여전히 신경 쓰지 않고 빨리 걸었다.
스틱 소리와 휘파람 소리가 더 크게 들리면서 따라왔다.
뭐지 이건.
마침내 내가 뒤돌아보았다.
자기 키보다 큰 배낭을 메고 머리에 형광색 두터운 밴드를 한 여자였다.
귀에 꽂은 이어폰을 애써 빼고 시침을 떼며 인사한다.
"올라."

우리는 서로의 국적이나 고향,
순례자들이 자주 하는 질문을 주고받았다.
나이는 36세, 바르셀로나 출신, 이름은 베로니가.
베로니카는 십자가 길에서 그리스도를 위로한 성녀다.
나는 그녀를 보고 수건에 얼굴을 찍는 시늉을 했다.
그녀는 고개를 끄덕거리며 대수롭지 않다는 듯이 받아넘겼다.
나는 그녀에게 무슨 일을 하느냐고 물었다.
그녀가 인상을 찌푸리며 대답했다.

"뭐라고?"

다른 말은 다 알아들으면서 직업을 물으면 돌아오는 대답.

"뭐라고?"

이건 뭐 사오정 놀이다.

그녀 역시 이 길을 걷는 나름의 사정이 있나 보다.

그녀는 사모스에서 친구를 만날 예정이다.

아마도 예견하지 못한 혼자만의 산행에 말동무가 필요했나 보다.

곱고 아름다운 풍경과 함께하는 산행이었다.

산허리를 휘감은 길, 그리고 언덕마다 펼쳐진 키 작은 풀과 나무.

선명한 초원과 신선한 바람.

가쁜 숨을 몰아쉬다 돌아선 풍경은 신선계의 것이었다.

높이 올라갈수록 구름 속으로 들어가는 기분이었다.

굽이치는 산길과 오르막을 넘어 조금씩 앞으로 나아갔다.

그리고 마침내 갈리시아를 알리는 기념비 앞에 서게 되었다.

가슴이 벅찼다.

기나긴 순례의 마지막 행보를 알리는 새로운 시작점인 셈이다.

산마을에서 떠 온 달콤한 약수를 마시며 힘을 내서 걸었다.

4.

오세브레이로는 9세기부터 사용된 가장 오래된 순례길이다.

산 위의 산타 마리아 성당은 12세기 후원자의 이름을 딴 성당이다.

성당의 이름은 산타 마리아 라 레알 Santa maria la Real.

성체 기적을 기념하는 성작과 성반이 전시되어 있다.
이야기의 골격을 구성하면 다음과 같다.

때는 16세기, 어느 겨울날이었다.
본당 주임 신부 혼자 미사를 거행하고 있었다.
문득 성당 문이 열리는 소리가 들렸다.
심한 눈보라가 몰아쳤고 냉기가 엄습했다.
사제는 기도문을 중얼거리다 말고 뒤를 돌아보았다.
눈을 잔뜩 맞은 거지꼴을 한 사나이가 문간에 서 있었다.
처음 보는 자였다.
행색을 보니 농부였다.
농부는 추위에 질려 심하게 떨고 있었다.
얼어붙은 얼굴로 사제의 눈치를 살폈다.
하지만 사제는 앉으라는 말을 하지 않았다.
그리고 속으로 생각했다.
'배고픈 자가 빵과 포도주를 얻어먹으러 왔군.'

신앙심을 찾을 수 없는 시대였다.
신자들은 영적 재화가 바닥난 교회를 떠났다.
자유를 부르짖는 자들은 종종 이기적 방종에 빠졌고,
성공과 돈을 숭배하는 자들을 성인처럼 추앙했다.
모든 것이 변하고 있었다.
세상이 온통 앞장서 가는데 자신만 뒷걸음치고 있었다.

바람이 불 때마다 빌어먹을 당나귀 울음소리가 났다.

단지 지탱하는 것만으로도 벅찬 이 삶을 조롱하고 있었다.

언제부턴가 성당의 온기는 사라졌다.

보이는 것이 보이지 않는 것을 삼켜 버린 세상.

따뜻한 촛불이 꺼졌고, 감미로운 찬양이 사라졌다.

간지러운 아이들의 웃음소리도 더 이상 들리지 않았다.

그는 흔들리고 있었다.

저 위에 계신 분에게 기도했다.

'이 가난한 영혼을 굽어보소서.

저는 당신과 함께, 당신 안에서 오직 슬퍼하고 있나이다.'

하지만 돌아오는 것은 언제나 침묵뿐.

제자들의 꿈을 배신한 십자가의 그날처럼 깊은 침묵이었다.

하지만 사제는 잘 알고 있었다.

그분은 고통받는 자의 울부짖음을 낱낱이 듣고 계신다.

그분은 완전한 자유이며, 인간의 의지에 조정당하지 않는다.

언젠가는 분명히 당신의 방식대로 응답하실 것이다.

하지만 그 언젠가가 어째서 지금 오늘이 되지 않으면 안 되는가.

침묵이 그의 공평이라면 이 응답은 너무도 무자비한 대답이다.

그는 우울해졌다.

언제나처럼 혼자였고, 아무도 손잡아 주지 않았다.

봉헌된 자를 축복해 주었던 주교도,

순수하고 경건한 기도를 바치는 신자들도,
한때는 생생했던 젊음에 대한 향수처럼 사라지고 있었다.
어쩌면 모두에게 잊혀 가고 있는지도 모른다.
이렇게 쓸쓸히 외딴 산 위에서 죽어 갈지도 모른다.
사제는 생각했다.
'이 세대에 더 이상 믿음이 어디 있고, 기적이 어디 있는가.'

사제는 다시 벽에 붙은 제대를 향해 돌아섰다.
낡은 경본에 고개를 처박았다.
냉랭한 얼굴로 혼자 미사를 지속했다.
별다른 감흥 없이 라틴어를 중얼거렸다.
빨리 미사를 마치고 돌아가서 쉬고 싶었다.
그는 소리 내어 빵과 포도주를 축성했다.
빵을 들고 감사의 기도를 드렸다.
잔을 들고 다시 감사의 기도를 마쳤다.

사제는 천천히 뒤를 돌아다보았다.
더러운 농부는 눈을 감은 채 여전히 떨고 있었다.
농부는 등을 굽히고 메마른 손을 합장하고 있었다.
그는 정말 기도하러 온 사람이었다.
숨이 턱에 차는 겨울 이 산꼭대기로.
눈보라가 치는 이 험한 날씨에 말이다.
사제는 제대에서 내려갔다.

거칠고 차가운 농부의 두 손을 꼭 잡았다.

5.

산타 마리아 라 레알 성당에서 주일 미사에 참례했다.
길에서 바삐 스쳐 갔던 외국인들이 모두 성당에 모여 있었다.
미사 후 식당에 들러 오랜만에 만난 길동무들과 합석했다.
마틴, 자스민, 엘리라 불리는 향숙.
우리는 순례자 메뉴와 갈리시아의 풀포를 먹었다.
풀포는 올리브유와 소금을 넣어 삶은 문어 요리다.
우리는 도무지 연결이 되지 않는 이야기를 나눴다.
서로 적당한 거리를 두면서 두서없는 삶의 조각들을 맞췄다.
가볍게 웃고 흘러가는 이 모든 나눔도 의미는 있다.
서로의 존재를 확인하는 그 시간만큼은 진짜니까 말이다.
하지만 때때로 나는 수많은 말마디 속에서 공허해진다.
길을 평등하게 걷기 위해 버린 내 삶의 수식어만큼이나,
내가 살아왔던 세계의 언어를 함께 포기해야만 하는 것이다.

이곳은 기적의 땅이다.
하지만 아무도 기적을 이야기하지 않는다.
믿음을 제거했을 때는 그저 수상한 전설이나 주술이 되기 때문이다.

한여름이지만 을씨년스러운 바람이 끝없이 불어왔다.
광활한 눈앞의 전경이 울부짖는 소리로 흔들거렸다.

어째서 산이어야 하는 걸까.
왜 모두가 알아들을 수 있는 언어가 아닌 걸까.
잠시 표류하는 마음으로 정상에 서서 바람을 맞았다.
그렇게 나는 또다시 아무도 없는 시나이 위에 있었다.

호두나무 아래서

1.

달빛이 청청히 빛나는 새벽에 홀로 길을 나섰다.
가지고 있는 얇은 옷 세 겹에 바람막이 점퍼를 입었다.
쌀쌀한 산바람이 뺨을 할퀴듯 빠르게 지나갔다.
엷은 빛 속에 잠들어 있는 은은한 전경이 발밑에 깔렸다.
넓은 구름 호수 밑으로 민가를 알리는 귤색 등이 반짝였다.
어두웠기 때문에 간판을 읽을 수 없었다.
천천히 작은 마을 하나를 지나 산 로케 언덕에 올랐다.
시원한 전망이 펼쳐진 곳에 마련된 사진 찍기 최적의 장소였다.
젊은 순례자들의 부탁으로 사진을 찍어 주었다.
거센 바람을 거슬러 행진하는 순례자의 조형물이 있었다.

로코 성인.
루르드 광장에서 마주쳤던 성인이다.
야고보 성인처럼 튜닉을 입은 순례자의 모습을 하고 있다.

때때로 오래된 유물 속에서 그는 개와 함께 등장하곤 했다.
피 흐르는 자신의 다리를 손가락으로 가리키고 있었다.

비교적 수월한 내리막이 끝도 없이 이어졌다.
이름 모를 화초와 허물어져 가는 담벼락.
외양간 안에서 우는 소.
따뜻한 볕 아래 졸고 있는 강아지.
길모퉁이 뒤로 숨는 새끼 고양이.
산 아래 마을과 과수원.
지팡이가 부딪히는 소리.
사람들의 웃음소리.
졸졸졸 계곡물이 흐르는 소리.
아름다운 산을 내려서며 마음이 침착해진다.

서서히 일정이 끝나 가고 있다.
그리고 어느덧 나는 돌아갈 길을 염려해야 한다.
작은 바에 들러 혼자 아침을 먹었다.
나는 매우 시쳤다.
로마 일정을 취소하고 마드리드행 비행기를 예약했다.
유학을 간 친구들이 모두 휴가로 부재중이었다.
이제 열흘 뒤면 스페인의 마지막 밤을 보내게 될 것이다.
성모 승천 대축일과 마지막 주일은 산티아고에서.
그리고 어쩌면 피니스테레를 걷게 될 것이다.

숙소를 찾고 걷고 먹고 씻고 이야기하고.
일상으로 정착된 모든 시간이 빠르게 흘러만 간다.
얼마나 더 많은 일들이 남은 것인지 모르겠다.
준비해 온 전통 문양 책갈피가 떨어졌다.
왼쪽 신발 깔창이 다 닳아 양말까지 헐고 있다.
그러나 여전히 나는 다시 원점을 맴도는 기분이다.

2.

트리아카스테야를 지나 사모스까지 걸었다.
사모스는 계곡 속에 숨은 조용한 마을이다.
맑은 물가에 오래된 베네딕도 수도원이 자리 잡고 있었다.
9세기 중엽 모사라베들로 활기를 되찾은 마을.
한때는 500여 명의 수사들이 사는 수도 공동체였다.
많은 순례자를 받아 줄 수 있는 넉넉한 시설.
샤워 시설과 화장실은 열악했지만, 숙소 봉사자는 자상했다.

베로니카는 친구와 함께 걷고 있었다.
친구의 이름은 크리스.
만나자마자 양 볼에 키스로 인사를 해서 깜짝 놀랐다.
기분이 썩 나쁘지는 않은 스페인식 인사다.

저녁을 먹고 산책을 했다.
안경을 낀 젊은 순례자가 깊은 명상에 잠겨 있었다.

형언할 수 없는 고요함이 계곡 전체에 깊이 배어 있었다.
커다란 호두나무 아래 시원하게 흘러가는 강물을 바라보았다.
얕은 물속에서 산천어처럼 생긴 물고기가 천천히 헤엄쳤다.
다리 위에 가슴을 기대고 한참을 멍하니 서 있었다.
침묵.
조그만 대기의 흐름조차 느껴지지 않는 적막한 침묵이다.
손이 닿지 않는 장롱 속에서 꺼낸 묵은 옷처럼,
빛바랜 사진첩이나 일기장을 다시 펼쳐 든 것처럼,
시간은 영원처럼 정지하고 욕망은 물결 속에 꼬리를 감춘다.
가쁜 숨을 몰아쉬며 다그치듯 걸었던 자신이 부끄러워진다.

하지만 역시나 어쩔 수 없다.
무념무상은 내게 어울리는 단어가 아니다.
깊은 고요함 속에서조차 솟구치는 복잡한 상념을 피할 수 없다.
나는 걸어야만 살 수 있는 현세의 인간이니까.
영원히 이런 안식 속에 머물 수는 없으니까.
내가 돌아가야 할 곳은 결국 세상이니까.

갈릴래아로

1.

안개가 온 세상을 삼킨 새벽길을 걸었다.
속삭이듯 물이 흐르는 조용한 계곡 마을을 벗어났다.
연한 가로등 불빛이 어둡고 뿌연 색채 속에 반사되었다.
해가 뜨고 난 후에도 안개는 좀처럼 걷히질 않았다.
넉넉한 품의 아름드리나무가 길 양옆에서 환호하고 있었다.
서로의 가지로 아치를 만들어 준 호젓한 길을 기쁘게 걸었다.
사람들은 여전히 바쁘게 갈 길을 가고, 호탕하게 웃었다.
나는 크게 심호흡을 하고 신선한 바람을 마음껏 마셨다.

고요한 섬과 같은 계곡 마을 사모스를 떠나 사리아에 도착했다.
사리아에는 제법 근사한 순례자 상점이 있다.
물을 마신 후 가게에 들러 깔창을 샀다.
왼쪽 신발은 이미 뒤가 닳아 양말마저 갉아먹고 있었다.
오른쪽 발뒤꿈치도 헝겊 부위가 벗겨져 떨어지기 직전이었다.

가게를 나오는데 진열장에 놓인 책이 나를 유혹한다.
오는 동안 외국 친구들이 가진 것 중 가장 부러웠던 책.
남들은 버리고 또 더 버려 계속 가벼워지는데.
나는 여행이 끝나 가는 마당에 책을 두 권이나 사고 말았다.

2.

해가 떠오르는 오후.
나는 포르토마린으로 걷고 있었다.
풍성한 나무와 향긋한 풀 냄새 가득한 갈리시아의 길.
그러나 해가 떠오르면 어김없이 인내의 시간이다.
약간의 돌밭과 아스팔트 도로를 지나갔다.
경건하게 기도하며 걷는 한 무리의 순례자들을 발견했다.
그들은 한 손에 묵주를 들고 있었다.

얼마 지나지 않아 비석이 보였다.
100km.
사람들이 부쩍 늘어난 이유를 알 것 같다.
뜨거운 햇실.
쉴 새 없이 지나가는 자동차와 자전거.
구름처럼 몰려가는 사람들.
그들은 산티아고까지
얼마 남지 않은 것을 알리는 전령이었다.
마른 먼지를 뒤집어쓰며 계속 걸었다.

3.

길이 끝나 가고 있다.

생각의 실마리들은 잠시 꼬리를 감춘다.

걷기에 취해 걷고 있는 기분이다.

어느덧 물이 다 떨어졌다.

갈증이 밀려왔고 발목에 통증이 생겼다.

푸른 강물 위에 놓인 긴 다리를 건너갔다.

물가에 세워진 시원한 도시, 포르토마린.

목마름을 참고 숙소를 찾았다.

하지만 오후 5시.

예상했던 대로 이미 모든 알베르게는 완료 상태다.

길에서 만난 젊은 친구가 성당으로 가 보라고 권한다.

성당 앞에는 커다란 체육관이 있었다.

족히 몇 백 명은 되어 보이는 성지 순례단이 자리를 잡고 있었다.

이름표를 목에 건 수사에게 잠자리를 물었다.

그는 인솔자로 보이는 지도 신부에게 나를 데려갔다.

젊은 신부는 내게 말했다.

"여기는 공동 체육관입니다.

아무 데서나 자도 됩니다."

귀중품은 몸에 지녔고 배낭은 체육관 바닥에 내려놓았다.

체육관에는 하나밖에 없는 열악한 샤워 시설이 있었다.

돈을 내고 남자들만 따로 순서를 정해 들어가야 했다.
샤워를 마치고 나왔을 때 수녀님이 내게 말한다.
"오늘은 특별한 순례자 미사가 있습니다.
8시까지 성당으로 오세요."

알아들을 수 없는 길고 긴 강론과 독서와 복음.
그러나 멜로디가 실린 성가만큼은 젊고 역동적이다.
사람이 많아서 앉을 자리가 없었다.
성체를 영하고 차가운 돌바닥에 앉았다.
사람들에 가려 십자가는 보이지를 않는다.
문득 마음이 무거워진다.

저녁을 먹으러 바에 들렀다.
배가 고프지 않다.
와인 한 잔을 마시며 오늘의 일과를 정리했다.

순례자의 노래

1.

차가운 기운이 몸에서 가시질 않는다.
매트리스 없이 침낭에만 의존해서 잠을 자야 했다.
바닥의 한기 때문에 몸을 움츠리다 깨어났다.
눈을 뜨니 바로 옆에 누워 있는 분은 수녀님이었다.
누에고치처럼 꽁꽁 무장한 채 자고 있었다.

얼얼한 몸을 깨우려고 잠시 자리에 앉았다.
핸드볼 골대 뒤편 그물에는 빨래가 주렁주렁 걸려 있었다.
차가운 돌바닥, 피난민의 하루 같은 밤.
하지만 잘 곳이 있는 것만으로도 감사할 일이다.

배낭을 메고 체육관을 나섰다.
잠이 완전히 깨지 않아 몽롱한 아침.
안개가 가시지 않은 어둠 속에서 아름다운 음악 소리가 들렸다.

어제 길에서 인사했던 청년들이 잔디밭에 앉아 노래를 하고 있었다.
출발을 앞둔 순례자들에게 힘을 실어 주고 있는 것이다.
나는 홀로 스스로를 다그치듯 중얼거렸다.

그래, 가난한 우리의 영혼을 위해 노래하자.
태양과 갈증과 고독을 등에 지고 행진하자.
우리는 정처 없는 나그네가 아니니까.
우리는 가야 할 곳이 있는 순례자니까.
서로를 위해 기도해 주자.
어깨동무를 하고 용기를 내자.
가서, 순결한 언어로 세상을 축복해 주자.

2.

깊은 안개 속에서 마을을 벗어났다.
아직 어두운 새벽길.
해가 떠오르고 나서도 안개는 쉽게 가시지 않았다.
잦은 안개와 비.
촉촉한 흙과 풍성한 식탁.
갈리시아는 생명 가득한 일치의 땅이다.
이젠 뿌렸던 것을 거두고 늘어놓은 것을 추슬러야 한다.
흩어졌던 것을 모으고 방황하던 발길을 돌려야 한다.
하지만 무엇을 거두고 어디로 발길을 돌린단 말인가.

마음속 흐름을 읽는다.
힘을 내서 걸어 보려 하지만 기운이 빠진다.
불편하다.
목적지가 얼마 남지 않았다.
더 이상 일상 속으로 숨어 다니며 피해 갈 수 없다.

나는 길 위에서 많은 것을 좋은 방향으로 바꾸려 애썼다.
갈증과 배고픔, 육체의 통증, 사생활이 보장되지 않는 공간.
대부분의 조건과 환경은 생각의 틀을 통해 바꿀 수 있었다.
그만큼 이 시간은 소중한 시간이었다.
하지만 아무리 노력해도 막히는 부분.
그것은 바로 사람이었다.
이상한 일이다.
누가 시키지도 않은 여정.
자유롭게 걷는 서로의 길.
좋은 목적을 위해 고생하는 사람들.
바로 그 사람들에 대한 느낌이 발목을 붙잡고 있다니.

나는 내가 만난 길동무를 떠올렸다.
한 사람의 언어는 한 사람의 세계였다.
때로는 서로의 모습을 되돌려 주는 위로와 힘이었다.
서로를 성장시키고 영감을 주는 자극이었다.
하지만 어느 순간 짐이 되고 있었다.

어긋난 의견, 불쾌감을 맞닥뜨리는 존재.
초대하지 않은 손님처럼 긴 그림자를 드리우는 얼굴.
어째서 그들은 내 호의를 짓밟았던 것일까.
어째서 엉뚱한 판단을 하는 것일까.
그들은 왜 나를 괴롭히는 것일까.
아니.
그들에 대한 느낌은 왜 불편한 것일까.
그들의 어둠으로부터 왜 나는 자유롭지 못한 것일까.
어째서 타인의 그림자에 짓눌려야 하는 것일까.

바로 그때 성인들의 상처와 죽음이 떠올랐다.
허벅지에 난 깊은 상처를 손가락으로 가리키는 로코 성인.
온몸에 화살 구멍이 난 세바스티아노 성인의 무덤덤한 얼굴.
목만 남은 얼굴로 동강 난 자기 몸을 바라보고 있던 야고보 성인.

그렇다.
그들은 모두 자기 십자가를 감당했다.
세상이 그들을 주었다.
그런데도 그들은 눈물을 흘리지 않았다.
이기적인 세상이나 위선자들에게 시선을 두지 않았다.
왜 찡그리지 않는 걸까.
왜 아프다고 고함치지 않는 걸까.

발이 가벼워졌다.

적어도 이 순간만큼은 길이 주는 선물을 잃고 싶지 않다.

3.

혼자 걸으면 일행이 있을 때보다 말을 거는 사람이 는다.

한 중년의 프랑스 남자가 내게 말을 걸었다.

그는 여자아이와 함께 길을 걷고 있다.

남자의 이름은 패트릭.

꼬마 아가씨 이름은 마리, 나이는 16세다.

아버지와 딸 사이다.

패트릭은 르퓌에서부터 이 길을 걷기 시작했다.

르퓌는 프랑스 중부 지명으로 생장피드포르보다 멀다.

그는 11명의 일가족과 함께 걷고 있었다.

패트릭이 말했다.

"우린 9년 동안 이 길을 걸었어.

휴가 때마다 조금씩 나눠서 걸은 거지."

패트릭은 손바닥을 낮추어 가로로 가르는 시늉을 했다.

"그때 마리는 아주 작았어, 아주."

패트릭이 내게 물었다.

"어디서부터 걸었니?"

내가 말했다.

"루르드."

이 길을 걷는 외국 친구들도 루르드를 모르는 경우가 많았다.
하지만 그들에게는 따로 설명할 필요가 없었다.
이야기를 듣고 있던 마리가 끼어든다.
마리는 밀밭처럼 풍성한 노랑머리를 하고 있었다.
그녀는 예쁜 얼굴을 찡그렸다.
불안한 목소리로 탐정처럼 취조하듯 내게 물었다.
"루르드를 어떻게 생각해요?"
"성모님의 도시.
난 기적을 믿어."
마리가 자기 지팡이를 좌에서 우로 휘저으며 다시 물었다.
"그 앞에 많은 상점들 봤어요?
물건 파는 가게 말이에요."
"응."
마리는 귀여운 입술을 삐쭉거렸다.
"리, 여기 봐요 여기.
그냥 여기 풀밭에서도 기도할 수 있어요."

그녀가 무슨 말을 하고 싶은지 알 것 같다.
순수함을 지키고 싶은 열정이 엿보인다.
"마리, 네 말이 맞아.
그분은 어디에나 계시니까.
여기서 기도해도 들으실 거야."
나는 그녀에게 비유를 들었다.

"하지만 마리.
나에게 좋은 와인이 있다면 나는 좋은 잔을 사용할 거야.
와인은 기도고, 잔은 교회야.
우리에게는 좋은 기도가 필요하고, 좋은 교회도 필요해."
마리는 여전히 심술스러운 표정을 지었다.
하지만 아무리 퉁퉁거려도 아버지에게는 귀여운 딸일 것이다.

패트릭은 영국계 은행에서 일한다.
인도네시아에 본사가 있고, 한 달에 한 번 한국에 들른다.
이번 휴가에는 레온에서 출발했다.
9년에 걸친 11명 일가족의 순례길.
그들은 이제 산티아고를 목전에 두고 있다.
이 길은 부모가 마리에게 물려줄 가장 큰 유산이 될 것이다.

4.

비석 속의 숫자는 점점 더 작게 변해 가고 있었다.
산티아고가 가까이 다가오고 있었다.
마음이 느슨해졌다.
8월 15일, 성모 승천 대축일에 맞춰 도착할 수 있을 것 같다.

팔라스 데 레이에 도착해서 잠자리를 구했다.
아직 이른 시각이었는데도 기다리는 사람이 많았다.
공립 알베르게 입구에서부터 배낭으로 길고 긴 줄이 세워져 있었다.

배낭 줄을 지켜보기로 하고 그늘을 찾아갔다.
앉으려고 화단 옆 울타리를 한 손으로 짚다 상처를 입었다.
나무 조각 하나가 떨어져 나가면서 4개의 못이 손목을 그었다.
피가 많이 난다.
멀리서 지켜보던 여자애 하나가 소독 솜을 준다.
다행히 겉만 긁혔기 때문에 별로 아프지는 않다.

기다리는 1시간 반 동안 글을 썼다.
수첩도 페이지가 얼마 남지 않았다.
모든 것이 정돈을 알리고 있다.
산티아고 입성 3일 전.
이상 무.

숲이 뿜어내는 것들

1.

긴장이 풀려서일까.
몸이 좀처럼 움직여 주지 않는다.
내일 모레면 산티아고인데.

모두가 떠난 텅 빈 알베르게를 뒤늦게 나섰다.
컨디션도 신발 상태도 좋지 않다.
왼쪽 발목이 아프다.
새로 산 깔창 뒤꿈치의 헝겊이 밀려서 벗겨지고 있다.
왼쪽 발바닥에 생긴 굳은살 때문이다.
조급한 마음을 추슬러야 한다.
천천히 기는 듯이 걷자.
나머지는 그분께 맡기자.

굼벵이처럼 발을 천천히 옮겼다.

하지만 나보다 느린 사람도 많았다.
허름한 샌들을 신은 사람.
균형이 잡히지 않은 배낭을 짊어진 사람.
햇빛에 반짝거리는 가벼운 스틱을 가진 사람.
노래를 부르며 걷는 뚱뚱한 사람.
모두가 처음 보는 순례자였다.

2.

정오가 다가올 무렵 멜리데에 도착했다.
왼쪽 발목의 통증이 심해졌다.
몇 개의 바를 지나쳐 마을 중심으로 들어갔다.
사람들이 많이 모인 선술집 같은 식당이 눈에 들어왔다.
풀포 전문점이다.
평소보다 두 배는 무겁게 느껴지는 배낭을 털퍼덕 내려놓았다.

마침 저 멀리 아는 얼굴이 보였다.
포르토마린에서 체육관 숙소를 소개해 준 친구다.
이름은 파리스.
작은 키, 땡땡한 체구, 산적 같은 털북숭이 수염을 하고 있다.
"안녕, 파리스. 앉아도 돼?"
"물론."
파리스는 혼자 식사를 하고 있었다.
"친구는 어디 갔니?"

"집에, 아파서."

파리스는 바르셀로나에 산다.

직업을 묻자 그는 당구를 치는 시늉을 한다.

서로의 영어가 서투르다 보니 대화가 이어지질 않는다.

뚱하니 앉은 채 주문한 음식을 기다렸다.

파리스는 피니스테레까지 간다.

집까지 걸어서 돌아가겠다는 야무진 계획을 갖고 있다.

글쎄, 집까지는 무리가 아닐까 생각하는데.

아무리 마셔도 채워지지 않는 젊은 날의 갈증.

누구나 도달하는 종착점으로는 만족할 수 없는 목마름.

파리스는 이 길에 무엇을 녹여 내고 싶은 것일까.

나는 그가 건강히 이 길을 마칠 수 있기를 기도했다.

3.

멜리데를 벗어나서 울창한 숲으로 들어섰다.

어디선가 황홀한 향기가 났다.

앞서 걷던 순례자가 나뭇가지를 꺾더니 냄새를 맡는다.

유칼립투스였다.

숲에 감도는 평온한 냄새의 근원이었다.

잎은 늘어진 커다란 버드나무의 잎을 닮았다.

다 자란 나무가 토끼 발처럼 하얀 껍질을 허물처럼 벗고 있었다.

그윽한 향기에 잠시 정신이 맑아졌다.

리바디소까지 26km를 걸었지만 숙소는 만원이다.

가쁜 숨을 몰아쉬며 언덕을 넘고 3km를 더 걸었다.

다행히 아르수아의 사설 알베르게를 잡을 수 있었다.

마을 안에서 처음 보는 한국인들을 만났다.

삼인조 여성이었다.

우리는 함께 파에야를 먹었다.

이미 걸어온 길에 대한 소중한 기억.

아직 일어나지 않은 일에 대한 기대감.

여행이 주는 호기심과 설렘이 식탁을 장식했다.

그녀들은 즐기면서 걷고 있었다.

무거운 목적이나 무리한 목표도 없었다.

그 가벼운 마음이 내게 작은 위로가 된다.

숙소에 돌아와 허름한 침대에 몸을 던졌다.

밖은 환한데 실내는 어두웠다.

여기저기서 통증으로 신음하는 소리와 속삭이는 대화가 들렸다.

침대 옆이 화장실이라 사람들이 늘락거렸다.

문을 열 때마다 유칼립투스 향기가 났다.

눈을 감았다.

깊은 어둠이 꺼질 듯이 무너졌다.

내일 모레면 산티아고.

믿기지 않는다.

장밋빛 인생

(.

어두운 새벽길.
사람들은 나는 듯이 걷는다.
산티아고 전 마지막 숙소를 잡기 위해 서두르는 것이다.
첫 번째로 만난 바에 모여 있는 사람들이 장관이다.
커피 한 잔 때문에 족히 1시간은 기다려야 할 것 같다.
조금 참고 지나쳐 더 걷기로 한다.

뒤에서 날카롭게 스틱을 찍는 소리가 들렸다.
누군가 빠른 걸음으로 걷고 있었다.
장갑과 마스크.
온몸을 무장한 기사처럼 비장하게 걷는 여성이었다.
그녀의 이름은 김은정.
길에서 만난 이탈리아 친구 제르바노와 동행하고 있었다.
제르바노는 친절하게도 아침 식사를 대신 주문해 주었다.

아마도 한동안 은정 양의 수고를 이렇게 덜어 준 것 같다.
빵 한 조각과 꿀맛 나는 커피를 마시고 힘을 내서 걸었다.
향기로운 유칼립투스 숲이 이어졌다.
허리춤에 비닐봉지 하나만 매단 채 힘겹게 길을 걷는 할아버지와
4명씩 한 조가 되어 묵주기도를 바치는 젊은이들을 지나쳤다.

2.

바람이 불고 숲이 흔들렸다.
커다란 나무 사이로 작은 목소리가 들렸다.
"올라."
고개를 돌렸다.
고목나무에 매미처럼 붙은 회색 털의 짐승.
코알라였다.
신기한 광경이었다.
구슬처럼 눈이 까만 작은 짐승이 입을 열었다.
"올라, 부엔 카미노.
이 길에 한국인이 자주 보이던데 어떻게 된 거야?"
내가 묻고 싶은 질문이다.
코알라는 호주에 사는 동물 아닌가 말이다.
내가 대답했다.
"요즘 유행이야.
너야말로 여기에 어떻게 온 거야?"
코알라가 말했다.

"뭐 이야기하자면 길어.
민족의 기원 같은 거라면 더욱 힘들지.
너네도 어디서부터 온 건지는 모르잖아.
그건 그렇고 잠시 등 좀 빌려도 될까?"
녀석이 말을 건 이유를 알 것 같다.
날 이용하자는 속셈인 것이다.
내가 말했다.
"어부바하려고?
가뜩이나 짐도 무거운데 힘들어."
코알라가 말했다.
"걷다 힘들면 버스도 타고 그런 거지.
융통성 없네.
투덜대지 말고 이리 좀 와 봐.
순례자는 받아들이면서 걷는 거야.
매사에 감사 몰라?"
내가 말했다.
"무슨 교회 표어 같은 말 집어치워.
불량 순례자로군."
코알라가 말했다.
"이봐, 삶에는 공식이 없는 거야.
얼마쯤 걸어야 훌륭한 순례자인데?
가죽이나 이름이라도 남기겠다는 거야?
행복에 겨운 무용담이 목적이라면 그만둬.

설마 실적이나 업적을 위해 이 길을 걷는 건 아니겠지.
숫자를 좋아하는 거라면 내세울 게 없는 건 아냐.
우리 조상 대대로 이 길을 걸어왔다고."

나는 감탄했다.
기는 듯이 걷는 동물이 또 있구나.
거북이, 달팽이, 굼벵이가 전부인 줄 알았는데.
세상 참 오래 살고 볼 일이다.
내가 물었다.
"그럼 언제쯤 도착할 예정인데?"
코알라가 대답했다.
"글쎄, 우리 아이들 때에나 가능하려나?"
그는 무슨 생각이 들었는지 주머니를 뒤적였다.
휴대 전화였다.
"전화기도 들고 다녀?"
코알라가 대답했다.
"왜 이래, 자전거 타고 다니는 사람도 있던데.
친구에게 전화할 일이 있어.
자꾸 편견 가지지 마."
배낭에 들러붙은 그는 혼자서 중얼거렸다.
문득 많은 것들이 궁금해졌다.
대부분은 이 길에서 사람들이 던졌던 질문이었다.
코알라는 전화를 끊고 조용해졌다.

잠을 자고 있는 것 같았다.

나는 길동무를 깨웠다.

"이봐."

배낭 위 껍딱지가 귀찮다는 듯 대답했다.

"나 이름 있어.

상훈이야, 이상훈.

인터넷 댓글 다는 걸 좋아해서 키보드 워리어.

혹은 뭐든지 아는 게 많아서 이 박사라고도 불려."

내가 말했다.

"뭐, 암튼 좋아.

실은 궁금한 것이 좀 있어.

같은 순례자로서 묻는 건데 말야.

조상 대대로 걸었다고 그랬지?

선조들 포함, 이 길 걸으면서 기억 남는 사람 있어?"

어쩌면 그에게서 유익한 이야기를 듣게 될지 모른다.

이를테면 성자의 추억, 아니면 감동적인 에피소드 말이다.

하지만 그는 당연한 듯이 내 기대를 배신했다.

"피리 부는 사람."

내가 반문했다.

"뭐라고?"

이 박사가 다시 말했다.

"피리 부는 사람.

아이들이 수도 없이 따라갔어.

마을 사람들 대신에 쥐를 잡아 줬다던데.
사람들이 약속을 안 지켰대.
애들을 데리고 갔어.
토끼랑 곰도.
우린 느려서 못 갔어.
엘리베이터 없인 계단도 안 올라가거든."
내가 말했다.
"느린 게 아니라 게으른 거야, 그건."
코알라는 말했다.
"아무튼 그 사람이 그랬어.
세상 끝으로 간다고."
어디로 간지 알 것 같다.
내가 말했다.
"피니스테레 말이구나.
그거 옛날 말이야.
옛날엔 지구가 둥근 줄 몰랐거든.
탐험가들이 바다 건너 다른 땅을 발견했어.
망원경으로 다른 별도 관찰했고.
그때까지 사람들이 세상 끝이라고 여기던 곳이 있어."
이 박사는 내 말을 듣고 웃었다.
"이 땅이 둥글다고?
살다 보니 별 소릴 다 듣겠네.
무슨 축구공이니?

좀 있으면 굴러간다고 하겠네."

내가 말했다.

"굴러가는 건 아니지만 움직이는 건 사실이야.

지구는 둥글고 매일매일 움직여."

이 박사는 물었다.

"그걸 어떻게 알지?"

내가 말했다.

"음……. 글쎄. 사실 나도 경험한 적은 없어.

그러니까 배를 타고 지구를 돌아보거나,

빙글빙글 도는 걸 직접 본 적은 없다는 거지.

과학이 증명했고 그걸 믿는 거야."

코알라는 말했다.

"믿는다고?

미안하지만 난 종교가 없어.

서로 가진 신념은 존중하자고."

뜻밖의 길동무는 엄살이 심한 친구였다.

하지만 그 조근거리는 말투가 어쩐지 밉지 않았다.

더구나 그는 내 여행에 큰 도움을 주고 있었으니까.

이야기를 나누는 동안 어느새 가볍게 걷고 있었다.

잠시나마 몸의 고통으로부터 시선을 돌릴 수 있었다.

우리는 한동안 말없이 걸었다.

아름다운 숲이 끝나 가고 있었다.

배낭에 붙은 친구가 말했다.

"내려 줘 이제."

내가 말했다.

"가려고?"

이 박사는 말했다.

"친구 기다려야 해."

내가 물었다.

"어디 있는데?"

그가 말했다.

"옆 마을에서 히치하이크할 거야."

내가 말했다.

"이런 식이면 금방 가겠네."

그가 말했다.

"우리도 양심이라는 게 있어.
자꾸 버스 타고 가면 보람이 없어서 안 돼."

이 박사를 좀 더 붙잡아 두고 싶었다.
하지만 함께하는 시간이 길어질수록 헤어실 때 힘들지 모른다.
좀 더 오래 걷는다는 뜻은 좀 더 많은 이별을 경험하는 것.
그 모든 이별에 아쉬움이나 어설픈 후회를 표현할 수는 없다.
하지만 어째서 그 모든 헤어짐에 익숙해지기란 어려운 일일까.
나는 그에게 많은 이들이 묻는 평범한 질문을 했다.

"왜 이 길을 걷니?"

이 박사는 고민 없이 대답했다.

"질문이 틀렸어.

그래서 다들 제대로 대답을 못 하는 거야.

무얼 느꼈냐고 물었어야지.

길에 접어든 순간 그 길에 던져지는 거야.

우리가 아니야.

길이 우릴 부른 거지.

하지만 우린 스스로 많은 것을 선택하고 산다고 믿고 있어.

어떤 면에서는 사실이야.

하지만 눈을 돌려 보면 주어진 것이 더 많다는 걸 알게 돼.

마치 보이는 세계보다 보이지 않는 세계가 더 큰 것처럼."

내가 말했다.

"아, 미안.

보이지 않는 운명이나 우연한 만남 같은 건 믿지 않아.

서로의 신념을 존중하자.

그보다 내가 궁금한 건 이런 거야.

어째서 사람들은 자기 대답을 다른 사람을 통해 듣고 싶어 할까?

매일 비슷한 질문을 하고 똑같은 깨달음을 얻으면서 말이야.

아, 저 사람도 나와 비슷하구나.

그저 조금씩 찌그러지고 일그러진 자기 신념대로 살 뿐이구나."

코알라는 말했다.

"실망은 이제 내려놓는 게 좋을 것 같은데.

장미꽃 향기만 자욱한 길이 아니었다는 걸 알잖아.

불평만 하기에는 네가 고마워해야 할 일이 너무 많아.

이제 거의 다 왔어.

그래, 정말 묻고 싶어.

네가 느낀 건 뭐지?"

느낀 것.

나는 홀로 중얼거렸다.

부스러기를 주워 모으는 다람쥐처럼 부지런히 머리를 움직였다.

떠오르는 장면들이 정리되지 않은 채 조각조각 흩어져 있었다.

단순히 '좋다, 나쁘다, 행복하다, 불행하다'라고 말할 수 없었다.

발걸음은 그저 일상의 일부가 되었으니까.

나는 말했다.

"그래, 모순에 가득 찬 길이야.

책에서 읽은 것과는 달라.

그렇게 진실하지도 않고 아름답지도 않아.

천사는 드물고 불쾌한 사람은 많아.

하지만 동의할 수 있어.

내가 길을 선택하기 전에 길은 이미 여기 있었다는 것.

이 길 위에서는 하늘과 땅과 동료를 존중해야 한다는 것.

내가 깨달은 길의 의미만큼만 길이 나를 부른다는 것.

그런 면에서 길은 참으로 기막힌 인생의 상징일지 모르지.

일생 동안 돈을 찾는 사람은 삶의 매 순간 돈의 부르심을 받고,

사랑을 찾는 사람은 사랑의 부르심을 받게 되겠지."

이 박사는 말했다.

"철학 공부했어?

좀 더 구체적이고 미래 지향적인 깨달음은 없는 거야?

이제 철 좀 들었으니 결혼을 해야겠다거나 하는 거 말이야.

재미없잖아."

내가 말했다.

"아, 또 있지.

뜨거운 환상을 기대하지만 길의 대부분은 담담한 일상이라는 것.

길의 완성은 언제나 과정 속에 있다는 것."

이 박사가 시큰둥한 목소리로 말했다.

"정말 가야겠어, 내려 줘.

등에 태워 줘서 고마워."

금방 가겠다는 말에 조금 미안한 마음이 들었다.

혼자서만 말을 쏟아 내다 요금을 회수하는 택시 기사처럼 내가 말했다.

"말벗이 되어 줘서 나도 고마워.

널 잊지 않을게, 잘 가."

이 박사가 말했다.

"안녕, 재미없는 친구야."

3.

오후 12시 반, 아르카에 도착했다.

예상대로 알베르게는 초만원 사태였다.

숙소를 위한 마지막 기다림을 당연한 예식처럼 치렀다.

오후 5시가 되자 야외에서 미사가 거행되었다.

중고등학생쯤 되어 보이는 이탈리아 학생 순례단이
기타 반주에 맞춰 가벼운 성가를 부르고 있었다.
안경을 낀 젊은 사제는 비장하게 강론을 했다.
나는 알베르게 문 앞에 앉았다.
미사 장소가 마당이었고, 문 앞에 나선 순간 어정쩡해졌다.
구경하는 입장이 되었기 때문이다.
때마침 구경꾼에 속한 어떤 여자가 손을 흔들었다.
팔라스 데 레이에서 인사만 나누었던 순례자다.

그녀의 이름은 마리사.
마리사는 마드리드에 살고, 30대 중반의 독신녀다.
직업은 역사 선생님이다.
자존심이 강해 보이는 느릿한 목소리를 갖고 있었다.
그녀의 영어는 문장이 길고 유창했다.
쓰는 단어도 어려워서 잘 알아듣지 못했다.
그럭저럭 집중해서 경청하면서 감회를 나누었다.
"내일이면 산티아고야."
"응, 역사적 순간이지."
"느낌이 어때?"

그녀는 담배를 피웠다.
길게 뿜어내는 담배 연기에 맞춰 나도 깊게 숨을 토했다.
아무것도 없는 텅 빈 폐에 축 쳐진 공기가 밀려들었다.

모든 계획이 마무리되는 마지막 순간의 느낌이다.

마리사는 전화를 받았다.
아버지였다.
그녀의 아버지는 20년 전에 이 길을 걸었다.
그때는 알베르게를 비롯한 모든 조건이 지금보다 열악했다.
아버지는 매일같이 마리사에게 전화를 한다.
여러 가지를 묻고 이야기를 나눈다.
그녀가 오늘 어디를 얼마나 걸었는지.
예전의 길과 마을이 그대로 있는지.
20년 전 여기서 무엇을 느꼈는지.
마리사의 아버지는 건강이 좋지 않다.
다시 이 길을 걸을 수 없다.
하지만 마리사는 매일 이 길을 아버지와 동반하고 있다.

마리사는 내게 스페인어 문구가 적힌 순례자 카드를 한 장 주었다.
카드에는 다음과 같이 적혀 있었다.
"인생에 있어 단 하나의 유일한 성공이란
당신의 자발적인 신념으로부터 비롯된 삶이다
Hay solamente un exito: vivir a partir de tu proprio convencimiento."

그래, 꽃길이 아니었다 해도 욕하지 말자.
천사가 아니었다 해도 실망하지 말자.

길의 부름에 응답한 사람은 누구도 아닌 나 자신.
단 하나밖에 없는 발걸음.
후회는 없으니까.

산티아고

1.

산티아고를 향한 마지막 새벽길.
마지막 날까지 사람들의 발길은 바빴다.
랜턴을 가진 사람들의 뒤를 따라 2시간을 더 걷자 날이 밝았다.

이른 아침의 라바코야.
이곳은 정화의 장소다.
오래전 순례자들은 몸을 씻고 산티아고 입성을 준비했다.
먼지와 땀과 불결함으로 얼룩진 옷을 흐르는 물에 빨았다.
깨끗이 털어 버리고 싶었던 것은 먼지만이 아니었을 것이다.

라바코야 개울가에서 마리사를 다시 만났다.
순수함으로 정돈된 첫 마음으로 흐르는 물에 손을 씻었다.
조금 늦은 시각이었지만 마리사와 함께 아침을 먹었다.
그녀는 내 찻값을 계산했다.

왜냐고 물으니 스페인 관습이라고 핑계를 댄다.
이 길에서는 누구나 무언가를 주고자 준비된 것 같다.
어떤 사람은 지팡이를, 어떤 사람은 여벌의 옷을.
어떤 사람은 기약 없이 돈을 빌려 주기도 하니까 말이다.
받아 보지 못한 사람은 줄 수 없다.
가득한 사랑은 넘치는 잔과 같다.
물이 높은 데서 낮은 데로 흐르듯
가득한 사랑은 낮고 그늘진 골짜기를 메운다.
이 길에서 솟는 가득한 힘은 대체 어디서 비롯된 것일까.

2.

산 위의 마을 몬테 데 고소.
산티아고가 한눈에 들어오는 언덕 위에서 휴식을 취했다.
원대한 꿈과 바라던 목표에 다다르는 마지막 순간의 희열.
정점이 아니라 정점에 다다르기 직전에서 오는 기대감이다.
가슴 깊이 요동치는 이 흔들림을 감당하기 어렵다.
900km를 걸었다.
도저히 닿을 것 같지 않던 내일이 바로 오늘 지금 이 순간이다.

언덕 위에 조형물이 보인다.
거대한 예술 작품이다.
사진 찍는 사람들을 피해 가며 한 바퀴 돌았다.
누구나 알 만한 사람의 이름이 새겨져 있었다.

요한 바오로 2세 교황도 산티아고 순례자였다.
아시시의 프란치스코 성인도 이 길을 걸었다.
그리고 2009년 8월 15일.
이름 없는 이 아무개도 이 길에 도달했다.
이제 다 왔다.
더 갈 곳이 없다.

그때 내 그림자를 밟고 다가오는 친구들이 있었다.
"올라! 너 이제 끝났구나."
나는 벅찬 감정을 진정시키면서 고개를 돌렸다.
"어라, 상훈이? 친구들도 왔네.
안녕 늑대, 안녕 토끼!"
4명의 짐승이 어깨동무를 하고 있었다.
늑대가 말했다.
"어흥, 내 이름은 하동구야.
축구든 게임이든 웬만해선 안 지지.
겁내지 마.
나는 죽지 않을 만큼만 깨무니까.
널 알아. 유혹의 벌판, 메세타에서 만났지.
수고했어. 이 말 한마디쯤은 들어도 돼, 어흥."
토끼가 말했다.
"안녕, 내 이름은 엘리스야.
무지개가 빛살처럼 쏟아지던 날.

기사의 마을 앞에서 널 만났지.
아니, 내 하얀 엉덩이가 만났구나.
축하해.
한순간도 혼자였다고 생각하지는 마.
우린 네 안에서 널 보고 있는 수많은 눈이니까.
우리가 오늘 온 이유는 부탁이 있어서야."
토끼는 옆에 있는 짐승을 툭 쳤다.
딱딱한 등껍질을 가진 거북이였다.
거북이는 말했다.
"안녕, 닌자라고 해."
내가 말했다.
"뭐라고?"
거북이가 말했다.
"닌자. 내 이름이야."
닌자 거북이는 내게 말했다.
"부탁이 있어.
날 바다까지 데려다 줘."
여기서 바나라민 피니스테레를 말하는 건데.
피니스테레에 가면 젊은이들이 행하는 예식이 있다고 들었다.
바닷가에서 물건 하나씩을 태우면서 마음을 다지는 것이다.
아, 곤란하다.
굳이 처음부터 거기까지 갈 생각도 없었고.
다 버려서 불에 태울 물건조차 없는데.

스위스 친구 프랑코가 준 '똥싼바지'도 두고 왔는데.
아, 그 일 때문에 나는 일행에게 얼마나 눈총을 받았던가.
친구가 준 소중한 선물도 내다버리는 냉혈한이라고.
게다가 현금이 거의 바닥난 상태.
내가 말했다.
"돈이 거의 떨어져 가는걸.
하동구 이봐, 돈 가진 거 좀 없니?
나중에 갚을게."
하동구가 말했다.
"누구시죠?"
내가 말했다.
"정말 그만 걷고 싶어.
충분히 걸었다고 생각하는데."
이 박사와 하동구, 엘리스와 닌자는 일제히 눈물을 글썽였다.
〈슈렉〉의 장화를 신은 고양이 눈망울이다.
나는 한숨을 쉬었다.

3.

오늘은 광복절이다.
길고 긴 일제의 강점으로부터 해방된 날이다.
두 번째 군복무를 마치고 걷게 된 카미노.
이제는 내게 드리워진 긴 멍에를 벗어 버려도 될 것 같다.

몸은 가볍고 공기는 상쾌했다.
그 어느 때보다도 충만한 이 기운의 이름을 나는 알고 있다.
나는 자유롭다.
걸어야 할 길을 걷고 있는 지금 이 순간, 나는 자유롭다.

그때 나는 라자로 성당을 지나고 있었다.
라자로는 그리스도의 힘으로 죽음에서 부활한 남자다.

성경은 라자로의 인격이나 언행을 전해 주지는 않는다.
그가 괜찮은 사람인지 아니면 선량한 사람이었는지 알 수 없다.
명백히 벌어진 사건은 그의 병고와 뜻밖의 부고뿐이다.
하지만 그 죽음이 뭐 그다지 놀랄 만한 일이란 말인가.
누구나 결국 겪어야 할 일 아닌가.
평등한 죽음의 칼을 벗어난 사람은 없다.
성자도 죽고 무신론자도 죽는다.
아름다운 꽃은 시들고 따뜻한 봄날은 간다.
세상의 모든 것들은 다 사라진다.
인간의 죽음은 너무나 확실한 것이고,
오직 그 시간만이 불확실할 뿐인 것이다.

라자로는 그리스도와 가까운 사람이었다.
하지만 아무도 그의 종국을 막지 못했다.
차가운 돌무덤이 죄에 감염된 부패한 육신의 주인이었다.

그때 나자렛 사람은 차가운 군중 가운데 함께 있었다.
이익을 위해 정의를 끌어다 쓸 수도 있는 세상.
욕심을 채우기 위해 신의 이름을 부르는 사람.
자신을 지키기 위해 누군가의 희생을 요구하는 자들.
그는 인간의 옷을 입고 인간의 몸으로 그 자리에 있었다.
더럽고 냄새나는 비열한 세상 한복판에 있었다.
"라자로야, 나오너라."

죽음의 원칙을 거스르는 소환은 소름이 돋도록 강렬한 명령이다.
아무도 그런 식으로 말하지 않는다.
아무도 그런 식으로 망자의 이름을 부르지 않는다.

하지만 라자로의 이야기는 거기서 끝난다.
그의 부활은 천국을 향한 영원한 승천이 아니었다.
인간의 자유란 그런 것이다.
땅 위에서 누리는 모든 자유란 결국 유예된 자유일 뿐이다.
라자로는 그렇게 다시 죽어야 했던 것이다.

그렇다.
나는 자유롭다.
더 이상 내 행위에 이유를 대지 않아도 된다.
나이나 계급, 사회적인 지위, 권력에의 의지와 삿된 야심.
자기 감옥에 갇힌 자가 만든 결핍의 덫에 상처 입지 않아도 된다.

하지만 이 자유는 완전한 것이 아니다.
나는 곧 사슬이 묶인 세계로 돌아가야 한다.
나 자신을 예속하는 삶의 구조와 운명을 함께 해야 한다.
그리고 다시 죽어야 한다.

4.

순례자 여권을 받고 성모 승천 대축일 미사에 참례했다.
오브라도이로 광장에 멍하니 주저앉아 휴식을 취했다.
길고 나른한 오후의 하늘 아래 긴장이 풀린 몸을 맡겼다.
그때 멀리서 베로니카가 소리 내며 우는 모습이 보였다.
인사를 하고 싶었지만 힘이 없었다.
몸 깊은 곳에서 무언가 빠져나간 것 같았다.
나는 바닥에 내려놓은 배낭에 기대고 누워 하늘을 바라보았다.
비둘기가 끝없이 날아다녔고 어디선가 갈매기 소리가 났다.
오래전부터 이 길을 걸었던 사람들이 들었던 소리일 것이다.
오늘도 내일도, 그다음 날도.
변한 것은 없었다.
구름은 천천히 흘러갔고, 사람들은 모두 자신의 길을 갔다.

시간이 꽤 지났고 배가 고팠다.
무료해진 나는 어슬렁거리면서 광장을 벗어났다.
대성당 뒤쪽 골목, 분수대를 지날 때 아는 얼굴을 만났다.
라울이다.

나는 그를 아타푸에르카와 산볼에서 만났다.

기억 속에 그는 발을 다쳐서 붕대를 감고 있었다.

라울은 토끼 이빨 같은 앞니를 드러내며 환히 웃었다.

그가 입은 녹색 라운드 티가 상냥한 생기를 더해 주었다.

우리는 몇 주 만에 만난 감회를 서로 나누었다.

라울 옆에 있던 여자애도 인사를 했다.

라울이 소개했다.

"키아라, 인사해."

키아라는 주근깨가 많은 빨간 볼을 가진 아가씨였다.

수줍게 인사만 하고 어딘가로 사라졌다.

라울은 좀 불안해 보였다.

무엇에 쫓기는 듯 다급하게 말했다.

"리, 혹시 잘 곳 정했어?"

"아직. 알아봐야지.

큰 도시니까 잠자리 찾기는 쉬울 거야."

"난 어제 도착했어.

근사한 숙소를 예약했거든.

내 대신 네가 쓰지 않겠니?"

"너는 어디서 자려고?"

"키아라 따라서 갈 거야.

오다가 만난 이탈리아 친군데. 정말 사랑스러운 여자야."

러블리 걸lovely girl이라…….

라울의 감격스러운 고백에는 애정이 가득 담겨 있었다.

확실한 해피엔딩이 아닐 수 없다.
갑자기 가족 드라마 마지막 편을 본 것처럼 흐뭇해졌다.
그는 이 길 위에서 사랑도 찾았구나.
라울은 내게 열쇠를 주고 서둘러 떠났다.

5.

라울이 준 숙소는 고급 파라도르였다.
파라도르는 옛날 궁전이나 수도원, 저택을 개조한 호텔이다.
베레문도 수도원을 개조한 숙소는 대성당과 인접해 있었다.
입구에서 근무를 서는 경비 아저씨가 친절하게 문을 열어 주었다.
커다란 철문을 닫고 내부로 들어서자 다른 세상이 펼쳐졌다.
아늑한 주랑으로 둘러싸인 마당 위로 평온한 하늘이 보였다.
벽 하나 너머 들어선 밀폐된 공간에 조용히 분수 소리가 났다.

방은 단촐하면서도 멋스러웠다.
깔끔한 돌바닥 위에 슬리퍼를 벗어 놓고 낡은 창문을 열었다.
세월에 부식된 회색 벽돌과 지붕 위로 비둘기가 날아갔다.
삐걱대는 침대 소리도 없었고 샤워하기 위해 줄을 설 필요도 없었다.
물은 따뜻했고, 수건은 깔끔했다.

나는 평소의 일과를 지속했다.
글을 쓰고, 책을 읽고, 옷 주머니와 약품 주머니를 정돈했다.
조잡한 짐을 늘어놓자 방은 더욱 넓게만 보였다.

나는 몹시 혼란스러웠다.
궤도를 벗어난 열차처럼 덜컹이며 흔들렸다.
지난 몇 주 동안 언제나 속도감 한가운데 있었다.
휴식도 다음 발걸음을 준비하기 위한 움직임의 일부였다.
하지만 이젠 다르다.
어쩌면 떠나는 법보다 머무는 법을 배워야 할지 모른다.

다리가 아파서 창가 앞에 의자를 끌어다 앉았다.
창틈 너머로 새들이 날아다니고 있었다.
나는 정지된 시계처럼 우두커니 앉아 시간을 셈했다.
기쁨과 슬픔.
행복과 좌절.
죄악과 용서가 양수처럼 한데 녹아 있는 어머니의 모태.
아무도 찾지 않는 캄캄한 고해소에 앉은 기분이었다.

얼마만큼의 시간이 남은 것일까.
지나치게 많은 핑계를 대야 하는 일상.
살아 있음을 확인하기 위해 더 많은 사람을 만나야 할지 모른다.
불필요한 오해를 받지 않기 위해 더 많이 떠들어야 할지 모른다.
문득 머무는 것이 떠나는 것보다 어렵겠다는 생각이 든다.

비아 사크라

1.

새로운 생명의 힘을 돋우는 아침.
늦잠을 잤다.
짐을 꾸려 숙소를 나섰다.
거리는 한산했다.
오전 9시가 지나자 사람들이 모였다.
골목 귀퉁이를 돌아섰다.
선명하게 새겨진 거리 이름이 눈에 들어왔다.
비아 사크라.
성스러운 길, 거룩한 길이다.

비아 사크라를 거쳐 대성당 동편 광장에 들어섰다.
의자를 놓고 보자기를 펼치는 상인들이 개미처럼 꼬물거렸다.
어느덧 나는 오브라도이로 광장 쪽으로 발길을 옮기고 있었다.
안개 낀 종탑과 인파 속에서 보이지 않던 부조가 눈에 띄었다.

머리가 큰 사람들로 성당 한쪽 벽면이 장식되어 있었다.
이따금 마모되어 형체가 희미한 그들에게는 공통점이 있었다.
두루마리나 책을 펼쳐 손가락으로 가리키고 있었던 것이다.
그들은 나에게 무얼 보여 주고 싶은 것일까.
더 뭘 보란 말인가.

성스러움이나 거룩함은 인간의 속성이 아니다.
전적으로 신적 본성에 속한 수식어다.
갈망하고 투쟁하는 인간은 거룩할 수 없다.

영화 〈늑대와 함께 춤을〉의 한 장면이 떠오른다.
인디언 사이에서 자란 백인 여자가 추장을 소개하며 말했다.
"그는 거룩한 사람이야."
추장은 부족을 대표하는 상징적인 존재다.
그는 자신의 울타리 안에 모인 사람들을 잘 먹여야 했다.
위험으로부터 보호하고 적과 대적해 이끌고 나가 싸워야 했다.
하지만 그것은 땅 위의 일이다.
단지 잘 먹이고 잘 싸운다고 해서 거룩하다고 부르지는 않는다.
추장은 자연의 변화와 생명 현상에 가장 기민한 사람이다.
보이지 않는 음성과 소통하며 그 뜻을 전달한다.
하늘과 인간을 중재하며 삶의 속도를 조정한다.
조화와 질서, 이치나 순리에 어긋나지 않게 하기 위해서다.

살아가는 동안 거룩한 사람을 만난 적이 있던가.
잘 모르겠다.
내가 아는 성자들은 언제나 문자 속에 존재했다.
누구나 찾는 진리와 정의는 정작 가까운 곳에 없었다.
부모님도 선생님도 모두가 약점 몇 가지를 지닌 인간이었다.
마치 두루마리를 가리키는 손가락처럼 더 먼 곳을 가리켰다.
너무도 지엄하고 고매해서 도무지 알아들을 수 없는 설교처럼.
구름 위에 추상처럼 존재하는 관념의 신은 진짜가 아니다.
무수한 욕망의 숫자만큼 존재하는 신과 다를 바 없기 때문이다.
현상을 버린 허상이거나 실체를 둔갑시킨 환상인 것이다.

배고픈 아침 길을 걸으며 나는 애써 부정한다.
인간은 거룩할 수 없다.
인간은 다른 인간의 죄를 용서할 권한이 없다.
인간은 자신이 모르는 미래를 두고 맹세할 권한이 없다.
하지만 알 수 없는 일이다.
이미 우리는 용서하고 위로하며, 축복하고 사랑하고 있으니까.
거룩할 수 없는 인간이 스스로를 무질서한 세계로부터 구분하고,
자연의 본성을 거스르며 희생과 봉헌의 삶을 살아가니까.
날개의 기억을 간직하고 바다를 박차는 물고기처럼.
거대한 나무의 가능성을 이미 품고 있는 작은 씨앗처럼.
인간은 아직 오지 않았지만 이미 도래한 천국의 상징이다.

2.

미사 참례를 마쳤다.
야고보 성인의 유해가 담긴 관 앞에서 기도를 드렸다.
이른 오후.
정말 더 걸어야 하는 걸까.
떠나기엔 너무 늦었고, 머물기엔 아직 이른 시각이다.
느릿느릿 박물관 관람을 마치고 거리를 배회했다.

빗자루를 타고 여행객을 끄는 갈리시아 마녀.
사진을 찍고 포즈를 취해 주는 익살스러운 야고보.
주렁주렁 걸린 묵주를 파는 성물 상인.
배낭을 메고 두리번거리는 사람.
광장에 주저앉아 넋 놓고 있는 여자.
장엄한 입성을 축복하는 백파이프 소리.
눈물을 흘리며 대성통곡하는 청년.
나는 연출과 현실이 적당히 뒤섞인 거리를 떠돌았다.
딱 하루쯤 유효 기간이 지난 입장권을 든 사람처럼.
문득 내가 있어야 할 자리가 아니라는 생각이 든다.

3.

라울을 만났던 분수대 앞에서 삼인조 여성을 다시 만났다.
그들은 봄날에 비친 햇살처럼 화사한 옷을 입고 있었다.
명랑한 웃음이 여전히 편안한 마음을 갖게 해 주었다.

우리는 함께 숙소를 찾기로 했다.
분수대가 있는 프라테리아스 광장을 떠나 함께 걸었다.
기념품을 파는 가게와 음식점이 늘어서 있었다.
얼마쯤 걸었을 때 돌기둥에 붙은 펜션 광고를 발견했다.
과외 자리를 위해 알바생이 남긴 연락처처럼 보였다.

스페인의 펜션은 혼자보다는 여럿일 때 적합한 숙소다.
함께 돈을 모으면 근사한 곳을 저렴하게 빌릴 수 있다.
몇 군데 다녀 보고 적합한 펜션을 찾았다.
엘리베이터가 딸린 작은 빌라 형태의 건물이었다.
시설은 만족스러웠다.
누군가 이미 살고 있는 집처럼 깔끔했다.
방 2개, 응접실, 주방, 청결한 화장실이 있었다.
우리는 돈을 모아 하루 묵기로 했다.
방에는 여성 동지들이 짐을 풀었다.
나는 접이식 침대가 놓인 널따란 응접실을 차지했다.

햇살이 들어오는 작은 창가에 빨래를 걸었다.
까만 반팔 티가 빛이 바래 붉은색으로 번들거렸다.
가벼운 바람이 불어왔다.
허름한 옷이 깃발처럼 펄럭였다.

4.

저녁이 되자 우리는 만찬을 즐겼다.
스파게티를 만들어 먹고 갈리시아 와인을 마셨다.
우리는 길에서 겪은 이런저런 이야기를 나눴다.
늦게나마 세 사람의 이름을 알게 되었다.
이영주, 김소연, 김희정.

맏언니인 이영주 님은 사회 복지 일을 하는 선생님이다.
솔직하고 통이 큰 성격으로 일행을 이끌고 있었다.
어리게 봤던 김소연 님은 생각보다 나이가 많았다.
학교 다니는 자녀를 둔 국어 선생님이었다.
막내 김희정 양은 스페인어를 공부하는 학생이다.
세 사람의 통역 역할을 톡톡히 해낸 것으로 보인다.

우리는 산티아고 이후의 일정에 대해 이야기를 나눴다.
"마드리드에서 비행기를 타겠죠.
시간이 며칠 남는데 고민입니다.
피니스테레까지 걸어야 할지 어떨지."
그들은 쉽게 말했다.
"더 걸으세요.
저희는 버스 타고 갈 거예요."
야속했다.
말려 주는 사람도 없다.

프랑스

피니스테레
산티아고 데 콤포스텔라
레온
부르고스
생장피드포르
루르드

스페인

덤의 길

산티아고 데 콤포스텔라에서 피니스테레까지

천국의 개구리

1.

흐린 아침 길을 떠났다.
경쟁하며 걷는 사람도 없고 조급한 마음도 없었다.
명화를 본 후 자막이 흐르는 스크린 앞에 앉은 기분이다.
길의 여운을 더 깊이 간직할 수 있는 시간이 되길 빈다.

하루를 더 쉬었을 뿐인데 평소보다 땀이 많이 난다.
걸음에 익숙해질 때까지 천천히 앞으로 나아갔다.
여전히 방향을 가리키고 있는 노란 화살표.
그러나 목표는 산티아고가 아닌 땅끝 마을이다.

피니스테레는 그 자체로 유명한 관광 명소는 아니다.
유명한 성당이나 기념비를 세울 만한 유적지도 없다.
하지만 이 길은 마무리의 뜻을 갖고 있다.

무화과나무와 포도 덩굴이 무성한 마을을 벗어났다.
등산을 하듯 오르막길을 따라 올라갔다.
향기로운 유칼립투스 숲이 펼쳐졌다.
정상 가까이 다다르자 샘터가 나왔다.
흥건히 흐르는 땀.
조용히 흐르는 약수.
달콤한 물에 얼굴을 씻으며 잔잔히 불어오는 바람을 맞았다.
가쁜 호흡으로 두근대던 심장이 조금씩 잔잔해졌다.

배낭을 내려놓고 몸을 풀었다.
아무도 보이지 않는 깊은 숲.
땀을 식히며 바라본 풍경은 적막한 것이었다.
무엇인가 중심을 벗어나 있다는 부재감이 밀려왔다.
산티아고를 향한 여정은 조금 달랐다.
과정은 다양해도 누구나 향하는 최종 목적지는 같았다.
내가 아닌 누군가는 항상 그 길 위에 있을 것 같았다.

주파수가 혼선된 라디오처럼 복잡한 상념에 시달렸다.
군대, 군인, 진실, 현실, 위선, 물듦, 떠남, 그래도 인간.
떠나왔던 삶의 자리가 내 발목을 붙들고 있는 것일까.
4년의 군 생활은 내게 평범한 몇 가지를 가르쳐 주었다.
제복과 계급, 현실과 안정, 진급과 야심.
인간은 자신이 처한 환경에 동화되기 쉬운 존재라는 것.

하지만 조건을 뛰어넘어 자신을 알아차리기도 한다는 것.
하지만 그 문은 들어가려는 자가 드물어서 매우 좁다는 것.

가이드북 한 권은 이미 산티아고에서 챕터가 끝났다.
그냥 쉽게 흘러갈 수는 없는 것일까.
거기에서 마무리를 했어야 옳았던 것일까.
마치 먼 우주에서 길을 내려다보는 위성의 일부가 된 것처럼.
끝나지 않고 맴도는 자의식이 스스로를 연민하게 만든다.

더 어떻게 해야 한단 말인가.
의뭉스러운 망설임으로 다가오는 내면의 중얼거림이 못내 벅차다.
이런 대화는 기어코 되돌아오는 반향처럼 자신을 들여다보게 한다.
좋게 생각하면 자기중심성으로부터 거리를 두게 만드는 시간이다.
하지만 근본적으로 인간은 주관적이다.
인간이 만든 모든 문화와 사상의 산물까지도 편협함을 피할 수 없다.
신념이 개입되지 않은 과학이나 중립적인 역사가 존재할 수 있던가.
그러니 참으로 이상한 본능이 아닌가.
주관적인 눈을 가진 인간이 왜 자신을 객관화시키려 노력하는 것인가.
자신의 삶조차 절대화시킬 수 없는 인간이 왜 정의에 목말라하는가.
결코 건너갈 수 없는 이념 속 진실에 어째서 애써 도달하려 하는가.
스스로를 모순으로 내모는 불우한 버릇이 아닐 수 없다.

2.

네그레이라에 도착했다.

마을을 가로질러 걷는 도중에 되돌아오는 순례자를 만났다.

그들은 고개를 저으며 숙소가 만원이라고 알려 준다.

직접 확인하고 싶지만 매우 지쳐 있어서 그들의 말을 믿기로 한다.

한 무리의 젊은 순례단에 섞여 체육관으로 갔다.

중간에 과일 가게를 발견하고 망설임 없이 들어갔다.

한 입 베어 문 달콤한 복숭아는 천국의 맛이었다.

나를 이끌어 준 젊은 순례자 하나가 식사를 권했다.

참치와 빵, 그리고 과일을 얻어먹었다.

알고 보니 포르투갈 사람들이었다.

그들이 주고받는 말이 스페인어와 비슷하게 들렸다.

나는 물었다.

"스페인어를 알아들을 수 있나요?"

일행 중 누군가 말했다.

"우리는 그들의 말을 알아듣는데,

그들은 그렇지 않은 거 같아요."

우리는 비교적 조용히 식사를 했다.

그들도 나도, 서로의 이름을 묻지 않았다.

그 호의는 보답을 바라지 않는 보편적인 자선처럼 느껴졌다.

식사를 마친 뒤 짐을 대충 정돈해 두고 수영복을 챙겼다.

오다가 발견한 야외 수영장에 가 보고 싶었기 때문이다.

풀장으로 들어서는 문은 활짝 열려 있었다.
마을 사람들에게 개방된 시설이라 여겨졌다.

나는 반쯤 벌거벗은 몸을 파란 웅덩이에 던졌다.
시원한 물에 뜨거운 열기를 식혔다.
한가로운 휴식이었다.
작렬하는 오후의 태양마저 감미롭게 느껴졌다.
수영을 배우던 뚱뚱한 할머니 한 분이 내게 물었다.
"어디서 왔습니까?"
나는 잠시 망설였다.
자신을 증명할 만한 것이 아무것도 없었기 때문이다.
배낭도 없고, 지팡이도 없고, 심지어는 옷도 없었다.
하지만 그녀는 머뭇거리는 나의 대답을 기다리고 있었다.
나는 말했다.
"순례자입니다."

나는 파란 물결을 손으로 가르며 유유히 오갔다.
그녀는 나의 말을 믿었을까.
물속을 말 없이 오가는 내 자신이 한 마리 개구리처럼 여겨졌다.
순례자라니.
참 적합하지 않은 대답이었다는 생각이 들었다.

하지만 뭐 어쩌란 말인가.
오히려 목욕탕이 아니었길 다행이다.
하긴 벌거벗은 몸으로 서로 누구냐는 질문 따위는 던지지 않으니까.

수영장 끝자리에 어깨를 걸고 고개를 뒤로 꺾어 하늘을 보았다.
물이 주는 부력에 허공에 떠 있는 듯한 착각이 들었다.
온몸에 긴장을 풀고 슬며시 힘을 뺀 채 깊은 호흡을 마셨다.
찰나의 순간 죽은 듯한 평화가 밀려왔다.
캄캄한 무덤 속, 깊은 고요와 같은 침묵이 줄 것 같은 평화였다.
알몸으로 왔으니 언젠가는 다시 알몸으로 돌아가야 한다.

돌아가시기 직전의 할머니 말씀이 떠올랐다.
그녀는 말했다.
천국이 있다면 그건 어린 시절과 같은 곳일 거라고.
다른 걱정 없이 하루 종일 뛰어놀고 돌아갈 집이 있는 곳이라고.
만일 그곳에 갈 수 있다면 나는 순례자가 아니어도 좋을 것 같다.

3.

나는 가장 허름해 보이는 바에 앉아 저녁 식사를 주문했다.
TV에서는 마이클 잭슨의 죽음에 관해 보도되고 있었다.
성형 수술에 관한 논란 외에는 한동안 그의 소식을 들은 적이 없었다.
유리관에 누워 있는 창백한 그의 모습은 가면을 쓴 유령처럼 보였다.
흡사 앞으로 걷는 것처럼 보이지만 실제로는 뒤로 걷는 문워크처럼.

그는 흑인도 백인도 아닌 몽환적 세계의 얼굴을 하고 있었다.
나는 그를 위해 기도했다.
부디 세상 사람들의 시끄러운 담론을 떠나 영원한 안식을 누리길.

나는 가끔 천국의 순간을 멋진 오페라의 마지막 장면으로 떠올린다.
마지막 막이 내리면 등장한 모든 사람이 같은 무대 위에 올라온다.
그곳엔 죽도록 사랑하는 연인이 있고, 죽도록 미워하는 악인도 있다.
그 모든 사람이 함께 손을 잡고 관객을 향해 인사를 한다.
내가 마음을 담아 몰입한 그 주인공은 악인을 향해 묻지 않는다.
"당신 그때 나에게 왜 그랬던 거죠?"
죽음의 마지막 순간에서는 오직 사랑만이 정답이다.

딱히 관심을 둘 거리가 없어서 TV를 지켜보기로 했다.
한 번도 본 적 없는 연예인 영상이 꽤 긴 시간 화면을 잠식했다.
식사를 하며 낯선 별에 불시착한 외계인처럼 이계의 뉴스를 시청했다.
함성과 외침으로 떠들썩한 축제.
불타는 화염과 광기의 전쟁.
그리고 곧 깨질 것처럼 위태로워 보이는 유리관 속 시체.

그때 아무도 없는 식당에 한 사내가 들어왔다.
반팔 청남방을 입은 대머리 아저씨다.
그는 맞은편에 털썩 주저앉아 어색한 얼굴로 나를 주시했다.
주먹으로 가슴을 두드리더니, 엄지손가락을 치켜세운다.

초점이 맞지 않는 흐린 눈.
술을 한 잔 먹고 취했는지 다시 나를 보고 엄지손가락을 내린다.
고작 맥주 한 잔에 하루를 마감하고 세상에 수작을 거는 사나이.
어쩌면 우린 이질적인 바다를 표류하다 만난 동류의 인간일지 모른다.

식당을 떠나 광장을 향해 걸었다.
술을 마시지 않았지만 휘청거렸다.
두 마리 소를 모는 처녀 모양의 조각상이 광장 한복판에 서 있었다.
살아 있는 자들의 안정과 풍요를 기원하는 마을.
이렇게 나는 육체와 영혼의 고삐를 쥐고 피니스테레로 가고 있다.

그리고 그다음에는

1.

루르드를 떠난 3일처럼 홀로 깊은 침묵을 맛보며 걸었다.
조금 다른 점이 있다면 명확한 화살표가 존재한다는 것.
자신의 길이 아닌 길을 걷다 돌아올 두려움은 없었다.
문장에 마침표를 찍듯 이 길도 이젠 마무리를 해야 한다.
한동안 아스팔트 길에 노출된 채 걸어야 했다.
갓길 없는 곳에서 질주하는 자동차 곁을 걷는 것은 아찔한 일이다.
상대적인 속도 속에서 공격받는 느낌을 참으며 앞으로 나아갔다.

변변한 마트 하나 없는 작은 마을 올베이로아.
새벽부터 부지런히 걸었는데 내가 차지한 것은 마지막 남은 침대였다.
이제 35km.
끝까지 마지막이 지배한 하루다.
정말 마지막 하루가 남았고, 이젠 돌아가야 한다.
무엇이 변했고 무엇이 기다리고 있을까.

아무런 변화도 아무런 기다림도 없을지 모른다.
조금 변형된 삶에 만족하며 지독히 단조로운 일상에 매몰될지 모른다.
가끔씩 부활했던 영혼의 환희는 다시 돌무덤에 돌아누울지 모른다.
그렇지만 내가 모르는 사이에도 길은 알 것이다.
그가 나를 불렀고 받아들였고 이끌어 주었으니까.

2.

나는 알베르게 근처에 있는 가게에 앉아 식사를 했다.
아무도 없는 2층 식당에 앉아 옥수수와 완두콩을 먹었다.
나는 먹으면서도 먹는 생각을 하고 있었다.
책자에 의하면 곧 과일을 파는 자동차가 올 것이다.
나는 줄곧 행복한 복숭아를 떠올리며 식사를 했다.

그때였다.
계단에서 누군가 올라오더니 내 앞에서 머뭇거렸다.
짙은 금빛이 감도는 머리카락을 가진 통통한 아가씨.
캐틀링 그루버였다.
그녀가 내게 말했다.
"리, 앉아도 돼?"
나는 며칠 동안 대화에 목이 말랐던 터라 흔쾌히 승낙했다.
"물론이지."

캐틀링을 처음 만난 것은 팔라스 데 레이에서였다.

그녀는 두 딸과 함께 걷는 어느 오스트리아 아주머니와 동행했다.
작은 얼굴에 비해 큰 체구를 가져서 동년배의 아주머니인 줄 알았다.
그녀는 내게 소독한 솜을 주었다.
나무로 된 울타리를 헛짚고 못에 긁힌 채 피를 흘릴 때였다.

식사를 하던 나에게 캐틀링이 말했다.
"다친 데 괜찮아?"
"이젠 다 나았어."
나는 손목을 보여 주었다.
겉으로만 긁힌 상처는 이미 딱지가 떨어지고 아물어 있었다.
"그때 우린 널 보고 있었어. 피가 많이 나서."
배낭을 줄 세운 수많은 순례자들 가운데 날 지켜보는 시선도 있었구나.
생각해 보니 그 후로 다시 한 번 그녀를 만난 일이 있다.
산티아고에 도착해 순례자 여권을 받기 위해 줄을 섰을 때였다.
그녀는 나에게 고소한 비스킷을 주었다.
캐틀링은 내게 물었다.
"여기 음식 좋아해?"
"응, 난 늘 배가 고파.
하지만 우리나라 음식이 그리워."
그녀는 앉아서 내가 먹는 것을 지켜봤다.
당연히 그녀도 식사를 하기 위해 식당에 온 줄 알고 나는 말했다.
"혼자 먹기 미안한데,
식사 주문할 거니?"

"아니, 난 이미 먹었어."
좀 멋쩍긴 했지만 혼자 먹으면서 나도 궁금한 것들을 물었다.
"학생이니?"
"응. 3학년 마쳤어."
"무슨 공부?"
"치과."
나는 포크를 놓고 입을 다문 채 입에 지퍼를 잠그는 시늉을 했다.
그녀가 웃었다.
"늘 찡그린 사람 얼굴을 봐야 할 텐데, 힘들겠다."
"맞아, 하지만 돈을 벌어야 하잖아."
캐틀링의 대답이 솔직히 와 닿았다.
자기완성이나 사회적인 기여와는 거리가 먼 대답이었다.
그녀는 한동안 내가 먹는 것을 계속 지켜봤다.
그리고 물었다.
"리, 11명의 가족이 함께 걷는 것 봤어?"
자상한 아버지 패트릭과 심술스러운 표정으로 입을 삐쭉거리던 마리.
그 예쁜 가족을 내가 어떻게 잊을까.
"9년에 걸쳐 이 길을 걷고 있다는 사람들?"
캐틀링은 내가 맞장구치자 눈을 반짝거렸다.
"응, 패트릭이 그러던데 너 신부라며."

그랬다.
직업에 관한 질문은 나이가 몇이냐는 질문만큼이나 많은 질문이었다.

그리고 정당하지는 않지만 하는 일로 그 사람을 규정하는 경우가 많다.

보통 나는 군대에 있었다거나 대학 시간 강사였다고 대답했다.

거짓말은 아니었다.

하지만 완전한 진실도 아니었다.

종교적인 주제가 나오면

냉담한 어조로 피해 간 사람들과 다르지 않았다.

내 정체성조차 새로운 것을 배우는 데 걸림돌이 되지 않길 바랐다.

이 길에 알몸으로 깊이깊이 흡수되어 있는 그대로가 되길 원했다.

하지만 산티아고에 도착할 무렵 더 이상 그럴 필요가 없었다.

팔라스 데 레이에서였다.

이때부터는 한때 내게 속한 부차적인 수식어로

신분을 에둘러 가지 않았다.

그때 패트릭의 남동생은 땀과 먼지가 범벅이 된 내 손을 잡고 물었다.

당신 정말 사제냐고.

모든 이에게 축복이 될 수는 없지만 어떤 이에게는 의미가 있는 이름.

그리고 그것으로 충분했다.

캐틀링은 물었다.

"사람들을 많이 만나겠네?"

"응, 치과 의사랑 비슷해.

아픈 사람을 만나야 하니까.

가끔은 죽어 가는 사람도 만나고 사회적 지위가 있는 사람도 만나."

그녀는 진지하게 계속 물었다.

"만났던 사람 중에 가장 기억나는 사람 있어?"

나는 대수롭지 않게 말했다.

"많은데."

그러자 그녀는 억양을 크게 부풀리며 다그치듯 물었다.

"제일 기억나는 사람!"

솔직히 떠오르는 사람은 잊고 싶은 얼굴이었다.

사람은 이상하게 고마움보다는 서운함을 곱씹는 경향이 있다.

하지만 불쾌한 기억이 그녀에게 무슨 도움이 될까.

그녀의 순수한 호기심을 배신할 자격이 내겐 없다.

나는 먼지 쌓인 일기장을 꺼내듯 묻어 둔 이야기를 들췄다.

발설되는 순간 헛된 때를 탈까 봐 깊숙이 숨겨 둔 기억이었다.

"신부 되기 1년 전쯤.

아픈 어떤 여자.

그녀에게는 어린 두 자녀가 있었어.

젊은 남편도.

병 이름은 루게릭.

천천히 힘을 잃고 죽어 가는 병이야.

그때 내게는 친구가 있었어.

뇌에 암이 생겨서 수술을 받았어.

그때 나는 소설을 읽었어.

《람세스》.

그는 이집트 파라오야.

소설 마지막 장면이 기억나.

람세스는 죽을 때 황금 마차를 탔어.

아름다운 영원 속으로 사라졌어.
그때 내 친구는 옷을 입고 있었어.
그 옷 속에 파라오 그림이 있었어.
친구는 아파서 눈을 못 떴어.
해골처럼 누워 있었어.
루게릭 여자도 해골처럼 누워 있었어.
혼란스러웠어.
왜 하느님은 이런 일을 허락하시는 걸까.
집에 와서 담배를 폈어.
담배 연기가 하늘로 날아가다 사라졌어.
그때 나는 숨을 크게 들이마셨어.
그 공기.
공기 속에는 모든 것이 있었어.
작은 아이에게서 나온 달콤한 숨결.
나처럼 담배 피는 사람에게서 나온 더러운 숨결.
그리고 죽어 가는 젊은이에게서 나온 병든 숨결."
나는 더 떠오르는 생각이 없었기 때문에 잠시 침묵했다.
그리고 다시 식사를 했다.
그녀는 물었다.
"그게 다야?"
"응, 그게 다야.
캐틀링은 공부 언제 끝나?"
"2년 남았어."

독일에서는 치과 의사가 되는 데까지 5년이란 시간이 걸리나 보다.

"그리고 그다음에는?"

"그다음에는 돈을 벌겠지.

공부하는 데 돈이 많이 들었으니까."

나는 다시 물었다.

"돈을 많이 벌면 뭐할 거니?"

그녀가 대답했다.

"아마 결혼?"

나는 다시 물었다.

"그리고 그다음에는?"

나는 어쩐지 익숙한 대화를 하는 기분이 들었다.

그것은 아주 오래전 필립보 네리가 했던 질문이었다.

캐틀링은 손으로 불룩한 배를 만들면서 대답했다.

"아이를 갖게 되겠지."

나는 물었다.

"그리고 그다음에는?"

그녀는 말했다.

"아마 할머니?"

그리고 나는 더 묻지 않았다.

내게도 그 대답을 해야 할 의무가 있으니까.

모든 사라지는 작고 가난한 것들을 위하여

1.

안개 가득한 갈리시아의 마지막 날.

새벽어둠 속에서 길을 나섰다.

캐틀링과 나는 자연스럽게 동행했다.

그녀는 랜턴을 갖고 있었다.

너무 일찍 나선 탓일까.

마을을 빠져나와 10분 정도 걸었는데 아무도 보이지 않았다.

우리는 조금 불안해졌다.

캐틀링이 말했다.

"리, 우리 돌아가야 하지 않을까?"

아스팔트를 따라 한참 오르막길을 걸은 후였다.

"지나왔던 길 중에 갈림길은 없었으니까 방향은 맞아."

우리는 5분 정도 더 걸었다.

여전히 다른 사람 흔적이 없었다.

그녀가 다시 말했다.

"돌아가서 다른 길이 있나 찾아보자."

"캐틀링, 어둠 속에서는 우리 직관을 믿어야 해."

그때였다.

때마침 뒤에서 비추는 불빛이 보였다.

4명의 순례자가 우리를 따라오고 있었다.

그들도 자신들의 길을 확신하지 못하고 있었다.

우리를 보고 반가워했다.

먼저 걸었던 사람들이 이정표로 여겨졌던 것이다.

우리는 그들과 합류했고 걷던 방향으로 함께 나아갔다.

별이 가득히 박힌 하늘이 쏟아질듯 내려앉은 새벽길.

어느덧 희미한 달빛이 사라지고 태양이 떠올랐다.

어스름한 빛 속에 사물이 조금씩 모습을 갖추었다.

제일 처음 만난 마을에서 커피를 마시고 빵을 먹었다.

2.

"사진 찍자, 리."

우리는 피니스테레와 묵시아의 갈림길에 섰다.

이정표에는 28km가 남았다고 표시되어 있다.

유쾌해진 캐틀링은 소녀가 된 기분으로 들썩거렸다.

안개는 좀처럼 가시질 않았지만 덥지 않아서 상쾌했다.

우리는 조금 뒤 하얀 키다리 친구를 만났다.

어두운 새벽길에 힘을 보탠 순례자 일행 중 하나였다.
그는 혼자였다.
길쭉한 하얀 다리 한쪽에 파란 무릎 보호대를 차고 있었다.
우린 서로 인사했다.
"안녕, 어때?"
"좋아, 너는?"
"나도 괜찮아, 무릎 괜찮니?"
"걷다가 다쳤어, 지금은 괜찮아."
"난 리, 너는?"
"난 토마스."
토마스는 슬로바키아에서 왔다.
키가 훤칠해서 농구 선수인 줄 알았다.
항구 마을 쎄에 도착하기까지 우리는 함께 걸었다.
토마스가 물었다.
"어디서 왔니?"
"한국."
"다른 유럽 여행은?"
"아직."
"이 길만 걸으려고 온 거야?"
"응, 그게 어때서? 넌?"
"난 피니스테레가 목표야.
바다를 볼 거거든.
우리나라에는 큰 호수는 있지만 바다가 없어."

느닷없이 토마스는 돌아서서 소리쳤다.
"바다가 어딨어, 바다!"
아마도 토마스에게 바다는 그 이상의 의미를 가진 것 같다.
길 끝에 놓인 무지개, 어딘가에 기다리는 영원.
아니면 그저 이 행진에 목표를 더해 준 사소한 이유.
잘 모르겠다.
내게는 토마스처럼 바다를 향해 고함칠 기력이 없다.
너무 일찍 늙어 버린 노인이 된 것처럼.
나는 생각한다.
인생의 어느 순간 이름을 알 수 없는 길모퉁이에서인가.
만일 삶이 추락하는 것처럼 무게를 잃었다면
그것은 사소한 희망조차 느낄 수 없기 때문일 거라고.

내가 아는 빛나는 영혼들은 너무 일찍 자취를 감췄다.
꽃밭에 핀 가장 아름다운 꽃처럼 쉽게 사라지곤 했다.
그 모든 사라지는 작고 가난한 것들은 그랬다.
기쁨보다는 슬픔 속에서 숨이 막히는 것처럼 보였다.
공평하지 않은 모든 것이 종종 공평한 현실이라 불려졌다.
생명보다 강해 보이는 죽음.
아름다움보다 일반적인 추함.
타인을 비교해야 도달할 수 있는 행복.
그것은 시와 노래보다도 힘이 있는 이 세계의 질서였다.
평범한 사람이 의욕적으로 살아남기 위한 세속적 희망이었다.

나는 막연한 긍정이나 일관된 칭찬의 힘을 믿지 않는다.
자기 암시를 통한 꿈의 성취나 성공의 시크릿을 믿지 않는다.
십자가를 버린 부활은 진짜가 아니기 때문이다.
그림자가 함께 드리워진 사물의 실체가 내겐 더 와 닿는다.

토마스는 다시 소리쳤다.
"바다 어딨어, 바다!"
나는 앞 소절밖에 모르는 영어 노래를 어설프게 불렀다.
"Somewhere over the rainbow, bluebirds fly."
캐틀링과 토마스는 아는 멜로디였는지 따라 불렀다.
그리고 우리는 한동안 시야가 트인 넓은 길을 함께 걸었다.
"이 길 오다가 한국인 둘을 만났어.
나더러 한국에 오래.
근데 내가 거길 왜 가야 하지?
뭐 특별한 거라도 있나? 스시?
여기랑 많이 다른가?"
"스시는 일본 음식이야.
우리나라에는 더 맛있는 음식이 많아.
여기랑 당연히 달라, 한국은 특별해.
나는 오다가 스위스 친구들을 만났어.
항상 먼저 다가와.
늘 동양에 대해 물어봐.
뭐 다른 게 있나 하고.

그 친구들은 일반적으로 4개 언어를 사용해.

하지만 그게 문제야.

너는 슬로바키아 말을 하고 캐틀링은 독일 말을 해.

난 한국말을 잘해.

우린 다 특별해.

하지만 스위스 친구들은 그걸 찾는 거야.

묻고 싶은 거야.

내가 누구죠?"

"리, 그거 알아?

이 길에서 뭘 찾고 있는지 물어보면 아무도 자세히 말을 안 해.

너는 이 길을 왜 걷는 거지?"

"솔직히 나도 정확히 몰라.

하지만 3가지 이유가 있다고 생각해.

첫째는 물리적 이유.

다이어트나 건강을 위해 걷는 거지.

둘째는 정신적 이유.

이 길에서 만나는 자연.

그리고 명상하는 시간.

우리는 더 순수해질 수 있어.

셋째는 영적 이유.

누구나 이 길을 걸을 수 있어.

하지만 이 길은 기본적으로 순례길이야.

야고보 사도의 길이지.

신앙을 가진 사람들의 길이고 그것은 존중되어야 해.
토마스, 너의 이름도 성인이잖아."
"맞아, 우리 엄마가 그러는데.
토마스는 예수님의 부활을 안 믿었대.
손가락으로 상처를 만질 때까지."
"그 사람, 인도에 가서 죽었어."
토마스는 깜짝 놀라서 말했다.
"정말?"
"응, 확실해."
토마스는 의심스러운 눈빛으로 말했다.
"그걸 어떻게 알아?"
"오래된 전승이야, 책에도 나와."
그는 여전히 믿지 않는 얼굴이었다.
뭘 직접 보여 주고 싶지만 그럴 만한 증거가 없었다.
하지만 마음의 무거움 같은 건 없었다.
아마도 그에게는 성경 역시 구전 형태의 전승일 테니까.

항구 마을 쎄.
입구에 위치한 바에서 우리는 잠시 쉬었다.
얼마 남지 않은 돈을 쪼개서 일행의 커피를 샀다.
우리는 조금 더 걸을 것인지 함께 고민했다.
토마스는 바닷가에서 일광욕을 할 생각으로 가득했다.
그는 남아서 슬로바키아에 없는 무언가를 즐길 것이다.

캐틀링은 나와 함께 끝까지 더 걷기로 했다.
바다가 보이는 마을과 해안선이 줄곧 이어졌다.
몸은 좀 지쳤지만 조금도 피곤하지 않았다.

3.

숙소를 잡고, 샤워를 마쳤다.
항구에 나온 시각이 오후 3시 반.
피니스테레 항구는 아직 안개에 쌓여 있었다.
사람들과 자동차는 분주히 제 갈 길을 갔다.
배가 정박해 있는 항구를 마주 보고 앉았다.
바다를 향해 떠나는 갈리시아인 조형물이 보였다.
그는 화판과 물감을 들고 그림을 그리러 가고 있었다.
그때 거북이가 말했다.
"아니야, 자세히 봐.
그는 그냥 이민을 떠나는 갈리시아 사람이야."
거북이는 오렌지를 까먹고 있었다.
"맛있냐?"
"응, 내 건강을 위해서야."
"내가 보기엔 이젤과 물감 통이거든."
"그냥 의자와 가방이야.
자세히 봐, 글씨를."
나는 좀 실망했다.
내가 보고 싶은 사실이 현실이 아니라는 사실이.

사실에 입각한 과학적 세계는 변하지 않으니까.
하지만 괜찮다.
한 편의 시도 진실이 될 수 있으니까.
결국 우리가 믿는 신념들로 세상은 변할 테니까.
"상관없잖아.
결국 떠나가야 할 시간인걸."
"그래, 나도 바다로 돌아갈 시간이군.
어쨌든 고마워, 느림보 친구야.
가서 너의 화판에 마저 그림을 그리라고."

나는 나의 마지막 느림보 친구를 바다로 보냈다.
그리고 부둣가에 섰다.

안개에 가려진 세상은 회색빛이었다.
바람이 불고 물결이 흔들렸다.
깃발이 펄럭이고 정박한 배가 출렁거렸다.
갈매기가 울었다.
비릿한 바다 냄새가 났다.
나는 우두커니 서서 바람을 만졌다.
그리고 깊은 숨을 쉬었다.

1,000km를 걸었다.
더 이상 길이 없어서 떠나기로 했다.

생명의 물

1.

비가 오는 이른 아침.
느긋하게 짐을 챙기고 느슨하게 신발 끈을 조였다.
캐틀링은 옆에 있는 2층 침대를 쓰고 있었다.
그녀는 침대에서 내려와 정돈하고 있는 나를 지켜봤다.
그리고 커다란 눈을 글썽이며 말했다.
"잘 가, 리.
너와 마지막 길을 같이 걸어서 기뻤어."
우리는 가벼운 포옹으로 작별을 대신했다.
"나도 그래, 캐틀링.
공부 잘 마치길 바랄게, 안녕."

거대한 버스는 쏜살같이 길을 거슬러 달렸다.
빗방울은 사선을 그리며 차창을 스쳐 갔다.
의자는 안락했다.

자동차가 방향을 바꿀 때마다 푹신한 침대처럼 출렁거렸다.
멀리 흐린 구름을 보면서, 나른한 잠의 기운을 느꼈다.

희미하고 졸린 눈으로 창밖을 구경했다.
작은 추억이 담긴 길이 휙휙 지나갔다.
까만 고양이가 걸어가던 담장.
땀을 많이 흘리고 올라야 했던 경사진 도로.
캐틀링과 함께 쪼그려 앉아 빵을 먹던 해안.
이젠 조금씩 사라지고 있었다.
파도가 밀려오면 사라질 모래 위의 글씨처럼.

2.

다시 산티아고에 도착했다.
마드리드행 야간 버스표를 끊었다.
시간이 남았기 때문에 아무 성당에나 들어갔다.
대성당에서 얼마쯤 떨어진 곳이었다.
성당은 어수선했다.
커튼을 떼고 의자를 옮기고 있었다.
잠시 쉬고 싶어서 자리에 앉았다.
눈을 감고 있는데, 누군가 나를 툭툭 건드렸다.
본당 신부였다.
그는 별로 미안한 기색 없이 내게 도움을 구했다.
주위에는 봉사자로 보이는 여자들밖에 없었다.

나는 나이 든 부인 몇 명과 함께 조각상을 옮겼다.
튜닉을 입은 채, 피 흘리는 허벅지를 드러낸 성자.
로코 성인이었다.
성당 문 입구에서는 젊은 아가씨가 안내를 하고 있었다.
그녀는 다리를 절고 있었다.
나는 그녀에게 로코 성인에 대해 물었다.

로코(1295~1378년)의 아버지는 몽펠리에의 주지사였다고 한다.
부모님이 죽자 유산을 모두 버리고 로마로 순례를 떠났다.
기념일은 그가 죽은 8월 16일.
성당 대청소는 아마도 며칠 전 행사 정리 때문인 것 같다.

로코가 순례를 하던 시기는 흑사병이 창궐하던 때였다.
순례를 마치고 돌아오는 길에 병자를 돌보게 되었다.
하지만 로코는 병자를 가까이하다 흑사병에 걸린다.
마치 문둥병 환자를 돌보다 문둥병에 걸린 다미아노처럼.
무심하게 손가락으로 가리키고 있는 허벅지 상처.
로코는 결국 자신이 도왔던 사람들로부터 상처받은 것이다.
나병이나 전염병의 가장 큰 고통은 병 자체가 아니다.
자신이 속했던 공동체로부터 버려지는 징벌이 더 무서운 고통이다.
추방당해 버려진 성자는 마을 밖 숲 속 오두막에서 죽어 간다.
하지만 성자를 구한 것은 뜻밖에도 빵을 물어다 준 사냥개였다.
까마귀가 날라다 준 빵을 먹은 엘리야처럼 그는 회복했다.

순례를 마치고 몽펠리에로 돌아온 성자의 고난은 계속된다.
아버지의 자리를 차지한 삼촌에 의해 체포된 것이다.
로코의 죄목은 적국의 첩자였다.
그는 누명을 쓰고 가혹한 죄수 생활 끝에 죽는다.
죽을 때까지 모욕을 참고, 자신의 신분을 알리지 않았다.

3.

마드리드를 향하는 야간 버스를 타기 위해 간
산티아고의 고속버스 터미널.
늦은 시각인데도 창밖이 환하다.
해가 지지 않는 나라 스페인.
어수선한 가운데 눈을 붙이고 일어나자 새벽 한기가 등짝을 파고든다.

지하철로 이어지는 에스컬레이터 앞 음식점.
커피를 마시고 아침을 먹었다.
어지럽게 어딘가로 떠나고 도착하는 사람들.
누구도 서로 인사하지 않는다.
순례자는 더 이상 보이지 않는다.
가리비를 단 배낭도 노란색 화살표도 없다.
지팡이를 든 나 자신이 매우 부끄러워진다.

다양한 시대의 기억을 관통해도 카미노의 중심 시간은 중세였다.
튼튼한 신발, 깔끔한 배낭, 땀을 쉽게 배출하는 기능성 의류.

길 위에서 때때로 나는 현대적 도구를 쓰는 것이 미안했다.
고전적인 순례자에 비해 공평하지 않은 일처럼 생각되곤 했다.
하지만 도시는 다르다.
어디서나 시야를 가로막고 있는 빌딩 숲.
이어폰 사이로 기계 소음을 분출하는 젊은이.
저마다의 목적을 향해 뛰는 듯이 걷는 인파.
갑자기 원시인이 된 기분이다.

4.

지루한 공항 입출국 과정을 거쳐 서울로 돌아왔다.
친구 집에 맡긴 자동차를 찾기 위해 역곡에 갔다.
기숙사 형태의 공동 숙소 앞에서 선배를 만났다.
선배는 다른 사람들에게 말했다.
"웬 거지가 우리 집 앞에 서 있는 거예요."

친구 방, 냉장고 위에 마그네틱을 붙였다.
산티아고를 향한 노란 화살표였다.
짐을 풀고 바닥에 누웠다.
친구는 꽤 오랫동안 같은 방을 써 왔다.
구석에 쌓아 둔 박스 더미.
거실 중앙에 놓여 있는 컴퓨터.
커피 냄새가 나는 실내.
변한 것 없는 조그만 세계가 끈끈한 늪처럼 나를 빨아들였다.

눈이 무겁고 몸이 매우 나른해졌다.
밤이라 생각하고 잠을 자고 일어났는데, 또다시 밤이었다.
이틀 밤낮을 잤다는 사실을 알았다.

5.

산티아고에 다녀온 후 발령을 받았다.
10년 만에 돌아온 혜화동 신학교.
나무는 더 울창해져 있었다.
듬성듬성했던 테니스장 뒷길은 호젓한 산책로가 되었고,
내가 좋아했던 사목관 앞 목백일홍은 더 풍성해져 있었다.
저녁을 먹고 걸을 때면 내가 예전에 쳤던 종을 누군가 치곤 했다.
후배들은 행진을 독려하는 주문처럼 씩씩하게 로사리오 기도를 바쳤다.

한동안 변화가 없는 환경 속에서 느린 휴식을 취했다.
하지만 세상은 달랐다.
계절이 몇 번 지나는 동안 4대강 공사가 끝났고, 서울 시장도 바뀌었다.
매스 미디어는 경쟁적인 가수들의 무대로 사람들을 열광하게 했고,
일자리를 얻지 못한 젊은이들 대신 슈퍼스타를 만드는 멘토가 등장했다.

배타적 종교나 정치적 독선만 빼면
제법 원만한 가치가 돌아가는 사회였다.
틀린 것은 없고 다른 것만 존재하는 합리화된 세상으로 보였다.
하지만 이제는 그럭저럭 공존해 보이던 세계가

서로 뒤엉켜 진통을 겪고 있다.

FTA가 체결되었고, 사람들은 다시 촛불을 들었다.
이메일, 스마트폰, 페이스북, 블로그.
발달된 대화의 도구를 가지고 있으면서도
사람들은 소통의 부재를 말한다.
길을 이미 걷고 있으면서도 길에 대해 묻고 있다.

어떤 길이 내 길일까.
앞으로 향해 나아가는 모든 걸음은 길이 된다.
어떤 사람은 앞 사람 길을 따라가고,
또 어떤 사람은 새로운 길을 만들어 간다.
하지만 그 모든 길이 생명을 향해 놓여 있지는 않다.

빠르지 않아도 좋다.
상처를 좀 입어도 괜찮다.
다른 자의 길이 아닌 자신의 길을 걸어야 한다.
낮은 언덕을 메우고 메마른 풀잎을 생기 돋게 하는 길.
모든 순례자가 만나는 길을.

"성전 오른편에서 흘러내리는 물을 나는 보았네, 알렐루야.
그 물이 가는 곳마다 모든 사람이 구원되어 노래하리라, 알렐루야."

(부활 시기 성수 예절 노래 'Vidi aquam' 중에서)